nF421606

【当代华语世界思想者丛书】

论 美 国

——历史在这里拐了个弯

On America

History Took a Turn Here

梁中堂文集·卷二

梁 中 堂

By Liang Zhongtang

【当代华语世界思想者丛书】

学术顾问：黎安友、郭汤姆
主　编：荣　伟
Academic Adviser:　Andrew J. Nathan, Tom Kellogg
Chief Editor:　David Rong

Published by Bouden House, New York
ISBN:　979-8-90257-026-4 (Paperback)
　　　　979-8-90257-027-1 (eBook)

On America: *History Took a Turn Here*
By Liang Zhongtang

梁中堂文集·卷二
论美国——历史在这里拐了个弯

梁中堂　著

出版：博登书屋·纽约（Bouden House New York）
邮箱：boudenhouse@gmail.com
发行：谷歌图书（电子版）、亚马逊（纸质版）
版次：2026 年 2 月 第 1 版 第 1 次印刷
字数：260 千字
定价：$35.00 美元

目　录

战后杜鲁门总统在美国军事领袖的簇拥下

离开罗斯福的航线，把美国带到了历史的弯道里

（代序言）

需要说明的是，读者手上的这本《论美国》不是一本十分符合研究或叙述范式的著作。就研究或者叙述性质的论著来说，研究者或者叙述者都是在确定了《论美国》的书名以后，先拟出研究或者撰写提纲，譬如从美国的自然地理和历史开始，按部就班地予以逻辑性的展示。但是，这本书不是。它本是研究日本问题的一个部分，是《论日本》的副产品。笔者从研究中日争执的钓鱼岛问题起步，一开始把日本和美国都当作现代文明国家，都该是自觉遵守国际公约的，怎么可能发生领土纠纷？以为它是一场误会。但是，经具体研究后却发现，那是战后美军占领日本期间，日本政府有意给美国佬设的一个局。所以，这本书本来是要回答日本何以没有改变战前的侵略与掠夺本性的。

日本战败投降，以美国、中国、英国和苏联 4 国签署的《波茨坦公告》已经剥夺了日本近百年侵占周边古老民族的台湾和澎湖列岛、琉球群岛、朝鲜半岛、库页岛和千岛群岛（包括日本所谓北方四岛），以及一战后经国联同意的从德国手上转交的诸多个太平洋岛屿，而把其领土限制在本土四岛之内。但是，以天皇为首的日本政府凭借一味谄媚、逢迎与服从麦克阿瑟的统治，把美国占领军伺候的无比周到，从而不断从美国手上得到包括扩大领土在内的许多实质性的好处。正是在这样的背景下，占领琉球群岛的美国军方将早在 1946 年 1 月宣布的对"北纬 31 度以南、九州至台湾之间的所有岛屿，全部

作为战略区域实行托管统治"，1948 年 12 月的文件将其改为北纬 29 度以南，1953 年 12 月又将其改为北纬 28 度以南。以往研究都注意了美军公告与钓鱼岛的关系，很少有人注意它与日本的关系。其实，此时的美军和日本的关系才是理解美军公告的关键。因为日本本土四岛位于琉球群岛的东北方向，而美军公告所占领的琉球群岛即涉及到战后日本本土的分割。所以，美国对琉球群岛的战略托管究竟是北纬 31 度，29 度，或者 28 度，其实质是把日本的国土面积分别向南扩展了 2 个、3 个地理维度，它们都明显违背了《波茨坦公告》把日本领土限制在日本本土四岛以内的条约原则。

钓鱼岛的问题则发生在美国排斥中国、朝鲜和苏联等国家与日本媾和以后。1951 年在美国主持下完成旧金山合约，1953 年 12 月 25 日，美国陆军少将大卫·奥格登代表美国琉球民政当局发布了一个清晰的琉球列岛的地理位置，美方却稀里糊涂地把中国台湾的钓鱼岛囊括到琉球群岛的范围。该公告所指定的琉球群岛的地理界线是：

北纬 28 度、东经 124 度 40 分，北纬 24 度、东经 122 度，北纬 24 度、东经 133 度，北纬 27 度、东经 131 度 50 分，北纬 27 度、东经 128 度 18 分，北纬 28 度、东经 128 度 18 分各点连线的区域内各岛、小岛、环形礁、岩礁及领海。

因为中国的钓鱼岛位于北纬 25 度至 26 度、东经 121 度 30 分至东经 126 度，所以，只有美军的这个公告是是明确把钓鱼岛包括在琉球群岛的。但是，美国占领琉球群岛先是因为太平洋战争，继而是依据盟国的《波茨坦公告》和《罗马宣言》，以及日本天皇及其政府向同盟国无条件投降的投降声明书等一系列国际公约，而中国是与日本相邻的一个主权国家，是上述国际公约的主要缔约国和接受日本投降的主要授约方，它对执行以上国际公约拥有与美国同等的权利，当然对美方代表同盟国在执行相关公约的过程中有损害它的利益的行为有权拒绝。换句话说，美军以上把钓鱼岛夹裹在琉球群岛的公告，对中国并不具有任何法律效力。

如果进一步分析 1953 年美国军方的通告。因为琉球群岛位于日本本土的西南方，美军占据的琉球群岛向南、向西压缩，就意味着日本本土相应的扩展和延伸。首先，琉球群岛所处的地理坐标，又由 1948 年的通告所说的北纬 29 度向南推移到北纬 28 度，这一结果的背后当然是日本的领海空间又向南延伸了 1 度。其次，公告中所选择的 6 个坐标点都尽可能向西伸展，其中最西边的一个点所处东经 122 度已经靠近中国大陆的黄海和东海了。还有，选择的最南部的坐标北纬 24 度几乎就快压到台湾岛的基隆市了，而钓鱼岛诸岛位于北纬 25 度至 26 度、东经 121 度 30 分至东经 126 度的，这就把把钓鱼岛划到琉球群岛的范围了。

美国的 3 次有关琉球群岛的公告表明，琉球群岛作为一个古老民族，历史上并没有明细的领土边界。这是其一。其二，因为 1948 年美军已经占领琉球和日本本土，3 次不同的公告，表明战前的日本也没有琉球群岛的明晰的辖区边界。其三，美军 3 次不同的公告，表明美军也不拥有琉球群岛的确切方位。那么，美军的公告依据是从哪里来的？上海有句骂人的话说"港督"，是香港本土的人认为英国王室任命的香港总督不了解香港本土风情，人们可以糊弄他。日本人就是把美国占领当局当港督，故意做局。美国政府果然中招，陷进去了。因为 1953 年美国托管的行政当局并非是一个主权国家，人们可以不把它当真。但是 70 年代以后，美国私自把琉球群岛的所谓"行政管理权"授予日本，而日本自 1951 年旧金山会议以后，就是一个主权国家，那就是另外一个问题了。50 多年来，中日在钓鱼岛问题上多次发生争执，而最先把钓鱼岛夹裹在琉球群岛的辖区内而予以公告的美国政府却保持沉默，那是被人做局后，有苦难言啊。

笔者做这样的叙述，有依据吗？直接的证据还没有，那要从美国和日本政府的档案里去寻找。但是，阅读吉田茂《十年回忆》，虽不是直接的证据，但自然能得出这个结论。现在的读者可能不熟悉，吉田可是日本现代史的奠基人。1945 年 9 月，麦克阿瑟率领美国大军进驻日本，吉田茂是日本政府的外务大臣，因为获得麦帅的好感，从 1946 年麦帅强加给日本宪法以后的第一届政府首相大臣开始，先后担任过第 45 任、第 48 任、第 49 任、第 50 任、第 51 任首相大臣，是推动美国旧金山会议与以美国为首的世界大多数国家签订和平协议，标志着终止二战和日本重新获得独立的日本首相。尤其是因为他的长期稳定执政，不仅为日本战后的政制奠定了基础，也为政坛培养了大批人才，所以有日本自民党之父的称号。就是这位吉田茂，故意做局，把美国政府拖到污水里。

阅读日本近现代历史，一个突出的印象，就是急切地向外扩张，以致穷凶极恶地掠夺周边的土地。所以，土地是近现代日本史的一个核心问题。日本投降后被美国占领，什么时候与美国缔结了和平条约，才标志着战争结束了，日本可以独立了。而在与美国缔结和约中尽最大限度地地获得领土，这是问题的要害。吉田茂之所以战后能在日本政坛长期站稳脚跟，就在于领悟到了日本民族的这一真传。且看吉田怎么说。

> 我们为了准备将要到来的媾和，编写了说明我国政治、经济等各种实际情况的资料，把它交给了日本的主管者、从而也是媾和的倡导者、斡旋者——美国政府。关于与媾和的内容关系最重大的领土问题，在编写资料时曾特别下了功夫，这一点也如前面所述。

> 如所周知，战败后的日本的领土，根据波茨坦公告被局限为本州、北海道、九州、四国及其周围的小岛。因此，在日本来说，只能毫不踌躇地接受盟国所制定的范围。但是我认为，日本的领土范围应该通过和约来决定，所以在起草和约时，有必要进行工作，使对方考虑这个问题时尽可能对我方有利；尤其是努力不使波茨坦公告中所说的"日本通过侵略所夺得的领土"的范围受到不适当的扩大解释，是十分重要的。

在解说资料中，仅仅领土问题就占了这七册资料的大部分。其中强调的是：冲绳、小笠原群岛自不待言，就是库页岛、千岛群岛从历史、民族、地理、经济等各个方面来看，也和日本有不可分离的关系。特别是关于南千岛和齿舞岛、色丹岛，我们竭力强调了它是日本传统的、固有的领土。

美国在 1951 年 9 月 18 日为日本召集的旧金山和会，那是通过这样一种形式让日本过了发动战争这一关，要求与其签署了合约的国家承认日本成为一个已经改正了战争罪行的国家，由此开始建立起正常的外交关系。和会之前，以吉田茂为首的日本政府做足了功课。度这不难从吉田的文章里读出，战败后的日本社会主流并不把反省发动侵略战争当作重点，仍旧把保存较多土地当作媾和的重点。但是，在被剥夺的土地问题中台湾和澎湖列岛、朝鲜半岛是没有希望了，剩余下来最大的幻想就是把冲绳（琉球群岛）拿回来，所以在这个问题上做足了功课，包括编写了大量资料，向美方提出把琉球群岛居民当作日本人处理，继续保持琉球群岛与日本的经济贸易及其他各种联系，向美方提出日本将保留对冲绳（琉球群岛）的"潜在主权"概念，甚至在旧金山和会的大会发言里公开提出希望不久的将来琉球群岛能回归日本的愿望，等等。

尽管笔者目前手上还没有确凿的证据足以证明是日本故意做局把中国钓鱼岛夹裹在琉球群岛的范围里送给当时的美国军方托管琉球的行政当局，但是，依据吉田茂的叙述，日本政府送给了美方大量与琉球等地相关的资料，相信这个把中国的钓鱼岛夹裹在其中的美军 3 次宣布的托管琉球群岛的范围中面积最小的一次具体坐标，应该是吉田茂政府送给美方的。因为战后的日本政府把美国占领军伺候得周到而舒贴，美军也就乐意把二战期间各国人民打败日本帝国主义获得的胜利果实随意送给日本，从不会防范日本政府做局把它也拉扯到是非之中。

想当初，吉田茂也不可能预想到 70 年代美国私授琉球群岛的"行政权"而引发的中日纷争，他之所以为美国占领者提供一个比美方两次所划定的琉球群岛范围更小的琉球群岛的区域图，一方面是尽可能把琉球群岛向西南方向挤压，以使当时的日本获得更大的领土空间，另一方面，是受其本性驱使，只要有机会侵占邻国的土地，哪怕是意念，是纸上机会，都绝不放过。这次有了重新为美方提供美方托管的琉球群岛方位，不仅尽可能将其向西、向西南方向挤压，即使现在不可能占有，但极有可能将来占有，都要有意识地把中国的钓鱼岛也夹裹其间。

现在做研究，想当年吉田茂为美国军方提供的"七册资料"，只想作为未来向美国要回琉球群岛和其他诸岛先做点铺垫，而不见得能确定美方究竟对哪些可以接受，更不会想到美方会采纳哪些部分将予以公开发布。最可以体现日本政府本性的是，由日本建设省国土地理院 1961 年 4 月 4 日批准出版的地图中，日本西南诸岛就不包含钓鱼岛。在 1971 年日本出版的儿童百科全书的地图里，日本的领土范围也不包含钓鱼岛，都说明钓鱼岛本不是日本的国土。但是，当 60 年代末、70 年代初，美国政府既不经过联合国授权，也未与中国、苏联等主要签约《波茨坦公告》的同盟国的同意私授琉球群岛的"行政管理权"给日本，日本政府在中国和苏联都未承认可美国私授行为合法性的情况下，竟决意不放过钓鱼岛，足见其毫无底线的贪婪。

钓鱼岛问题说明，日本战败一点都没有改变二战以前的贪婪。笔者作如此叙述，是因为日本自明治维新以来对它周边的国家和古老民族共同体的所有土地，一岛一石，一草一木，都怀有着强烈的贪婪和占有欲望，请看一下事实：

1868 年 1 月 3 日，明治天皇颁布"王政复古"诏书，标志明治维新运动的开始。

1879 年，日本用武力侵占了与它近邻的琉球王国，先称其为藩，后纳为本土改称冲绳县。期间，琉球国王曾被日本用武力劫持到东京，王室急驰使者赴北京请求清政府出兵保护，而后者仅派出使者赴日本交涉，却没有改变其被吞并的命运。

1894 年甲午中日战争，大清帝国战败。1895 年两国签订马关条约，清政府割让辽东半岛、台湾及澎湖列岛给日本。后因西方列强的干预，割让辽东半岛的条约未遂。

1904 年日俄战争，沙皇俄国战败。1905 年，根据日俄朴茨茅斯条约，日本吞并朝鲜半岛，俄国割让库页岛及千岛群岛给日本，以及取代俄国染指中国东北。

1914 年第一次世界大战爆发后，日本加剧对包括中国在内的亚洲和太平洋地区的侵略。战争期间，夺取了中太平洋以西的许多个德占岛屿。战后，在西方列强的支持下，接受国联授权取得太平洋岛屿委托统治，成为太平洋的主要统治者。除此之外，在西方列强的支持下，日本除了强化在华特权以外，还取代德国获得其战前在华利益和特权。1919 年中国爆发的五四运动，就是以北京和上海等地为主的城市青年反对巴黎和会把德国的在华利益转让给日本的。

1931 年 9 月 18 日，随着张学良的东北军退出，日本成为中国东北的实际统治者。

1937 年 7 月 7 日，卢沟桥事变，日本占领中国华北。

1940 年 3 月，随着日本所扶植的汪精卫伪政府在南京成立，标志着日本已经占据东部大半部中国。

1941 年 12 月 7 日，日本偷袭珍珠港，天皇向美、英宣战。日本借重武力独霸关岛以西的太平洋，打败并俘获美、英、法、荷兰、葡萄牙等西方国家的军事武装和整编军队，独占中国香港和澳门，侵占越南及整个东南亚地区。日本有意强调的太平洋战争，其实质是日本侵略亚洲和亚洲人民的反日反侵略战争。

历史表明，明治维新所形成的日本帝国主义是一个穷凶极恶的国家。如果不是第二次世界大战中战败，日本对外扩张的胃口还会越来越大。按道理说，日本战败了，日本天皇及其政府在战败投降诏书和投降书中承诺接受美、中、英、苏四国联署的波茨坦联合公告"无条件投降"，而波茨坦公告明确宣示要剥夺日本自明治维新以来侵吞周边主权国家和各民族共同体的领土，规定"日本之主权必将限于本州、北海道、九州、四国及吾人所决定其他小岛之内"。所以，根据国际公约，琉球群岛已经从日本本土剥离出来，同中国的台湾及澎湖列岛、同现在的朝鲜半岛上的两个主权国家以及日本所称的北方四岛一样，都不属于日本了。但是，就是在以吉田茂为代表的历届日本政府持久的、不懈的努力和追求下，1970 年前后，早期曾经声称要受联合国委托托管琉球群岛的美国政府却未经联合国授权，更未曾经过琉球群岛的人民同意，把琉球群岛"行政管辖权"又私授给日本了。这当然是有负于同盟国的流血奋战的本义和违背以《罗马宣言》和《波茨坦公告》为代表的一系列国际公约的，是非法和无效的。但就是在这样的情况下，当日本在非法得到琉璃群岛的同时，却还想顺手拎上本属于中国台湾省的几个小岛屿。所以，如果说战前的日本是野蛮和穷凶极恶，那么，战败后的日本贪婪本性不仅一点都没有改，而且还表现得尤为奸诈、狡猾与狡黠了。

为什么是这样？这就不得不研究战后美国军队进驻和占领日本本土这段历史。

以麦克阿瑟为最高统帅的美军进驻和占领日本，是以日本天皇及其政府向美、中、英、苏为代表的同盟国发出接受同盟国的波茨坦公告的诏书和美、中、英、苏等同盟国关于接受日本国投降给日本政府的通知精神，为落实日本投降和具体执行波茨坦公告而代表同盟国进驻和占领日本本土，监督和监视日本政府执行和落实波茨坦公告条款的。进驻日本的盟军任务，主要包括以下五项内容：第一，把日本的主权限制在本州、北海道、九州、四国以及根据开罗宣言和其他协定所决定的一些外围小岛。第二，惩罚和惩治战争罪犯。第三，监督和监视日本方给受害国的战争赔偿。第四，完全解除日本武装，使其不得拥有陆海空军、秘密警察机构或任何民航事业，以及鼓励人民争取个人自由和民主进程。第五，销毁和消除军火工业生产能力，等等。

但是，以麦克阿瑟为最高统帅的所谓盟军统帅部为了达到美军独自占领和统治日本的目的，除了从一开始接受极少部分英军外，拒绝了其他盟国军队参与进驻日本，从而形成由美军独自进驻和占领日本的事实。但是，麦克阿瑟为了依靠天皇维持在日本的统治，竟然变必须追究和惩治天皇及其政府的战争罪为千方百计地包庇并帮助天皇及其政府逃脱长期侵略中国、朝鲜、越南、菲律宾、马来西亚等东南亚各国在内的亚洲人民、公开向美国和英国宣战发动太平洋战争的战争罪责。对包括中国在内的受害国的战争赔偿刚开了个头，就先是拖延，继而阻碍并动员包括中国在内的受害国放弃赔偿诉求。在关于战后日本应该实行的国家政体问题上，麦克阿瑟不敢让日本民众充分协商与广泛讨论，而是由美军驻日本部的文职人员仓促间起草一部宪法文稿强加给日本人民。为了达到长期占领日本的目的，美军驻日统帅部与日本天皇及其政府以日美安全条约的形式，让美国军队在日本驻军长期化，等等，等等。

为什么是这样？这就不能不把研究的对象再转到美国。

问题发生在二战即将结束的时候，美国总统罗斯福突然去世，毫无执政准备的副总统杜鲁门仓促接任，而新总统在二战的军事领袖的裹持下，改变了罗斯福的包括所擘画的战后世界秩序在内的执政方向和政策，把历史的航船开到了弯道里。

第二次世界大战是以中国、英国、苏联和美国为代表的全世界各国人民与德、日法西斯之间的战争，其实质是文明与反动、进步与倒退、正义与邪恶的斗争。二战期间，世界各国人民为之奋斗的事业，集中体现在美国总统罗斯福和英国首相丘吉尔 1941 年 8 月 14 日所签署的《大西洋宪章》上。该文不长，笔者将其抄录如下：

第一、他们两个国家不寻求任何领土的或其它方面的扩张；

第二、他们不希望看见发生任何与有关人民自由表达的意志不相符合的领土变更；

第三、他们尊重所有民族选择他们愿意生活于其下的政府形式之权利；他们希望看到曾经被武力剥夺其主权及自治权的民族，重新获得主权与自治；

第四、他们要在尊重他们现有的义务下，努力促使所有国家，不分大小，战胜者或战败者，都有机会在同等条件下，为了实现它们经济的繁荣，参加世界贸易和获得世界的原料；

第五、他们希望促成所有国家在经济领域内最充分的合作，以促进所有国家的劳动水平、经济进步和社会保障；

第六、在纳粹暴政被最后消灭之后，他们希望建立和平，使所有国家能够在它们境内安然自存，并保障所有地方的所有人在免于恐惧和不虞匮乏的自由中，安度他们的一生；

第七、这样的和平将使所有人能够在公海上不受阻碍地自由地航行；

第八、他们相信，世界上所有国家，为了现实的和精神上的理由，必须放弃使用武力。如果那些在国境外从事或可能以侵略相威胁的国家继续使用陆海空武器装备，则未来的和平将无法维持；所以他们相信，在一个更普遍和更持久的全面安全体系建立之前，解除这些国家的武装是必要的。同样，他们会协助和鼓励一切其它可行的措施，来减轻爱好和平的人民在军备上的沉重负担。

《宣言》的主要内容、主题词和关键词是实行反对纳粹的侵略战争，追求和平、自由与平等，以及人类尊严，民族自决，多边和平，公共海权，一劳永逸地消灭战争，减轻各国人民在军事与国防方面的负担，在全世界建立起一个更普遍和更持久的全面安全的市场和贸易体系，等等。

　　中国人民在近代以来长期经受了以英、美、日、俄为代表的西方国家的侵略和剥削，不少的读者对西方民族持有一种不信任的态度。毫无疑义，罗斯福与丘吉尔也都难免具有他们所处时代的历史局限，但是，他们作为最早从事商品生产和市场经济的先进民族国家的代表，处在人类历史重大转折的关头，处在进步与反动大决战的重要时刻，产生于第二次世界大战历史背景下的《大西洋宪章》还是代表了全人类的利益从而最先体悟出了资本主义生产方式与市场经济所要求的基本精神。在二战即将结束前，以罗斯福为首的同盟国领袖还擘画出以享有主权的民族国家为基本单位的联合国组织，设想出战争结束以后的世界各国人民将在美、英、苏、中、法等几个大国的主导下，和平协商处理国际事务，一劳永逸地消灭战争。为此，罗斯福甚至还主导和支持在联合国下再设立以关税及贸易总协定（在此基础上形成了世界贸易组织）、国际货币基金组织和国际复兴开发银行等国际组织和机构，以推动世界市场体系的形成与世界经济的和平发展。

　　罗斯福不只是有这样的大手笔的擘画，而且也有这方面的能力和魄力制订出许多具体政策和计划，从而可以把一系列和平蓝图转变为现实。譬如构建联合国的大会正在有条不紊地向前推进，——罗斯福去世后仅 10 多天，联合国大会就在旧金山召开了。罗斯福参与制订的《联合国宪章》明确提出，联合国成员国不得再缔结不受联合国宪章制约的国际公约和国际组织。除此以外，罗斯福还拟定了战争结束后立即把美国武装从全世界撤回来的复员计划。有关撤军和士兵复员的问题，罗斯福曾经在雅尔塔会议上明确向斯大林和丘吉尔表态，包括占领德国在内的美国在欧洲的驻军最长不会超过战争结束后两年。战争前的美国是一个只有不到 30 万常备军的国家，基本上没有军事工业。战争呼唤出这个 1.3 亿人口的国家在海外战场上和国内后方最高时超过 1000 万的军队。战争期间，美国政府几乎调动全部工业生产能力为全世界各主要战场上的同盟军生产军火和武装设备。战争即将结束的时候，罗斯福指令政府制订了军转民的生产和经济计划。尤其重要的是，罗斯福有能力驾驭局势，不允许军人参与政府管理和国家公共事务，等等，等等。再加上战争中，罗斯福与英国首相丘吉尔、苏联领导人斯大林建立起的战斗友谊，使得他们可以在战后和平共事。所以，如果不是罗斯福突然去世，历史将是另外一种状态。

但是，杜鲁门继任以后，罗斯福的这些设想和规划刚被开了个头，而绝大部分还未开始实行，就都被改变了。

叙述到这里，有必要介绍一下杜鲁门担任总统以前和以后的总统制的变化。美国宪法所确定的总统职务，相当于现代企业的经理，一切行政职权概由经理负责。所以，虽然人们也说华盛顿就建立起包括国务卿和陆军部（陆军部也是有了海军部以后对前面的军部的称呼，一开始并没有区分陆军、海军）的内阁，但并没有英国政府那样的内阁制，一切都由总统个人说了算。罗斯福蝉连 4 届总统，科德尔·赫尔于 1933-1944 年 3 届都是罗斯福总统的国务卿。1944 年罗斯福第三届任期即满的时候，赫尔因病辞去了国务卿职务。阅读他所写的《回忆录》，根本就没有内阁会议这回事，有的倒是内阁聚餐会，由总统及其夫人共同召集吃饭，被邀请的对象也是所谓内阁成员及其太太。那是战争时期，赫尔抱怨他从未参加过总统主持的作战会议，甚至当面提出总统与丘吉尔见面率领庞大的军事领袖及其参谋人员而不让国务卿参加，而英国的内阁成员、外交大臣艾登可是跟随丘吉尔的。罗斯福只是淡淡地回答说："我们和英国的制度不同。"看赫尔的回忆录，似乎罗斯福经常召开军事会议，但是阅读威廉·李海所写的回忆录《我在现场》，根本就没有发现过这样的会议。李海可是罗斯福年轻时担任海军部副部长时就结识的老朋友，二战期间担任海军作战部部长，相当于杜鲁门总统时代设立的参谋长联席会议里的海军总参谋长。二战期间，尤其太平洋战争，美国的海军可是参战的主要军种和兵种，有这样的会议李海不可能不予以叙述。从未有罗斯福主持下的军事会议充分表明，罗斯福与军事领袖，只是统帅与将领的关系，发令者与执行者的关系。罗斯福掌握战争的全局，一切都胸有成竹，一人说了算，而那些所谓的军事领袖充其量就是总统的小跟班。举个例子。罗斯福去世后，人们发现他有 1945 年 5 月份访问欧洲的计划，说明罗斯福清晰地知道，欧洲战争将在 1945 年 5 月以前结束。相反，那些所谓的军事领袖是没有这个意识的。有何凭证？罗斯福 4 月 12 日去世，杜鲁门即刻宣示就任总统，而当陆军部长、海军部长，以及陆、海、空三军的参谋长合团去拜访他的时候，他询问战争何时可以结束，军事领袖回答说欧洲战场至少还要半年才可以结束，与日本的太平洋战争还需要在欧洲战事结束后再打一年半。但实际情况是，20 多天后，欧战就结束了。3 个月后，日本投降了。所以，罗斯福才是统领战争全局的总司令，其他军事领袖充其量也只是参谋而已。

再举个例子。1943 年 1 月罗斯福与丘吉尔的卡萨布兰卡会务后的记者会议上，罗斯福发布了德日法西斯必须"无条件投降"的口号。此前，罗斯福没有与任何人打招呼。无条件投降，在战场上意味着敌人会拼死决斗。事实上，就连丘吉尔、斯大林对此也都有异议。可是，当海军参谋长李海向罗斯福提出时，罗斯福又是淡淡地说："你不该提出这个问题。"意思是，军人只有服从，没有提出异议的权利。

1941 年 5 月爆发希特勒侵犯苏联的战争不久，美、英、苏结盟，斯大林就提出在西欧开辟第二战场的要求。但是，英、美迟迟提不到日程上。没有西部战场，德国法西斯就是以全部精力与东部的苏联作战。所以，1943 年 11 月的德黑兰会议上，斯大林严肃地指出，什么时候确定了西线的总指挥，第二战场的筹备工作才算开了个头。西线联军的总司令，那可是职业军人名垂千古的历史机遇。德黑兰会议后，罗斯福总统在耶路撒冷逗留时就这个话题找陆军参谋长马歇尔谈话，马歇尔虔诚地说："我将全心全意服从总统的决定，而您不需要担心我个人的感受。"可是当总统把西线最高司令长官的位置交给年轻的艾森豪威尔，而要把马歇尔继续留在华盛顿的决定告诉了马歇尔以后，马歇尔郁闷至极，当天就乘飞机飞华盛顿了。可见，在罗斯副总统面前，任何一位军事领袖，都只是他棋盘上的一枚棋子。

　　但是，与已经蝉联四届总统，无论欧洲战场和太平洋战争，还是美国国内局势都胸有在握的罗斯福不同，杜鲁门丝毫都没有执政准备。罗斯福第四次竞选总统，是为了争取中西部农民的选票，才拉上出身于密苏里州的参议员杜鲁门作他的副总统搭档的。而从华盛顿和亚当斯开启的总统与副总统关系的惯例以来，副总统就只相当于中国传统时代里的太子或皇储，是不参与政府行政事务的。1945 年 1 月 20 日新一届政府产生，至罗斯福 4 月 12 日去世，副总统杜鲁门仅只见过总统两次，一次是在总统的就职典礼上，一次是罗斯福从雅尔塔回来后，总统给国会介绍雅尔塔会议与丘吉尔、斯大林会谈的情况。罗斯福去世的时候，欧洲战场和太平洋上的战争都正打得激烈，而杜鲁门在此以前对世界大战的了解则全要靠报纸才能获得，——杜鲁门是《华盛顿邮报》的忠实读者，所以新闻记者威廉·曼彻斯特评论说："那时他（杜鲁门）对指挥战争的知识，和《华盛顿邮报》的一般读者差不多"。白宫有个作战室，随时掌握世界各个战场的进展情况，副总统杜鲁门在担任总统以前却从未听说过，更不用说是否进去过。美国试制原子弹的工程，罗斯福批准投入了 20 亿美元，至少有了 3 年以上的历史，现在已经到了试爆的阶段，杜鲁门却从未听说过。杜鲁门第一次听说威力巨大的原子弹，是在他担任总统的那一天。副总统杜鲁门仓促宣示就任美国总统，却没有自己的班底，所以第一个重要活动是召集罗斯福内阁成员谈话，希望他们全部留任。陆军部长史汀生与其他人一起离开总统办公室后不久又返回来，向杜鲁门总统报告了原子弹的事。至于罗斯福对于未来世界的擘画与战后美国从战争走向和平的施政计划、方针和政策，杜鲁门不只是一点都不知道，可能想都没想过。

　　因为战争还在进行，仓促被推到总司令位置上的杜鲁门总统别无选择地要依靠罗斯福所选定的军事领袖。不过，杜鲁门与军事领袖的关系，却决然不同于罗斯福。1933 年至战争前，罗斯福总统推行新政，倚重内阁成员，但并没有改变自华盛顿以来所形成的总统与所谓的阁员之间几乎类同于老板与雇员的关系。战争时期，罗斯福倚重军事领袖，却丝毫未改变军人不参与政府事务和过问政治的惯例和制度。杜鲁门总统却不一样，他没有执政经验，也没有执政理念，尤其战场上每时每刻所发生的问题，都关乎美国儿女的身家性命，他不知道应该怎么办，所以必须召开会议征求内阁成员或者军事领袖的意见。——美国总统主持的内阁会议，就是从此时的杜鲁门总统开了先河。因为杜鲁门总统总是虚心倾听二战的军事领袖的意见，所以二者之间建立了良好的关系，其执政理念、方针和政策，自然都转向了战后的军事领袖集团。即使内阁成员不是军人，可是在一些具有关键性职位上的人却都换上退去现役的军事领袖，譬如退休的五星上将马歇尔依次担任过杜鲁门总统的国务卿和首届的国防部长。历史学家只讨论了以马歇尔命名的马歇尔计划对于欧洲复兴的巨大贡献，却很少挖掘马歇尔才是北大西洋公约组织的幕后推手。另外，马歇尔富有教养，谦谦君子，但正是他担任国务卿和国防部长期间配合杜鲁门总统离开了罗斯福的执政方向，提出并形成了以冷战为核心内容的"杜鲁门主义"，和平时期出台了《美国国家安全法》，并依据安全法向世界各国展示第二次世界大战结束后的和平时期却都必须重视国家安全以及都需要设立国防部和加强情报工作等等之类的要不断加强的国防预算和国家安全。笔者在正文里有一节小标题把马歇尔和艾森豪威尔并称为杜鲁门船长的"两位大副"，其中刚刚脱了五星上将军服走进国务卿办公室的马歇尔"通过一连串的工作调动和接受辞职"，不仅使得国务院再也不是以前文职人员性质的美国外交机构，而且更为重要的是只有马歇尔才使得美国国务院至此开始真正离开罗斯福的航线而成为可以贯彻战后军人意志的国务院。马歇尔虽然不是首届的首任国防部长（应该称国家军事机构首长。1949年8月通过杜鲁门总统的《国家安全法修正案》以后，才正式更名为国防部并设立了国防部长一职），但只有他才能胜任首届国防部而把山头林立的美国陆、海、空各种武装力量整合在一起进入到政府的序列，让和平时期的美国堂而皇之地拥有一支强大到随时可以开到世界任何地方作战的强大武装。在我的叙述里，对艾森豪威尔介绍的内容虽然很少，但只要愿意深挖资料，就凭着艾森豪威尔将军是杜鲁门总统任命的首位参谋长联席会议主席和首任北约最高司令，尤其是了解到战后美国历史是杜鲁门总统只是离开了罗斯福的航线而把美国这只航船开进体现二战期间的美国军事领袖意志的弯道里，但却是二战期间担任欧洲战场上盟军最高司令的五星上将艾森豪威尔将军才是开着航船在杜鲁门所开辟的航道上稳步航行的船长，那就足以理解艾森豪威尔的历史地位了。从罗斯福到杜鲁门，共和党整整有20 年没有执政了。当共和党领悟到杜鲁门主义的实质是和平时期打战争牌的时候，索性拎出二战中的盟军总司令、美国参谋长联席会议的第一任主席和首任的北大西洋公约组织的最高司令长官艾森豪威尔将军作为共和党的总统候选人，他可是比被军人簇拥的杜鲁门更适合把美国文职政府改造成为军事服务的国家机器更合适的总统候选人。所以，虽然笔者曾在多处指出过，艾森豪威尔是最早发现军工集团已经渗透到美国国家事务各个领域的美国总统，但是，正是蝉联过 1952 年至 1960 年两届美国总统任期的职业军人出身的艾森豪威尔将军才是把杜鲁门主义贯彻到美国政府的各项事务中，完成了美国国家制度由民主转向军事独裁体制，让美国航船从此稳当地航行在由杜鲁门开辟的历史的弯道里的领航人。

所以，战后美国的真实历史是，罗斯福总统突然去世后，没有执政准备的杜鲁门总统在战争中膨胀起来的军事领袖的裹挟下离开了罗斯福总统所开辟的航线，把美国航船开进充分体现美国军工集团利益的历史的弯道里，然后又由二战中的盟军总司令艾森豪威尔将军直接担任两届总统，使得美国航船在以杜鲁门主义为旗帜的航线上稳当航行以后，才把美国总统的位置交给以文职人员的面貌出现的所谓的政治精英的。

正如笔者在批判亨廷顿的文章里所指出的那样，战后极度繁荣的美国政治学本就是美国政治制度呼唤出来的，政治学只是为美国政府服务的，所以，战后以美国政治学为核心的学术研究从来没有像笔者这样思维过。相反，以美国政治学为主导的国际舆论很容易地引导人们沿着美国政府的舆论导向，跟着美国政府跑了。而实际上，包括杜鲁门自己所叙述的历史在内的大量历史著作中都透露了战后杜鲁门总统离开罗斯福航线时所留下的历史痕迹。譬如在《杜鲁门回忆录》里，杜鲁门总统自己所叙述的他与留任的罗斯福总统的国务卿贝尔纳斯的纷歧，与商务部长华莱士的龃龉，其实质还是罗斯福总统的内阁成员自觉维护罗斯福的航线与离开罗斯福航线的现任总统杜鲁门的新政即杜鲁门主义所产生的矛盾。汤因比主编的十卷本《第二次世界大战全史》第 8 册《1942-1946 年的远东》卷里，关于美军对包括琉球群岛在内的太平洋岛屿托管问题的介绍里，有原罗斯福总统的国务院班底要求贯彻《大西洋宣言》中美国政府承诺"不寻求领土和其他方面的扩张"与军方提出的战略防御的分歧。读者必须知道，在罗斯福时代里，美国政府还没有提出过要把美国的战略防御建立在海外的基点上的所谓战略防御问题。所以，马歇尔担任国务卿以前的老的国务院与军方的纷歧，其实就是杜鲁门总统被军人簇拥着偏离罗斯福航线的过程中与传统的国务院的传统外交理念所产生的矛盾和纠纷。还有，埃德·克雷《陆军五星上将乔治·C.马歇尔——军人和国务活动家》里叙述马歇尔担任美国国务卿以后，通过"一连串的工作调动和接受辞职"，"国务院将不再是科德尔·赫尔或詹姆斯·伯恩斯的国务院了"，所叙述的马歇尔国务卿任命乔治·凯南担任新设立的国务院政策计划局局长，设计体现并推行冷战思想意识形态的各项方针政策，等等，等等，其实都是杜鲁门总统偏离开罗斯福航线以后美国政府在执政理念与实践过程中所透露的宝贵历史资料，也是美国政府机构转型期间执政队伍大换血的历史见证。

　　介绍到这里，有必要介绍杜鲁门总统与五星上将麦克阿瑟的故事。笔者说杜鲁门总统是在军事领袖的簇拥下把航船开进历史的弯道里，但杜鲁门总统所遇到的美国军人却并非都像马歇尔和艾森豪威尔那样总是彬彬有礼，温良恭谦让。日本战败投降后，杜鲁门任命麦克阿瑟将军为占领日本本土的盟军最高司令。但是，这个接受杜鲁门总统任命的最高司令长官却沉浸在位于天皇之上的对日最高统治者的感觉里不能自拔。麦帅可非等闲之辈。想当年，麦帅担任陆军参谋长时，艾森豪威尔还是给他跑腿的少校秘书。所以，当杜鲁门总统把艾森豪威尔将军从伦敦的盟军总司令位置上调回来担任第一届的参谋长联席会议主席，指挥美国在全世界的军事武装以后，麦克阿瑟就不把华盛顿的指挥机关放在眼里了。麦帅向来我行我素。一个月前还向华盛顿提出驻日美军必须由现在的 40 万增加到 50 万，而当美国政府正在为此做努力的时候，他却突然在东京对着新闻界宣布，在六个月内，驻日美军将由现在的 40 万削减至一半，搞得杜鲁门总统和国务院面对新闻记者的提问，张口结舌，狼狈不堪。杜鲁门总统通过国务院和美国参谋长联席会议几次指令要求麦克阿瑟回国述职，麦帅都借故占领日本事务繁忙，不予理睬。像这一类礼节与仪式类的问题，杜鲁门总统从 1945 年日本投降开始到 1950 年朝鲜战争爆发，长达 4 年多的时间都可以忍让。但是，根据杜鲁门总统的回忆叙述，1950 年 6 月 24 日发生北朝鲜进攻南朝鲜的事件以后，他原本并不想把事态扩大，可麦克阿瑟总是不听打招呼，不仅要反击北朝鲜，而且私自访问台湾的蒋介石，反复建议参谋长联席会议要轰炸中国东北的机场，要把战争扩展到鸭绿江以西的中国东北。既然麦帅不愿意回国晋谒总统，那总统就来见麦帅。杜鲁门穿行北美大陆与浩瀚的太平洋，跨越子午线，到太平洋小岛威克岛与麦帅见面，把橡叶勋章佩戴在麦帅的胸前，好生安抚一番，想让其温顺一点。但是，麦克阿瑟并没有因此就有所收敛，仍然把美国拖到了与中国共产党的新中国兵戎相见的战争中。

杜鲁门总统曾经把麦帅比喻是一匹直踢后腿的马，外交官乔治·凯南受国务卿马歇尔的指派接触麦帅以后认为"这是一匹桀骜不驯的野马"。可是，即使像杜鲁门总统和凯南之类的文职官员不喜欢麦克阿瑟这样的军人，但是，当他们离开罗斯福航线而走到美国军事领袖所引领的弯路上以后，对其所误导的目标想也不想地就都接受了。

1949 年 3 月 1 日，麦克阿瑟在东京接受《纽约时报》记者（麦克阿瑟的传记作家说是英国记者普赖斯）的采访时，随口提出了一条美国在远东和太平洋的战略防线。

> 我们对亚洲侵略防御的部署，过去常常从美洲大陆的西海岸来考虑。把太平洋视为是敌人进攻美国的通道。现在，太平洋成了盎格鲁-撒克逊的内湖，而我们的防御则是沿着亚洲海岸穿过一连串的岛屿。它从菲律宾开始，通过琉球群岛，其主要据点是冲绳岛，然后又弯回来穿过日本和阿留申群岛到阿拉斯加。

麦克阿瑟本就是一个狂妄自大，我行我素，满口跑火车的老军痞，他提出这条所谓的防线本就是想当然，具有假、大、空的性质，——读者可以具体想一想，这条防线圈住的受保护的区域是什么？不就是太平洋吗？除了相关的民族国家周边的区域以外，浩瀚的太平洋是公海，属于全世界的所有民族国家，即使需要保护那也是全世界所有的民族国家都享有的权利，它怎么就成了白色人种的内陆湖和美国的保护区了？其次，麦克阿瑟的这条防线的的背后是什么，其防线后面要保护的是谁？问题还不止一次，问题还在于美国有什么权利把太平洋拿过来随意部署自己的军事防线？如果西面的太平洋可以这样，东面的大西洋岂不也是相同的道理，这不就是美国要独霸全世界了？作为一个职业军人的麦克阿瑟将军这样说，人们把他当作一介武夫，也就罢了。没想到 10 个月以后，1950 年 1 月 12 日，美国国务卿艾奇逊在华盛顿全国新闻俱乐部发表的美国政策声明中，只是把麦帅以前所叙述的战略防线的顺序颠倒了一下，又拿出来了。他说：

> （美国）这一防御圈沿阿留申群岛到日本，然后到琉球，我们在琉球群岛保持着重要的防御阵地，我们将继续守卫这些阵地……。防御圈从琉球延伸到菲律宾群岛……

不过读者莫要以为艾奇逊仅只是重复了一下麦克阿瑟，因为艾奇逊可是美国的国务卿，经他讲了以后，麦克阿瑟的胡言乱语就成了美国政府的国家战略了，而太平洋地区，尤其是东亚相关的国家就都蒙上了一道阴影，影响了战后东亚地区相关国家 7、80 年的发展走向。

所以，战后的杜鲁门总统是在二战期间膨胀起来的军事领袖的簇拥下拐到历史的弯道的。事实上，只要有了杜鲁门总统离开罗斯福航线的意识，我们甚至都可以确定杜鲁门总统是在什么时间、在什么问题上开始跟着美国军事领袖调拨船头，驾驶着美国航船离开罗斯福的航线，把包括美国在内的全世界人民带到历史的弯道的。

读者都知道，20 世纪以前的美国盛行门罗主义，把自己围于南北美洲，自动隔绝以西欧为首所开拓的世界经济。但是，从第一次世界大战开始，美国就开始主动参与世界事务。希特勒发动第二次世界大战后，罗斯福总统积极参与战争，并不是好战，而知道通过支持反侵略战争的英国、苏联和中国等国家的反侵略战争，是美国尽快融入世界的极好方式。所以，当 1944 年 2 月，距离战事结束还有一年多，罗斯福政府就提前筹划和平计划，指令由总统经济顾问伯纳德•巴鲁牵头制订发展方案，其计划包括退伍军人安置、调配中心建设，退伍军人的就业安置，终止战时的军工生产合同、处理战争物资储备、销毁武器以及将战时属于政府所有的工厂交给私人支配，等等。根据艾拉•卡茨尼尔森的《恐惧本身：罗斯福"新政"与当今世界格局的起源》所引用的历史资料，为了实施和平计划，罗斯福总统早在 1944 年夏天就在联邦政府里设立了合同终止委员会和再就业管理局。同期的国会也通过了一系列的立法措施，参议院和众议院都分别设立了战后经济政策规划委员会，负责制订相关的法案，譬如出台了《退伍军人权利法案》，通过了联邦政府的《合同清算法案》和《剩余财产法案》，准备把战时政府的财产重新移交到私人手中，其中包括要把 500 多个机场移交到地方政府手中，等等。所以，当雅尔塔会议上罗斯福回答斯大林的提问，说美国军队可以和英、苏一起占领德国多长时间的时候，罗斯福轻松地回答说：两年。继而，罗斯福还向斯大林具体解释了这样做的理由，他说："为了和平，我可以得到人民和国会的绝对合作，但不能在欧洲长期驻军。期限是两年。"都说明在罗斯福总统的思想里，根本就没有一个要把军队长期布设在海外的想法。不过，斯大林却认为："将军都不肯从他所占领的地方撤出去。"这可谓远见卓识。

1945 年 5 月 7 日，德军投降，欧洲战事结束。8 月 15 日，日本天皇及其政府宣布无条件遵守同盟国《波茨坦公告》和《罗马宣言》等国际公约，命令天皇所有武装部队立即放下武器，向同盟国军队投降，标志太平洋和亚洲战争结束。战争结束，美国政府即刻转入罗斯福政府早已制订的复员计划。二战期间曾在美国海军陆战队服役的美国记者威廉·曼彻斯特在其长达四册的巨著《光荣与梦想：1932-1972 年美国实录》里，记录了大概只有新闻记者才可以扑捉到的一片历史花絮。

1945 年 5 月，欧洲战事结束。7 月，比投入战争更大规模横渡大西洋的复员工作终于开始了。有一天，同时有 7 艘运输船停靠在纽约码头，运载回了 31445 名美国大兵。还有一次，在 72 小时之内，陆军航空兵运输总队从欧洲和地中海战区空运回了 125370 名战士。战争初期，罗斯福总统出面向丘吉尔租借的"伊丽莎白皇后"号，一次从欧洲运回了一个师。"玛丽皇后"号也这样，一次运回了一个师。到了夏天，已经有 50 万人从欧洲回到家里。

但太平洋战争还在继续，所以整师的增援部队仍需从欧洲穿越大西洋和太平洋运往亚洲东部。8 月 15 日，日本投降后，驶向国际日界线的轮船奉命改变航线了。曼彻斯特用其轻快的笔调写到：

> 其中一艘是伦纳德·佐旦船长指挥的"亨利·泰勒将军"号。在日本投降后几天，这条船通过巴拿马运河，由东往西驶向夏威夷群岛。突然，前甲板的扩音器响了——"大家听着，我是船长。看着这艘船的投影仪吧……"他停了一会说："本轮现在驶向纽约。"这时从欧洲战场调往亚洲的三千士兵欢呼起来。现在他们相信战争真正结束了。他们在归家途中。家！

　　据《杜鲁门回忆录》记述，1945 年 8 月 31 日内阁会议上，杜鲁门总统还听取了陆军部副部长派特逊和海军部副部长盖茨关于士兵复员的工作汇报。陆军的复员工作正在尽快地进行中，按照计划，欧洲的陆军在 1946 年 7 月 1 日将有 550 万军人与家人团聚。海军部副部长盖茨报告说，海军将以每个月 26 万人的规模执行复员计划。需要向读者说明的是，由于欧洲战场和太平洋战争的性质不同，美国参与欧洲战争主要以陆军为主，太平洋战争则主要是海军参与。所以，以上陆军部和海军部向总统的汇报，分别反映了欧洲战争和太平洋战争结束后的士兵复员情况。它们也都说明战争后期，罗斯福总统确实已经制订有将武装部队从海外撤回来的复员计划，战争刚刚结束，当杜鲁门总统仓促上任而未形成他自己的执政理念和和路线的时候，也还是执行罗斯福的既定政策和路线的。

　　但是，50 多天以后，1945 年 10 月 26 日，风向就变了。这一天，杜鲁门总统召开的内阁会议本是要检查复员计划的执行情况的，当海军部部长福莱斯特尔和陆军部部长派特逊（此前陆军部长史汀生辞职，副部长派特逊任陆军部部长）分别汇报过情况后，发牢骚说："加速实行这个计划势必将损害我们在战争后紧张局势中所处的地位"。军事领袖的这一观点明显是荒唐、荒谬的。执行复员计划如何就损害美国的地位了？为了回击日本突袭珍珠港和挑起的太平洋战争，美国出兵与日本在太平洋和亚洲作战。为了支援和帮助欧洲人民打败德国法西斯，美国才派兵远赴欧洲作战。正如罗斯福总统在《大西洋宣言》里所承诺的，当"最终摧毁纳粹暴政"以后，美国武装自然就该从海外撤回来了。这是罗斯福总统的路线。相反，如果通过战斗付出生命和鲜血夺得的地方，就要占领它，保持它，那不是罗斯福总统的主张，而是殖民主义。美国职业军人要求战后保持战时所获得的阵地的立场和观点，就是殖民主义。但是在罗斯福时代，即便军人领袖有这样的思想，则都不会成为问题。因为在罗斯福以及罗斯福以前的时代，总统只给军人下达命令，而军人只需服从和执行命令，不仅职业军人不会提出军事行动以外的政治主张，美国的总统制度其至都不会提供军人表达他们意见或意志的机会。更何况，罗斯福总统已经规划出明晰的路线和政策。遗憾的是，杜鲁门仓促上位，——他没有执政准备，也没有执政理念，历史不再是这样了。当杜鲁门仓促宣示就任总统的时候，东西方战场上还有数以千万计的美国士兵正在前线阵地上打仗，他别无选择，必须倾听军事领袖的意见，按照军事领袖提供的办法处理问题，所以要在军事领袖的簇拥下往前走。在经过半年多的总统生涯以后，与军事领袖保持一致，大约已成了习惯。所以，等陆军部长和海军部长发过牢骚以后，杜鲁门总统随即附和说：

> 我完全同意这种看法，……就我个人来看，我们所实行的计划已不再是复员计划，而是在瓦解我们的军队。

接着，美国政府就放缓了复员计划。我们介绍过，战后美国曾经在全世界拥有上千个军事基地。所谓军事基地，就是由武装部队驻扎和控制的地方。二战后的美军基地主要分布在以西欧和中欧为主的欧洲，分布在以东亚和东南亚为主的亚洲和太平洋岛屿，它们大都是二战期间美军从德、日法西斯手上夺过来的经济比较发达的地方，或者在战略上具有一定意义的地方。《杜鲁门回忆录》轻描淡写，把这一章的题目列为"复员"，仅只是记述战后执行罗斯福政府所制订的复员计划，以及因为停止或延缓复员计划而引起的社会矛盾和问题，是因为连他也没有意识到停止罗斯福总统的复员计划究竟意味着什么。实际上，这是一个标志扭转历史发展方向和改变美国社会制度的大问题。——认真和严格执行了罗斯福政府制订的复员计划，最长两年，美国全部军事武装就都从世界各地撤回去了，二战确实就结束了，成为历史了，世界也恢复到德、日法西斯发动侵略战争以前的状态了。从此以后，各民族国家将在罗斯福与丘吉尔、斯大林共同擘画的以联合国为主要的国际组织的框架下和平交往，共同发展。

但是，杜鲁门总统放缓和放弃了罗斯福的复员计划，实际上是维持美国军队通过战争夺得和占领的地方，那可是除了苏联和苏联控制的东欧以外的欧亚大陆。这是两条完全不同的路线。如果彻底贯彻和执行罗斯福总统制订的复员计划，美国军队就全从海外撤回来，它意味着美国把从德、日法西斯手上夺过来的领土交还给各个民族国家，全世界则将在民族独立、自决、自主和自由的基础上发展。相反，美国政府停止复员计划，即意味着美国战后将继续占领它所夺得的地方，而这些地方又几乎遍布除了东欧和苏联以外的全世界，其实质就是美国统治全世界。遗憾的是，历史选择了后一条路线，它是二战所形成的格局，也是二战以来的世界历史。

也许读者会问，美国政府有主观愿望赖在那里不走，各民族国家为什么也会同意他们不要走？必须指出，这个问题不科学，不严密。必须说，有许多民族国家是反对美国军队赖在自己的国家的。新中国就不同意美国在它的领土上有驻军，越南也不欢迎美国军队呆在他们的国土上。当然也必须承认，有许多国家是要求美军继续呆在那里的。所以，杜鲁门总统引导所形成的世界格局，也有其自然发生的原因。其一，美国的这些所谓军事基地大都是二战期间美军从德国、意大利和日本法西斯侵略者手上夺过来的，来自于德、日法西斯之手。所以，是二战后各民族国家产生以前就由美军占据在那里了。相反，二战后这些民族国家的政权大都是在包括美国军事基地参与下的美国政府帮助建立起来的，美国政府在经济政治各个方面支持这些曾经被德、日法西斯毁掉了的民族建立了民族政权。所以，美国军事基地天生就有着与这些民族国家的良好关系。笔者作这样的叙述读者往往还不很明白，换个提法，除了英国以外，德国法西斯几乎占领了整个欧洲，日本帝国主义几乎占领了太平洋和东亚、东南亚地区。所以，欧亚大陆上的所谓美国盟友大都是经美国军队从德、日法西斯手上夺取过来而被解放的，继而又是在美国政府的主导或参与下建立起来的民族政权。所以这些民族国家自然与美军基地有着良好关系。

其二，二战期间，美国是主动参与战争的，所有军事资源和后勤供应都是由美国政府负责的。除了英国以外，美国在其他地方的基地的历史基本上都要先于所在国家的政府而存在。因为无需后产生或重生的民族国家的政府承担义务和成本，美军要继续呆在那里所出现的矛盾就要少多了。而在没有或者很少有矛盾和问题的情况下，这些国家的政府也往往是把美国军事基地当作早就在那里存在的一块巨石、一座山一样，往往不排斥它。有的时候，甚至还有相反的情况，由于美国政府直接负担和供应的美军基地的生活水平都明显高于当地居民，其消费还刺激了当地的经济发展，所以地方政府一般也不会反对美军基地长期化，有不少的情况下甚至还希望其长期化。

其三，我们后面还将要述及，杜鲁门总统改变罗斯福的航线以后，很快就制造出一套理论体系即政治学和历史学所说的杜鲁门主义和冷战思想意识形态，其要害是宣传苏联的共产主义扩张，用虚假的战争威胁和吓唬人。首先是因为欧亚大陆的自然地理条件，其次是600多年来的资本主义的发展，形成了以中西欧为主的许多自由资本主义国家和东欧及横贯欧亚大陆的以俄罗斯民族为主的俄罗斯帝国，几百年的欧洲历史事实是，随着资本主义的发展在西欧和中欧产生了一系列人口和面积都比较小的民族国家，而建立在农奴制基础上的沙皇因不断吞并它的周围古老民族共同体形成庞大而落后、野蛮的专制帝国。数百年来，俄罗斯民族不断侵略与扩张的历史，包括属于俄罗斯民族的列宁在内也称沙皇俄国为欧洲各民族的监狱，人们甚至把拿破仑战争中沙皇亚历山大反攻后带领武装进军到法国巴黎，斯大林把希特勒的侵略军碾平收复半个欧洲和攻占柏林的正义战争，都当成了惧怕俄罗斯的魔魇。这是欧洲各民族一直到现在仍都存在的一个现实，——欧洲各民族普遍对俄罗斯怀有极大畏惧的确有着很深厚的历史渊源。如果设身处地地想一想，欧洲大都是人口不多和土地面积很小的小国家，其中的大国也只是像法国那样，二战前后仅不到4000万的人口（现在也只有6000多万不到7000万），历史已经证明它经不起战争，所以二战之初，没有几个月法国就被纳粹德国打投降了。像日本那样，人口虽多一些，但被剥夺了军事武装，没有自卫能力，所以杜鲁门总统制造的苏联共产主义扩张虽然像稻草人一样，但吓唬他的盟友还是很有效的。因为幻想要美国的保护，西欧及中欧各国就是在这样的背景下签署了北大西洋条约，从而使美军基地长期化、合法化。至于日本，因为战后被剥夺了军事武装，不具备自卫能力，笔者发现最早竟然是天皇直接找到美军驻日本的最高司令长官而要求美国军队留下来的。

战争之后是和平，这是人类以来反复发生的历史。但是，杜鲁门总统和战后的历届的美国政府制造了苏联共产主义扩张和将发生新的世界大战的虚假谎言，为的是要把美国军队部署在全世界。这是二战结束以后，一直延续到现在，长达 80 年的世界历史，而以美国政治学和社会学为首的现代社会科学却无视这一历史。为什么是这样？

笔者在批判亨廷顿的文章里，把亨廷顿的政治学喻之为商王服务的贞人的占卜技术。中国殷商时代，商王每做一件事，都要征得先祖神灵的启示，而先祖神灵的意图是通过专业从事占卜的贞人灼烧甲骨所获得的裂纹趋向或形状才得到的。贞人先把王要向先祖神灵提出的问题写在甲骨上，然后在其上钻孔并放在火上烤，王的行动就决定火上的甲骨所得到的纹络，贞人依据裂纹辨识出是，或者不是。现在的人们可以称其为荒谬，但对于历史的当事人贞、王，还有整个商部族的人来说，那可是科学，不只是一般的虔诚，而且是深信不疑。现时代的人们还处在迷信国家机器的时代，所以很少用怀疑的眼光注视国家行为，往往是茫然地跟着它走，至于专门从事国家行为的现代政治学则本就像贞人占卜为商王服务一样，是为政府服务的，即使笔者以上所列举的极为清楚的事实和简单的道理，他们却是从不作这样的思维。

虽然战后的政治学成为一门热学以后，人们把源头追溯到柏拉图和亚里士多德，追溯到康德、黑格尔和马克思，追溯到边沁与约翰·密尔，但是严格地说来，现代政治学与那些东西都没有关系，甚至可说是风马牛不相及。现代政治学就是美国政府一手扶植起来的美国政治的汇总，要寻找它的渊源，那就是 1800 年以来来的美国两党的竞选及其执政的历史。两党竞选首先需要发表足以打动人心的竞选纲领，候选人要对着选民发表出让选民自觉投他一票的演说词，这当然都有赖于理想的候选人，但妙笔横生的写手也很重要。为党魁和政客捉刀者必须寻找可以打动选民的材料，因为两党竞争其卖点主要集中在不同的执政方针和政策上，研究政策和策略就成了专门的学问。这就是政治学，——其实在此以前，除了美国的政治学以外，再也没有政治学。所以，现代政治学就是美国政治学。

不过，必须说，美国政治学的真正诞生与繁荣，则都是二战以后的事。准确地说，是杜鲁门担任总统以后。杜鲁门执政改变了包括美国政府在内的美国社会，也催生了美国政治学的诞生与繁荣。

对于美国来说，二战带来的一个大变化是由于美国参战使得美国政府直接掌握了大笔经费可以直接采购，这才是以前从未有过的事情。杜鲁门总统终止复员计划让战后的美国在全世界继续维持许多军事基地，则意味着和平时期的美国将继续维持强大的军事武装，也意味着美国政府在和平时期仍然可以直接向生产商下订单，而政府的订单交给谁即购买谁的产品完全是政府的公共事务和执政者的权利。所以，由谁执政，则又关乎到执政者背后的一系列不同的投资者和生产商。这样，两党竞选也就包含了两党背后的金主的竞争。这是战后两党竞选资金迅猛增长和不断创高的原因。两党投入的大量竞选资金，以及竞选胜利后的执政者所掌握的大量资金，又吸引和资助了大批人从事美国两党制度和政治理论的研究，这就极大地催生了美国政治学，包括高校和研究机构开设政治学课程培养政治学者和从事政治职业的政客。这是美国政治精英的主干。

所以，强大的美国政治学之所以强大，并不是因为它科学，而是因为它的身后站立着强大的美国政府，而美国政府的强大是因为美国在全世界布局的强大武装力量和支撑这一强大武装力量的美国军工集团。正是因为美国政治学与美国政府这样的关系，笔者才说它除了像贞人占卜那样为商王服务以外，美国政治学直接为美国的两党政治服务，而杜鲁门总统离开罗斯福航线把美国和世界各国人民的发展路程带偏，以及美国政府利用军事武装插手各个国家和不同地区的事务，在世界上横行霸道，即使这都是很明白的事实和很简单的道理，但美国政治学在阐述战后历史的时候，有关这些方面，它宁肯视而不见。

首先，罗斯福总统和丘吉尔首相联合签署的《大西洋宣言》的第一条就是"他们的国家不寻求领土和其他方面的扩张"。不可否认，罗斯福与丘吉尔这里所说的扩张是指直接的侵略和占有其他国家的领土，那是老殖民主义的惯有做法。但是，二战后，杜鲁门总统停止东西方战场上的复员计划，继续占领通过战争所获得的地方，在全世界维持了数百上千计的军事基地，是殖民主义新形式，是新的殖民主义，其实质是要用较少的军事力量有效控制更多的地方。所以，战后美国在全世界许多个国家布设军事基地，用军事基地的形式控制相关的民族国家，是新的历史阶段上的新扩张和新的殖民主义。

笔者之所以要如此叙述，是因为读者有所不知，美国的所谓海外军事基地，既不同于民间资本的海外投资，也不同于一般政府部门派出的驻外机构。美国的海外军事基地相当于美国的海外飞地，直接由美国军方也即美国政府管理，不经它的允许，即使包括所在国的政府也不得进入，未经允许任何飞行器也不得飞越基地上空。因为所在国的政府不得过问美国军事基地的任何事务，所以，它事实上享有治外法权，相当于美国政府行政管理权在海外的延伸，——这当然是一种领土扩张。2017 年 11 月 5 日，特朗普总统第一次访问日本，不是按照常规的外交礼节到达访问的国家后首先由所访问国家的政府迎接和接待，而是在不与日本官方接触的情况下直接飞达美国在日本的横田军事基地，他穿着美国空军飞行服向基地的驻日美军喊话："我们统治天空、海洋与陆地"。这岂不是明明白白地说，美国在日本的军事基地就是美国统治的天空、海洋和陆地？特朗普总统还说："印太地区是美国战略重心，日本将是这一战略的关键支点。"根本就不把日本当作是一个独立、平等和享有主权的民族国家，而只是美国区域战略的一个支点。

美国与日本的关系是这样，与欧洲、亚洲和世界上所有保持美国军事基地的所谓的盟友国家的关系都这样，早已不是平等的主权国家之间的关系，而只是美国统治全世界战略系统的一个部分，一个支点，一个桥头堡。正是因为这样的关系，特朗普总统才会对着两届的加拿大总理说加拿大应该成为美国的"第五十一州"，而作为一个所谓的大国，美国总统当面这样羞辱，这样无理，加拿大的两届两位总理竟然都不敢怼回去，不敢提出抗议，更没有发生外交事件，这岂不是殖民主与殖民地的关系，货真价实的新殖民主义，还能是什么？这是一方面。

另一方面，不只是所在国不得插手和过问美军基地这么简单，凡是保留美国军事基地的所谓美国盟友，都与美国政府有特别的条约约定，凡遇到战争或者特别时期，不是美军基地的武装整合到所在国归地方或中央政府统一管理和指挥，而是所在国的武装部队和美国军事力量组成联合武装力量统一归美国政府指挥。所以，凡是存在美国军事基地的国家，平时的有关安全的信息和特别时期的所有军事武装力量都整合归美国军事基地由基地最高指挥官指挥，实际上就是由美国政府指挥，也即凡保留美国军事基地的所谓美国盟友，其国家安全保卫的责任和权力都是由美国政府负责的。这也是特朗普总统常提出的问题，美国为什么花钱保卫别的国家？特朗普担任总统以前就是个商人，没有任何执政的经历，所以在此以前不属于美国政治精英，也许真的不懂在别的国家布设了军事基地等于控制了该国的安全和命脉，但也许他故意装糊涂而要在一头牛身上剥下两张皮。美国所谓的盟国把自己的一部分国土切割给美国政府以后，接着把有关安全的资源要交付给美国，把武装力量的指挥权交付给美国，美国政府不仅随时随地掌控着盟国的所有信息，甚至监听和偷听盟国领导人的电话早也都不是什么秘密。由于美国的军事基地布设在那里，美国负责着你的安全，以致美国的飞机和军舰随时随地可以进入这些国家的领空、领海和领土，等等，等等。当一个国家的安全需要别的国家来保卫，当一个国家的舰艇、飞机和其他各种军事武装可以随意进出另外一个国家的时候，这个国家哪里还谈得上主权完整？

当一个国家的领导人的电话都被另外一个国家随时监听的时候，这个国家还奢谈什么安全和主权？也许有人可以辩护说，在国家与国家关系中，只要一个国家经过另外一个国家的授权，即使军队占领了另外一个国家的某个或者某些地方，都不叫侵略。如此一来，纳粹德国与维希政府的法国，不是侵略。日本帝国主义和傀儡溥仪的所谓"满洲国"，不是侵略；有南京汪精卫伪政权做幌子，日本也没有侵略中国。如此一来，以美国、英国、苏联和中国为代表的同盟国反击德日法西斯就完全没有必要了。或者换句话说，全世界人民流血牺牲，经过几年、十几年，甚至像中国那样从 1931 年 9 月 18 日算起的 14 年的艰苦卓绝的反抗，牺牲了几千万人，就都是为了把侵略者由德、日法西斯，转换为美国。如此而已。

以上仅只是极为宏观地分析杜鲁门总统在战争结束后跟随军事领袖放缓以致停止复员计划，从而有意无意在全世界布设军事基地，对于改变二战的结果，以及战后的世界格局和世界历史的影响。但是，杜鲁门首先是美国总统，他在军事领袖的簇拥下从放缓和停止士兵复员开始离开罗斯福的航线，所以首先是引领着美国航船拐进了历史的弯道里。

正如罗斯福总统所说的那样，为了和平，国会和人民支持美国政府参加战争，现在胜利了，却不让士兵回家，自然遭受到国会与人民的反对。战争结束了，打仗涨了，美国政府却不允许欧洲和太平洋上的士兵回去，整天关闭在营房里，无所事事。时间一长，士兵不干了。他们自发从军营里走出去，开着军车，一路按着喇叭，挥动着标语，上面写到："我们不喜欢这样搞法！""我们什么时候回家？"有些地方的美军几乎闹出哗变。东京、关岛、中国、加尔各答、夏威夷、伦敦、维也纳等地，示威游行风起云涌。面对人民和国会的诘难，杜鲁门总统开始编造谎言，虚拟理由。1946 年 1 月 8 日，杜鲁门发表声明说：

> 作为一个占世界领导地位的国家，我们有义务为世界

的未来和平建立一个巩固的基础。美国的未来正如同在战争时期一样，是处在危险之中的。

杜鲁门总统的这个声明建立在两个虚拟的问题上，一个是自我宣称美国是"一个占世界领导地位的国家"。这是与罗斯福总统不同的。罗斯福总统执政时期的美国主动参与战争，尤其是倾其所有支援英国和苏联人民抵抗纳粹德国，出兵欧洲战场，在太平洋上打击日本军国主义，承担着二战盟国的主力军作用，在某种意义上说起着主导作用。但是，笔者阅读二战的历史资料，从未看到罗斯福总统自诩为"世界领导"，更没说过美国是"占世界领导地位的国家"。1941 年 12 月 7 日，日本突袭珍珠港。12 月 8 日，日本天皇宣读署期为前一天的对美、英宣战诏书。12 月 9 日，罗斯福总统对全世界发表讲话，称美国"将代表全世界大多数人"采取军事行动。12 月 11 日，德国、意大利相继向美国、英国宣战，罗斯福总统的回应是"全世界决心捍卫自由的民族迅速团结起来共同对敌"。而杜鲁门总统虚拟出"美国占世界领导地位"，是要为他的在全世界部署军事基地，统治全世界提供法理上的依据。

虚拟的第二个问题是"美国的未来正如同在战争时期一样，是处在危险之中"。战争刚才结束，和平刚刚到来，杜鲁门总统却说美国仍如同战争时期一样，处在危险中，岂不是谎言？但是，像普通人一样，当他撒下第一个谎言以后，就必须用第二个谎言、第三个谎言去圆前面的谎言。在这样的背景下，杜鲁门主义产生了。

所谓杜鲁门主义，就是在全世界遏制共产主义，遏制苏联共产主义的扩张。为此就必须维持世界各地的军事基地，就要布设战略防御，维持强大的军事武装，要钱，要经费，等等。在这个问题上，历来的研究都把关注点放在 1947 年 3 月 12 日的杜鲁门总统的国会演说上，以为它是杜鲁门总统自己的施政方针。其实，它像放缓以致停止复员计划一样，也是杜鲁门总统在军事领袖的簇拥下表达美国军事领袖的意愿，实施美国军事扩张政策的。

　　事情的起因是英国军事武装要从希腊和土耳其撤出，美国军方企图填补空白。北非、西亚，都曾是英国殖民地。二战期间，斯大林一直督促英美开辟西部战场，而迟迟不得，就是因为丘吉尔把重点放在经营这个地方，号称火炬计划。所以，到战争结束，包括地中海在内的南欧和中南欧、北非和西亚，基本上是英国的势力范围。但是，那个时代，这些地方都很落后，英国需要从伦敦拨付经费才可以维持对它的统治。战后的英国无力支撑那么大的摊子，所以要从希腊和土耳其退出。而美国作为一个自二战开始涉足外部世界的岛国，二战中所获得的胜利果实主要集中在西欧和中欧、东亚及太平洋，而地中海和东南欧，以及西亚和中东地区几乎是它的空白，所以有英国退出的机会，就被美国军方盯上了。

　　此时的美国国务卿是马歇尔将军。根据时任副国务卿的迪安·艾奇逊《回忆录》的记述，早在 1946 年 12 月，当美国驻英国公使发送回来的报告，说英国内阁已经讨论过希腊形势，准备要求美国援助，国务卿马歇尔就指示副国务卿艾奇逊"就提供经济和军事援助作好必要的准备"。也就是说，是马歇尔首先看到插手希腊的机会的。而艾奇逊的报告是在与海军作战部副部长福雷斯特·谢尔曼上将和陆军计划和作战部部长劳里斯·诺斯塔德将军共同讨论后形成初步意见的。至于杜鲁门总统第一次接触并形成要取代英国接管希腊和土耳其的会议，又是在与国务卿马歇尔将军、海军部长福莱斯特尔、陆军部部长派特逊，以及谢尔曼、诺斯塔德等军方领袖共同讨论后决定的，其国会演说稿是由马歇尔将军为国务卿的国务院起草的。

　　所以，标志杜鲁门主义产生的 1947 年 3 月 12 日的杜鲁门总统在国会上的演说，实际上是杜鲁门总统在军方的簇拥下形成的。该演说虽然没有明确提到共产主义和苏联，但是，他在演讲里批评"专制制度"，谁都知道其含义是什么，——英国因负担不起对希腊政府的财政支持，英国军队将要撤出希腊，共产主义势力将要填补希腊的政治真空。在这样的形势下，美国国会该不该通过支援希腊的财政拨款？随着 2.5 亿美元的经援助送达希腊，美国的军舰也开进了希腊。

这就是杜鲁门主义。按照杜鲁门的说法，这个被冠之于杜鲁门主义的演说，是美国外交政策的转折点，从它开始，不论世界上什么地方，不论直接或间接威胁到了和平，都与美国的安全有关。

军事武装存在的意义就是保卫国家安全。杜鲁门总统和军事领袖发现用国家安全说事很有效，接着又在这方面迈出一大步，那就是1947年6月国会通过的《美国国家安全法》。笔者在大约10年前第一次研读杜鲁门的这份杰作时，发现它的要害是对国家安全这一概念的滥用与泛化。国家是民族共同体的同义语。共同生活在一定区域的民族因共同语言、文化和感情形成一个政治共同体，资本主义现时代称其为民族国家。它是人类一定生产阶段的产物。国家安全，应该是民族国家遭遇到外来攻击，或者遇到战争的威胁。譬如，1941年12月7日，日本偷袭珍珠港，接着日本天皇向美国宣战，美国受到直接的攻击。12月11日，德国、意大利向美国宣战。这都是美国的国家安全遭遇到危机，所以参加了欧洲战争和太平洋战争。

但是，英国从希腊撤军，怎么就造成了美国的国家安全问题？尽管不用说明，国会也能通过同意拨款的方案。所以，1947年7月美国出台的《美国国家安全法》，其基本特征与要害就是不对"国家安全"予以定义，而是滥用和泛化国家安全这一概念，任何问题只要冠以国家安全，对内可以任意打压他所不喜欢的国民，对外可以打着美国国家安全的旗号在全世界横冲直闯，任意妄为。

提出杜鲁门主义和出台了《美国国家安全法》以后，杜鲁门总统接着就是改造和改变联邦政府机器。一是在原有的行政机关换血，如前面笔者引述马歇尔传记作家埃德·克雷的话，杜鲁门总统聘任马歇尔将军担任国务卿以后，通过"一连串的工作调动和接受辞职"而粉碎了国务院这一外交业务性极强的外交人员对用军事路线改造美国外交事业的抵制和反抗，"国务院将不再是科德尔·赫尔或詹姆士·伯恩斯的国务院了"。以马歇尔为代表的军人出身的行政人员大规模地替换和充实国家机关工作人员队伍，极大地改变了美国联邦政府的性质。

　　杜鲁门总统曾攻击共产主义运动有一个洗脑的环节，但他改变联邦政府性质的第二个手段就是"清党"和洗脑。1947 年 3 月 31 日，杜鲁门总统签署第 9835 号行政令，设立总统临时雇员忠诚委员会，对美国联邦政府所有公务人员和向政府申请职业的人员进行忠诚调查。联邦调查局于 1949 年 5 月 22 日对所有从联邦政府领薪的 200 万人逐名审查，从邮递员到部长，搜索和搜查所谓"不忠诚分子和颠覆分子"，名义上是清除共产主义分子和苏联间谍，实际上是为推行军国主义路线扫清障碍。

　　杜鲁门总统对美国国家机关的改造的第三个重要步骤，是依据 1947 年 7 月通过的《美国国家安全法》对国家行政政机构的重新设置与改造。罗斯福总统及其以前的联邦政府作为文职性质的行政分支，虽然从华盛顿时代就已经有了国务院和陆军部（实际上应为军事武装部，负责陆军和海上警卫队的后勤管理。由于美国的自然地理特点，海上警卫队逐渐强大以后与前者分离而增设了海军部，原来的军事武装部则被称之为陆军部），但是，直到二战前的美国所有武装部队还不到 30 万，所以，美国联邦政府事实上也是一个以文职人员为主的权力机关。但是，1947 年 7 月国会通过杜鲁门总统的《国家安全法》以后，在总统权利架构下设立一个"国家军事机构"，整合海、陆、空三个系统的军事力量，除了包括原来的陆军部和海军部以外，空军也从陆军部独立出来设置一个与陆军部、海军部平行的空军部。建立参谋长联席会议，作为直接领导和管理陆、海、空所有军事武装的领导机关。建立为总统提供咨询的国家安全委员会，整合各类情报部门和机构，设立中央情报局和加强联邦调查局。1949 年 8 月，杜鲁门总统又向国会提出《国家安全法修正案》，国会同意把原来的国家军事机构正式命名为国防部，作为总统内阁正式组成单位。自从国家安全法产生以后，美国军事武装系统就成为美国政府部门的主干，人员及预算都成为联邦政府的主要部分，——国防部的职员占据联邦政府公务人员的三分之二，财政预算在上个世纪 50、60 年代最高时曾达到其总预算的 70%，2024 年仍占 46%。所以，从杜鲁门时代开始，美国联邦政府事实上已经转变成为军政府了。至此以后，美国历届的总统就与美国军方比较和谐地驾驶着美国这艘航船行走在以军事武装为主要特色的历史弯道上了。

笔者之所以把杜鲁门总统偏离开罗斯福的航线称之为历史的弯道，是因为从 15 世纪末 16 世纪初开始，人类就先后走到以资本主义命名的新时代里。马克思总结了 5、600 年以来的世界历史的发展逻辑，他说：

我考察资产阶级经济制度是按照以下的次序：**资本、土地所有制、雇佣劳动；国家、对外贸易、世界市场。**

资本主义萌芽以后，逐步以商品交换为媒介的市场经济逐步导致个体农民破产，发育出可以自由买卖的土地资本市场和雇佣劳动力市场，资本主义发展进入快车道。资本主义的发展导致资本主义性质的民族国家的产生，而形成统一市场的民族国家发展到一定阶段必然导致国内市场的饱和和外溢，这就是对外贸易。民族国家之间的贸易即是世界市场体系的形成与发展，或者用美国总统克林顿借用经济学家的话叫经济全球化。笔者在早几年研究马克思的世界市场理论和经济全球化时称克林顿总统是马克思遗嘱执行人，其实罗斯福总统才堪称是马克思世界市场理论的执行人。罗斯福总统在战争后期与丘吉尔、斯大林共同擘画新世界蓝图，筹建联合国，设置关贸总协定、世界货币基金组织、世界银行等等的国际组织，都是为了进一步方便和规范世界贸易，从而是十分符合马克思所总结的 5、600 年以来的世界历史发展的方向的，所以是正确的。而杜鲁门总统在美国军事领袖的簇拥下拒绝把美军从世界各地撤回美国去，就是脱离开罗斯福的航道，独霸世界，把联合国和其他各类世界性的组织当成美国的工具，能利用的时候就以联合国或其他国际性机构的名义为自己服务，否则不惜违反联合国宪章也要单方面推行美国的政策，甚至直接出兵侵略和侵犯联合国成员国的领土，战后 80 年来已不是少数。所以，杜鲁门总统的杜鲁门主义就是脱离开自 15 世纪末以来的世界历史大道，是弯路。

美国航船离开罗斯福航线势必阻碍社会的正常发展，首先是在号称自由主义的美国实行过一段反民主、反自由的反动统治，由此为标志，美国走向更高级的自由民主社会的步伐越来越缓慢了。譬如 1946 年 11 月 25 日，杜鲁门总统签署行政命令对所有联邦雇员和申请联邦政府职务的人进行忠诚度调查，实际上是在美国实行了一段白色恐怖，——闻名遐迩的麦卡锡主义就是在这一背景下产生，并且长期肆虐美国的。

忠诚度调查最著名的案件是所谓的罗森堡夫妇间谍案。美国人有着强烈的优越感。他们相信二战是因为美国空军在日本投放的两颗原子弹才获得终结的，而制造原子弹只有美国才有可能。1949 年苏联试爆了第一颗原子弹，美国就认为是苏联偷窃了美国原子弹的绝密技术。罗森堡夫人的哥哥在美国原子弹试验工程里担任机械工程师，1950 年联邦调查局查出 1945 年原子弹试爆以前，他曾把原子弹技术资料交给卢森堡夫妇转交给了苏联。1953 年 2 月，联邦法院判处罗森堡夫妇死刑并予以执行。后来的情况表明，罗森堡夫人的哥哥在原子弹实验工程里仅只是一个普通工程师，他所在的环节根本接触不到核心技术。读者后面将要看到，杜鲁门总统任命的忠诚委员会主席向国会说未发现间谍案，而罗森堡夫妇的间谍案发生在麦卡锡主义盛行的年代，所谓苏联间谍也就不奇怪了。

杜鲁门总统的忠诚度调查活动开始于 1946 年年底，那是战后一年半的样子。杜鲁门总统在军事领袖的簇拥下离开罗斯福的既定航线，受到罗斯福政府班底人员的自发抵制，所以，所谓的忠诚度调查实质就是要清洗反对他的新路线的政府雇员。联邦政府中许多跟随罗斯福的优秀官员，自然都是在这一时期受到打压和迫害的。亨利·德克斯特·怀特，罗斯福总统的重要经济顾问，时任联邦政府财政部长助理。早在 1940 年就建议设立一个国际货币稳定基金，由各成员国根据本国外汇、黄金储备、国际收支差额确定认购份额。这一建议在 1943 年的布雷顿森林会议被采纳。怀特更为美国人民所作的一个巨大贡献，是在布雷顿森林会议上提出世界贸易以美元结算，各国可以用美元从美国政府那里自由兑换黄金，从而让美元成了世界货币。笔者在《美国贸易战》一书里已经研究指出，这一做法事实上改变了历史以来的世界贸易以黄金结算的历史，其实质是让美元充当黄金的货币支付功能，尤其是 70 年代美国政府单方面宣布放弃 1 盎司黄金折算 35 美元的固定汇率和不再承担由美元任意兑换黄金的义务以后，全世界所有持有美元的国家、机构和个人，共同替美国承担美元贬值的责任与风险。换句话说，是全世界所有持有美元的人都在承担美元贬值的损失，世界各国人民共同维持美国的经济繁荣。因为怀特在罗斯福政府中的重要地位，以致他曾被希特勒在公开演讲中指名道姓地予以攻击。但是，就是这么一位优秀的美国官员，也被联邦调查局（FBI）和国会非美活动调查委员会（HUAC）指控为苏联间谍。1948 年，怀特被传唤至国会听证三天后，在家中突发心脏病死亡，时年 55 岁。

我们曾经介绍马歇尔将军担任国务卿以后，有不少外交官被迫去职，有些则受到不公正审查。阿尔杰·希斯，1944 年联合国敦巴顿橡胶园联合国筹备会议秘书，1945 年 2 月跟随罗斯福总统参加雅尔塔会议，1945 年 5 月旧金山联合国成立大会中担任会议秘书长，1946 年联合国会议期间又担任美国代表团顾问，也在审查期间被指控为苏联间谍，判刑 5 年。

抗战期间长期在美国驻中国大使馆和为盟军太平洋战区司令官服务的外交官约翰·斯·谢伟思因去过两次延安，与毛泽东、周恩来等中国共产党的领导人有过许多次交谈，尽管为美国国务院写有详细的报告，但也遭到长期审查。国务院中国课长期受到审查的还有约翰·卡特·范宣德、奥·埃德蒙·克拉勃、约翰·巴顿·戴维斯、乔治·艾其森、拉蒙德·普·卢登、爱德华·里斯，等等。

联邦政府的忠诚度调查更大范围地殃及到一般的政府雇员。多萝西·贝利是明尼苏达大学的毕业生，已经在美国就业局工作了 14 年，向来都被认为是模范工作人员。但有人揭发她是共产党，被拉到哥伦比亚特区的忠诚调查委员会审查。尽管没有证据，更没有证人出席，但还是被解职了。

塞斯·理查森曾是杜鲁门总统亲自任命的忠诚度调查委员会的主席，他在国会的一次听证会上回答国会议员的提问时说：

> 记录中一个案件也没有发现，一个间谍案件的证据也没有发现，联邦调查局没有发现半点证据可以说明某一案件牵涉到间谍问题。

杜鲁门总统的政府雇员忠诚度调查不仅仅涉及到联邦政府官员，而且波及到整个社会和一切角落。著名的法国科学家居里夫人的女儿艾琳·居里也是一位物理学家，有一次飞到纽约参加一个会议，有人电话举报说她可能是敌特，被移民局的检查站关了一夜。在杜鲁门总统的忠诚度调查期间，大学讲坛上的社会学教授不骂共产主义，就有被解雇的可能。立法机构要求教师必须履行忠诚宣誓，其中加利福尼亚大学就有 11000 人起誓，并解聘了 157 名拒绝宣誓的人。各地的教师宣誓忠诚活动需有一定的仪式，一般都要由学校的董事会主席、教师协会主席和当地的警察局长主持履行。在许多地方，美国退伍军人团和对外战争退伍军人团，还会审查学生教材的内容。

忠诚度的审查扩展到社会的一切领域，就连选美小姐也需要回答对卡尔·马克思的认识。娱乐界的一个联合会出版了一本小册子，把曾在国会审查活动里的从事娱乐行业的人名单一一罗列出来，从此这些从事娱乐活动的人就都无法在娱乐界待下去了。即使是娱乐企业的一名普通工人，只要有人说他"不忠诚"或者是"嫌疑分子"，这份工作就保不住了。

不可否认，美国是目前世界上公民自由度最为宽松的国家之一。但是，读者必须知道，自由不自由，与民族的本性无关，那都是由一定的生产方式决定的。人类社会如果有低级与高级之分，那么，所谓高级别的社会阶段就是因为人们可以获得更多更广泛的自由。用哲学语言表述，人类本就是行走在由必然王国向自由王国发展的路上。

人类是由自然农业起步的，——建立在自然经济基础上的国家文明，是把千百万个体农民结合为统一的民族共同体的。个体农民自给自足，经济上互无联系，要连结成为一体，就不能通行自由的原则，其共同体一定是专制性质的。商品生产要求等价交换，通行自由买卖，自由竞争，必然崇尚自由。包括美国在内的西方发达国家最早实行商品生产，经受了长期的自由主义熏陶，美国本就有以权利法案为保障的自由与民主制度。如果没有杜鲁门主义的反动，按照美国的历史逻辑，战后的美国民主制度将会有更大的飞跃，但是，因为杜鲁门主义，战后美国的自由与民主制度不仅没有前进，反而倒退了。

笔者作这样的解读，不是没有依据。罗斯福总统本就是美国民主党领袖，依靠劳工阶层当选，——如果阅读早年罗斯福与大资本大财团斗争所发表的演说，不太熟悉历史的读者还以为作者是劳工领袖呢。罗斯福瞅准了欧洲战争的时机，要带领美国走向世界，其《大西洋宪章》又集中体现了罗斯福的自由主义世界观。所以，战争结束以后，如果按照《大西洋宪章》所擘画的蓝图，本该是美国自由与民主制度的进一步的提升，但实际却遭遇到了杜鲁门主义的反动。当杜鲁门总统发布联邦政府雇员忠诚度调查的时候，他所任命的调查委员会就曾提醒他，美国的文官委员会根据 1791 年通过的权利法案（即麦迪逊宪法修正案），联邦雇员的政治和宗教信仰受到保护，不接受调查是有传统的。但是，杜鲁门总统强制推行忠诚度调查，尤其是 1947 年 7 月通过的《美国国家安全法》有意模糊和泛化国家安全的定义，把公民任何一件事情都可以解释为危害国家安全，从而予以定罪。依据《国家安全法》产生的中央情报局和联邦调查局具有总统事实上也干预不了的权利，随时可以搜查任何国家机关、进入民宅，任意拘禁、逮捕、审讯和审查任何它认为"危害国家安全"的人。可以说，任何一个居住在美国正常生活的人，包括美国公民在内，谁都无法确定中央情报局或联邦调查局会不会突然找上门来。所以，有了《美国国家安全法》的战后美国，已经不是战前的自由美国了。——叙述到这里要插一句，当 2015 年中国通过《国家安全法》的时候，当 2020 年香港特别行政区颁布《国家安全法》的时候，分别都曾经受到过包括来自美国的批评，但是人们有所不知，就是美国开启了用《国家安全法》危害国民的头。战后的美国在人类由必然王国向自由王国发展的道路上不但没有向前走，反而在某些方面倒退了。

因为以上主要是从战争影响的角度研究杜鲁门总统和美国政府的问题，所以笔者对美国政治学的评论和批评多一些。其实，美国繁荣的政治经济学也是应该受到批评和否定的。战后强大的美国经济直接哺育出繁荣的经济学，这个经济学把美国的经济发展视之为天然合理，连经济增长速度越来越缓慢，甚至停滞不前，也视之为合理，甚至还发明了一种理论说一个经济体在其初期的增长速度可能快一点，其稳定以后发展速度自然就降下来了。美国已经是一个成熟的市场经济体，所以每年的经济增长速度就很低了，譬如根据世界著名经济学家安格斯·麦迪森 1820-1998 年的美国资料，事情似乎还真的是这样。

美国 1820-1998 年 GDP 的增长速度

1820-1870 年为 4.20；1870-1913 年为 3.94；

1913-1950 年为 2.84；1950-1973 年为 3.93；

1973-1998 年为 2.99。

根据这份资料，美国的 GDP 在历史的起点 1820-1870 年为最高，达到 4.20，后来就越来越慢了。但是必须说，麦迪逊的这个研究是不准确的。国内生产总值这一概念的提出并用于一个民族国家的统计，都是二战结束以后的事，尤其是经过联合国的经济社会统计处的专家们对其计算和统计方法不断予以研究和规范以后，从 50 年代初期才在世界各国逐步倡导和推行的。所以，二战以前，所有国家还没有 GDP 的统计，研究者譬如麦迪逊的历史数据是按照他自己的方法研究计算得来的，并非来自于实际的统计，所以原则上只具有相对的意义。因为同样是麦迪逊提供的另外一个指标，如果分析美国同期的人均 GDP，就可以得出一个相反的结论。

美国 1820-1998 年人均 GDP 的增长速度

1820-1870 年为 1.34；1870-1913 年为 1.82；

1913-1950 年为 1.61；1950-1973 年为 2.45；

1973-1998 年为 1.99。

对照人均 GDP 的历史数据，除了 1913-1950 年期间因为 30 年代世界经济大萧条导致的贸易战和第二次世界大战，经济增长较低以外，至少在 1973 年以前的 150 多年历史表明，如果没有发生不可抗拒的自然灾害或人为的破坏，美国经济增长的速度是不断提高的。而对照战后两个阶段的数据虽是下降的，1950-1973 年的 GDP 平均达到 2.45，1973-1998 年下降到 1.99，却是恰好证明了笔者所提出的观点，即杜鲁门总统在军事领袖的簇拥下离开罗斯福航线导致了美国社会的倒退和经济增长放慢。为了验证这一观点，笔者又查阅了美国最近 30 年的 GDP 增长速度，平均值处在 2%-3%之间，最近 10 年的平均数值为 2.8%，——战后 80 年的资料再也明显不过地表明，杜鲁门主义的反动导致了一个世界上最有活力的社会机体逐渐丧失了活力，以致行进的速度越来越慢了。且看笔者的分析。

首先，和平年代美国仍旧维持庞大的军事武装力量，一定是有问题的。美国地处北美大陆，是一个大国，东西有大西洋和太平洋天然屏障，因为具有得天独厚的优越条件，二战前仅只有 20 多万不到 30 万的常备军，战后却养起了全世界最庞大的军事武装，以致战后美国政府一直维持着实际上最高的军事预算，——根据《20 世纪剑桥美国经济史》提供的资料，在冷战的几十年中，美国的军费开支占到国民收入（GNP）的 7.4%，其中朝鲜战争的 1950-1953 年占到 10.4%，越南战争的 1964-1973 年占到 7.7%。2025 年，美国军事预算将近 9000 亿美元，几近年平均 GDP 的 4%。庞大的军事开支，不拖累经济才怪呢。

其次，麦迪逊的资料还是有一定的意义，那就是他把 1970 年代当作美国经济的一个发展期的分界线。这是因为，资本主义生产方式是一种商品经济，它的活力就在于自由竞争。罗斯福的战后世界秩序包括关贸总协定是安排了在自由贸易的框架下发展各国的经济，但是，从 1970 年代开始，美国凭借其经济外的强势地位采取了一系列单方面的举措，以及双边的和多边的谈判，用不对等的甚至是不平等条约压制贸易伙伴而对美国经济实行保护，——受保护的美国经济，越来越丧失活力了。譬如 1944 年普雷顿森林会议上确定世界贸易以美元结算，但其前提是美国政府承诺 35 美元兑换 1 盎司黄金的固定汇率和世界各国随时可以用美元向美国政府兑换黄金。但是，1971 年美国政府单方面宣布美元实行自由浮动，也停止了以美元自由兑换黄金的承诺，实际上是转嫁美国政府的巨额财政赤字，让世界上所有持有美元的国家、机构和个人共同承担美国的通货膨胀。另外，读者都知道美日签订的广场协议，其实就是用经济以外的因素迫使日本向美国生产商让步，以保护美国市场。类似的协议，美国与英国、法国等欧洲国家事实上都存在着，更不用说一般发展中国家了。

叙述到这里，插个花絮。2021 年 3 月 18 日，中美在阿拉斯加的安克雷奇举行高层战略对话，中方由中央外事办主任杨洁篪和外交部长王毅牵头，美方由国务卿布林肯和总统国家安全事务助理沙利文牵头。首场会议开始，美方盛气凌人，首先来了一通狂轰乱炸，声称美国以其实力出发如何如何。轮到杨洁篪、王毅发言时，毫不相让，义正言辞地阐明中方有关立场。美方又以"中方发言时长过长"为由要求补充发言，并要求准备离场的记者留下。布林肯和沙利文分别做了补充发言，随后要求中国记者离场，但中方坚持要对等进行补充发言，杨洁篪质疑美方："你们为什么害怕记者在场？"现场记者见证了罕见的、全程 90 分钟唇枪舌剑的开幕致辞。这才是两个主权国家之间的对等关系。相信 70 年代以后的美国贸易谈判都会是以美国方强势这样的状况开场，谈判不是以平等的姿态进行，美方一上来劈头盖脸地来一起狂轰乱炸，而盟友国家处在弱势位置上，不敢主张、声张和张扬自由贸易和平等竞争的原则，更不会据理力争，其协议自然是有利于美方的不平等条约了。看一看 2024 年 2 月乌克兰总统泽连斯基与美国总统特朗普在白宫会面所受到美国记者、副总统和总统的羞辱，以及特朗普总统先后会见两届加拿大总理都当面提出要加拿大成为美国"第51州"的场面，——笔者在写作这几段文字的时候，正发生特朗普与普京就俄乌战争会晤后欧洲各国领导人集体约见特朗普的时候，我看到一张现场的照片，这张照片上的特朗普总统坐在他的白宫总统办公桌前，对面是坐在小凳子上的一圈人依次有：法国总统马克龙、德国总理默茨、芬兰总统斯图布、意大利总理梅洛尼、欧盟委员会主席冯德莱恩、北约秘书长吕特、乌克兰总统泽连斯基。特朗普总统是正面照，正在侃侃而谈。其他的人，是背面，正在倾听主人的谈话。这样的场面，我们更多地是在中国政府部门里才可以看到的，党政领导在向他的部下安排工作。特朗普执政以后与他的盟国之间的关系，已经充分地证明了笔者前述美国在所谓盟友国家保留军事基地并承诺军事保护以后，所谓盟友国家事实上已经没有了完整的主权，从而都像日美广场协议那样，美国与其盟友所签署的贸易协定毫无例外地都能让美国的经济获得不合理的保护。但是，长期来看，贸易保护还是损害了美国的经济肌体，使其越来越失去自然增长的活力。

再其次，美国政府泛化和滥用国家安全概念，限制和阻碍科学技术成果转化为生产力，导致大量先进技术只有投入却往往没有经济回报，从而影响了经济发展。在商品生产方式下，科学技术不仅仅是第一生产力，而且事实上国家总是以科学技术引领经济全面发展的。先进技术和科学产品都需要高投入，高投入必须及时投入市场取得回报才能转化为具体的生产力。但是，美国政府却依据《美国国家安全法》，扩大和泛化国家安全的概念，人为确定国家安全标准，限制大量的科学产品进入市场，把许多高科技产品列入限制投放市场的范围，致使科学技术不能及时转化为生产力，譬如中美建交前美国商品一律不许销往中国大陆，几十年来动辄宣布制裁这个、那个国家或者经济体，其实质都是禁止资本的自由投资和流动。再譬如美国贸易战发生以后，美国限制许多芯片卖给中国，就限制了芯片生产商及时收回研制成，令在芯片生产领域处于领先地位的企业无法获得较高的回报，这都必然地影响了美国经济的健康发展。

再其次，商品生产是与自然经济完全不同的一种生产方式，在它的基础上所形成的国家政治上层建筑也必然是不同于传统社会的，只是当前人类历史还处在由自然经济向市场经济过渡的历史阶段里，国家的具体设施往往就还拖着旧时代的尾巴，有着过渡时期的特征，人们似乎还未认识到这一点。但是，我们必须知道我们现在所处的位置，知道要到哪里去，然后才知道怎样做是正确的，相反则可能是错误的。许多年来，中国理论界都在致力于所谓的探源工程，研究国家的起源。但是，人们往往对什么是国家以及国家的职能是什么的认识却不一致，各说各话，各做各事，所以走了不少的弯路。马克思的国家概念是以社会划分为阶级为基础的。原始种植业基础上或迟或早必定会产生一种个体农业，即以个体农民家庭为单位的农业种植生产方式。当个体农民多到足以存在一个农民阶级以后，才有可能产生马克思意义上的国家。我们从斯大林那里所接受到的社会发展史说，封建制国家是代表地主阶级剥削、压迫和统治农民阶级的。这话没有错，但不全面，国家还有另外一个重要职能。恩格斯说：

> 国家是社会在一定发展阶段上的产物；国家是表示，这个社会陷入了不可解决的自我矛盾，分裂为不可调和的对立面而又无力摆脱这些对立面。而为了使这些对立面，这些经济利益互相冲突的阶级，不致在无谓的斗争中把自己和社会消灭，就需要有一种表面上驾于社会之上的力量，这种力量应当缓和冲突，把冲突保持在"秩序"的范围内：这种从社会中产生但又居于社会之上并且日益同社会脱离的力量，就是国家。

所以，就连封建时代在内，国家除了代表占统治地位的那个阶级的利益实行统治以外，还有一个重要职能是用以仲裁和协调阶级关系，把对立阶级之间的矛盾和冲突限制在一定的程度之内，保障社会不至于破裂。当历史进入到资本主义时代以后，一方面是随着世界统一市场的形成与发展，对外战争越来越减少，正如罗斯福和丘吉尔的《大西洋宣言》所指出的，武装保卫国家的职能逐步弱化。另一方面，随着资本主义的发展，传统社会的各种特权阶级和阶层逐步消失了，社会愈来愈简化为资本与雇佣劳动的关系，——战后有人从欧美国家中中产阶级人员数量增加和比例提高的事实出发，否认马克思把资本主义社会划分为资本与劳动两大阶级的原理，认为发达国家已经不存在无产者和雇佣劳动者阶级了。其实，西方国家中产阶级的人数多、比例大，只表明生产力提高和经济结构发生变化后社会整体的富裕程度提高了，甚至在一定程度上可以说无产者作为一个阶级正在逐渐消失，但并没有改变社会由资本与雇佣劳动构成的事实。现时代里中产阶级的人数和比例的增长，是从收入分配的领域来划分的社会构成的，而马克思关于资本与雇佣劳动的原理，是从生产领域，对资本主义生产方式的分析。在资本主义社会里，即使在看得到的未来一个较长的历史阶段里，基本的生产关系仍然是资本与劳动，即一定的资本投入和一定比例用以雇佣一定数量的劳动者，生产才得以进行。当然除此以外，还有自己投资自己单个生产，那是个体户。不可否认，个体投资和生产经营，可能会伴随资本主义经济的全过程，但是，它不影响资本主义时代的主要生产形式是资本与雇佣劳动，例如教授有着较高年薪并不意味着他不是受聘于学校董事会，不属于教育资本所雇佣的劳动者这一事实。

所以，资本主义生产愈为发展，资本与雇佣劳动的关系只是愈为简单，作为国家上层建筑主要成分的政府保障资本与劳动为基础的生产关系的职能也就愈为简单，以美国和法国为代表的民主共和制度的国家政制（体）所显现的"大社会，小政府"的特征，也应该越来越清晰和简单。——随着资本主义的发展，除了资本与劳动以外，资本之间的，生产者与消费者之间的，总之随着历史的发展人与人之间的其他各类关系越来越简单而经济矛盾和纠纷也许必然地增多起来了，从而要求国家处理和仲裁经济纠纷的职能必然地增强了。但那是与原来的国家传统的政治职能性质不同的领一类上层建筑。新的社会形态的这类国家事务的增多与繁忙，以及国家传统的暴力性质的事务的简化，性质越来越简单，不只是不矛盾，而且是一致的。譬如包括战争和军事防卫在内的国家暴力职能，本就该越来越弱化了。

但是，从杜鲁门总统开始，美国的政治上层建筑有不少是逆历史潮流而朝着相反的方向发展和变化的，常备军数量和品种大幅度提高和增加，政府职能增多且多元化，机构越来越臃肿和庞杂。请读者时刻不要忘记，罗斯福与丘吉尔进行战争的目的是要"最终摧毁纳粹暴政""建立和平"和"减轻爱好和平的各国人民在军备方面的沉重负担"。但是，战争胜利了，杜鲁门却把美国和世界各国人民带到时刻都有战争的恐惧之中，带入到没完没了的军备竞赛的恶性竞争场之中。战前，美国政府设置简单，没有哪个资本集团可以影响美国选举。杜鲁门总统执政是在军事领袖的簇拥下发生的，军事领袖影响下形成的军事强国，把战争期间临时转产军火生意的大资本稳固地定位在军事工业领域里。和平时期生产的军火只能卖给政府，所以，军工集团与政府自然结盟，成为美国首先出现的一个与政府有着密切关联的资本集团。为了维持一个强大的军事工业，就需要保持庞大的军事武装。但是，美国得天独厚的自然条件明显不需要那么多的常备军，美国政府就自封为世界领袖，告诉美国人民要在世界担任起领导角色，从而在武装保卫国家的职能方面又增加了一个"维持世界秩序"的职能。

其实，战后美国政府的臃肿和膨胀，背后还有一个比军工集团更强大的资本集团，那就是以医疗机构和药企为主构成的医药资本财团。对美国制度有所了解的人都知道，医疗保障制度是战后美国制度的一个特色，但很少有人知道它也是杜鲁门总统的贡献。1947 年的总统选举，除了杜鲁门自己以外，几乎再也没有哪个人、哪家报纸和哪个民意调查机构会以为他能当选。但是，这位来自于密苏里州的农民就靠着辛苦，让总统专列环绕北美大地，一个小站一个小站地在全国巡视。总统每停留一个小站，都要走出车厢，为等候在那里的选民发表演说，——实际上是和那些中西部的一辈子也没有机会接触到大人物的底层选民见个面。就这样，杜鲁门还真赢了。历史学家不太注意杜鲁门的竞选演说，其基本特点就是朴实，住房问题、最低工资、医疗和一定要种好庄稼这一类屑小的小事，它们才是打动底层选民心里的大事情。这样，在杜鲁门的纲领里，第一次出现了由他的得力助手、联邦社会保险局局长奥斯卡·尤因提出的全国医疗计划。经过许多届的民主党政府的持续推动，当然背后还是医疗机构和制药企业所构成的医药集团的支持，全民医疗保障已经成为美国的一个重要的国家制度。当然，笔者是在叙述美国政府设施所发生的变化，而它的背后是资本、资金和资产的流动与推动。2025 年上半年，美国政府在医疗保险领域支出总额已经超过 1 万亿美元，占政府总支出的 38.4%。2023 年，人均医疗支出 1.3 万美元。现在，美国每年的医疗费用大约占到 GDP 的 20%以上。资本是逐利的苍蝇。随着政府手上运作诺大一块财富，一方面令政府有了一个服务于民生的新职能，筹措和运作医保资金的政府设施，另一方面是出现了一个比军工集团更有势力，更有影响力的医药集团。

本文不是全面分析美国战后拐进历史弯道的论著，而只是研究它如何离开罗斯福的航线拐到了历史的弯道上。既是弯路，自然害人害己。也许有些读者不以为然，以为美国军事霸权为美国的发展带来了好处。不是的。市场经济是通过市场的自由竞争获得利益的，罗斯福的战后世界蓝图是为世界市场体系的形成所擘画，也是为美国的快速发展所规划，为美国的前途和利益所设计。美国是世界上科学技术最先进的国家，它的利益不需要依靠军事霸权强取豪夺，它的巨大利益都在世界市场上，从而光辉的前途也在世界市场上。每一位读者都看得到，苹果手机在全世界有多大的市场啊！现在已经呈现出克林顿总统倡导的经济全球化，全世界都离不开互联网，人们离不开电脑和网络，而微软技术是它的基础，有谁可以不给它有形无形地付费就可以登录互联网的？还有，美国的 GPS 每天有多少人都在使用啊！要知道，有多少人在使用，就有多少的人在给它打钱。有人会说，GPS

就是美国国防部的产品，没有美国军事集团就没有 GPS。但是，如果美国政府不是批准它进入市场，不是世界市场，也就没有它的丰硕收入和回报，没有现在的 GPS。所以，在正常的自由竞争的市场条件下，GPS、苹果手机、微软技术一类的领先世界科学技术的商品才能得到巨额的回报。美国是世界上科学技术水平最先进的国家，它本来就该是从世界市场上获得利益，不是，也不需要由它的军事武装在全世界横行霸道、巧取豪夺。一个和平的世界环境，才是美国的利益所在。

有人会说战后世界秩序全靠美国的维持。不是的，说反了。罗斯福和丘吉尔、斯大林为首的大国所协商擘画的世界秩序，是适应世界市场体系形成与发展的潮流，以平等的主权国家为基础的世界秩序本都该是在联合国的框架下维持的。联合国所有的成员国都是平等的，没有哪个国家是现在的美国政府自己所说的领导而其他的国家都是由它所领导。不是的。联合国成员国无论大小或穷富，一律平等，没有领导和被领导。在联合国组织内，联合国大会才是它的权力机关。联合国大会休会期间由安全事务理事会主持日常事务。理事会总共 15 个理事国席位，包括美国、英国、俄罗斯（苏联）、中国、法国为常务理事，其他 10 个席位则由联合国成员国轮流担任。联合国成员国一律平等，主要体现在联合国大会上一国一票的权利。不错，常务理事国在一些问题上具有特权，它主要体现在在安理会上拥有一票否决权。但也仅限在安理会的会议上，它对联合国大会也是无可奈何的。譬如 1971 年联合国大会表决阿尔巴尼亚和阿尔及利亚等小国发起提出的提案，由中华人民共和国取代盘踞台湾的国民政府的席位，其实质是接受中华人民共和国为联合国常任理事国，同时驱逐国民政府，台湾政权所派遣的驻联合国代表就在现场，提案还未投票表决以前他在安理会有否决权而对于联合国大会却无可奈何，从而证明常任理事国的否决权也是有限的。

所以，罗斯福擘画的战后世界秩序就是以民族国家的平等为基础的。这样的世界秩序首先确认各个民族国家的平等和主权，各个主权国家的内部事务由主权国家自行解决，两个或者两个主权国家以上国家之间的问题由该地区相关的国家协商解决，全世界的事务由联合国解决。如果是这样，这个世界本就没有领导和被领导的区分，更不需要美国的军事参与。相反，战后美国撇开联合国到处插手，世界反而不安宁了。——战争之后本来是和平，从杜鲁门总统开始的历届美国政府却说还有战争，说苏联的共产主义就是战争。共产主义不过是一种思想意识形态，就像欧美国家宣传的自由主义一样，都是建立在一定的生产基础上的虚假的思想意识形态。如果宣传共产主义就是扩张，岂不是主张资本主义、自由主义也是扩张？其实，美国政府也知道自己是虚张声势。所以，当苏联解体以后，人们不难发觉冷战时期无论苏联还是美国，压根都没有针对对方的战争计划，所谓的战争危险都是美国政府凭空捏造的、虚假的。世界两大阵营对峙的每一个回合都是由美国政府挑起的，譬如是先产生了以美国牵头的北大西洋公约组织，接着才出现了以苏联为首的华沙条约集团。在没有战争危险的情况下，美国政府不断推高冷战的级别，各个国家也在美国政府的忽悠下不得不花费大把大把的钱从事根本用不着的所谓的国防建设。

可能有人会说，虽然没有世界性的大战，但战后局部战争此起彼伏似乎就没有中断过，而美国则一直在维持世界秩序。不是的，笔者在研究战后历史的过程里，曾经写过一篇《论战争》的文章，其中一个基本观点，那就是战争是自然经济的产物。这个命题的另外一种解释，就是市场把人类连结为一体，因为利益相连，统一的世界市场体系是排斥战争的。当世界市场体系成熟的情况下，战争就消失了。人类现在还处在由传统的自然经济向市场经济转变的历史阶段，转型期间的民族国家内部还存在这样那样的矛盾和问题，譬如连最早转型的英国也存在像苏格兰民族一直在闹独立那样的严重问题，说明人类由自然经济向市场经济转变的过程将是一个很长的历史阶段，民族国家内部的矛盾，民族国家之间的纠纷，都是难免的，它们都需要长久的历史过程才可以得到解决。而这些矛盾和纠纷处理得不好，就会爆发战争。有的时候，有些问题可能还就是需要通过战争才得以解决的。所以，说到底，某个民族国家内部的不安宁，局部地区发生一些国家之间的冲突和战争，都还具有自然经济的特点，是伴随着人类从自然经济转向市场经济的大历史里难免会发生的。但是，无论某个民族国家的内部事务，或者几个民族国家之间的地区性的事务，都应该由相关的民族国家自己去解决，即使需要第三方力量予以调解，那也是在罗斯福规划的联合国框架下予以解决的，不需要某个外来的民族国家抛开联合国插手另外一个国家的内政，以及与它无关的地区性的纠纷。战后的事实与此相反，大量的事例是因为美国的插手，无论某个国家的内部事务，或者某些地区性的冲突，不仅解决不了问题，首先因为它出于自己的私利往往支持一方打压另一方反而激化和扩大了事态，把局部的冲突提升为世界性的大事件了。譬如1950 年的所谓朝鲜事件，那不过是南北朝鲜之间的民族事务。如果不是美国插手，不是美军重新进入南朝鲜，就不会有新中国的抗美援朝，也许朝鲜半岛早已经统一为一个民族国家了。越南战争，中东问题，阿富汗问题，莫不是如此。所以，战后历史表明，因为美国奉行"美国优先"，"美国第一"的原则，经其插手的局部冲突更升级了。

再说医疗问题。笔者也不是否认医疗问题的重要性。毫无疑问，医疗问题不仅对于许多生病的人来说至关重要，而且它也总是直接间接地牵连着许多健康的人，所以，包括原始时代在内，医疗问题从来都是民生的一个重要组成部分。资本主义时代是比传统时代更为富裕和优越的社会，人们普遍会追求健康生活，从而使医疗问题显得尤为重要。但首先必须确认的是，生病是个人的事，是否生病了，究竟需要或者不需要治疗，都该是由个人或者家庭自行决定的问题。国家是一种凌驾于社会之上的暴力机关，尤其是资本主义时代的国家传统的暴力职能在逐步简化的趋势下，美国却把传统时代的国家都不直接插手的个人是否生病了，以及是否需要治疗的医疗问题设置为政府的一项公共事务，则是混淆了政府与个人的公权与私权的范围和界线，使得本该精简和简化的政府设置反而越加臃肿和庞大了。

　　其次，医疗是人类历史上最早进入市场的一项社会生活问题，但是，由于人类疾病自身所具有的一系列不确定性，比如什么叫疾病，怎样才算是生病了，以及是否需要治疗，如何才算治愈了，等等，往往都是难以具体确定的问题。所以，医疗问题至今在像美国那样的发达国家里也仍都属于不成熟的市场，甚至可以说还是一个伪市场。笔者把医疗市场称之为伪市场，主要是根据一般的商品市场是通过市场交易买者可以得到一个比较满意的商品，而在医患市场里，生病治疗的一方花了钱往往却得不到满意的治疗，甚至结果是死亡了，而收了钱医治疾病的医疗机构并不承担一定会治愈疾病的效果，有的时候是把聋子治成了哑巴，甚至把病人治死了，却不承担责任。国家是一种暴力，政府在医疗市场还很不成熟的阶段里实行医疗保障制度，实际上是进一步鼓励人们的购买行为，也即强化了目前伪市场里的买方市场。

　　再其次，人类是一种灵性动物。所谓灵性，是因为它具有许多理性的成分而又处在人类未知的阶段，其中包括也许是因为人类经过数百万甚至数千万年的进化，使得身体自然具有一定的免疫和自愈功能，有许多疾病或者不适都无需经过治疗而自我康复。所以，在现代医疗机构所统计的治愈比例里，有不少属于自愈的。政府的强制医疗保障制度，人为扩大了购买需求，则不利于作为医疗机构的供给方提供更优质的商品，不仅影响了医学科学的健康发展，而且也不利于医药市场化的成长与发展。

　　再其次，生病既然是个人的事，如果治疗，其费用就该由个人承担。政府利用国家暴力强制公民参保，然后由政府为所谓的病人付费，其实质是让没有生病、没有治病的人为医疗治病的人摊付一部分费用。从美国实行这一制度时开始，都把强制性的医疗保险金称之为费，保险费、医疗费。这是玩文字游戏。现代国家与公民的关系体现在经济方面，就是税收问题。国家强制收取国民的费用，都是税。国家收取的医疗保险费，无论个人缴付的部分，还是企业交付的部分，其实质都是把个人收入的一部分交付给了国家，是强行收取的税收。

它不同于国民自己购买的医疗保险。买保险，那是商品，是国民的自由选择。参保是强制性的，是通过国家暴力实现的，所以本质上是雇佣劳动者出卖自己的劳动力而取得收入时所缴纳的税，而政府以国家暴力为基础向全民收税替一部分病人交费，是一种抽肥补瘦的制度，它不符合资本主义经济社会通行的公平和公正原则。

再其次，生病后医疗治病，是病人的一种生活需要，这种需要就其本质来说，与衣、食、住、行，与精神的向往和追求，都没有多大的区别。所以，在资本主义时代，公民的医疗需要或需求终归都属于市场问题，应该由患者依据市场状况自行作出选择。但是，政府实行强制医疗保障制度，加强了医疗方面的需求，形成过高的医疗需求，势必破坏了社会的自然构成，市场就不是一个合理的结构了。不合理的市场构成，一定是没有效率的经济。

再其次，如上所述，人类绝大多数病痛依靠自身机制是可以自愈的。自古以来的医疗和医治，包括所使用的药物或者手术，实质都是帮助病者恢复或修复发生问题的，或者已经丧失的某种身体自然功能，所以医疗的目的或者功能，都不过是帮助病人自身生理功能的治愈和修复。说到底，是一个人的自愈问题。但是，由于现代科学对人类自身许多方面还缺少正确的认识，现代医学的一些治疗方法可能对于所治疗的病痛不仅起不到好的疗效，往往还干扰和抑制了人体的自愈机能的发挥。

原来，人体在发生病疼的时刻随即就进入了针对病变的自愈程序，而现代医疗机构往往都是通过化学药物介入机体予以治疗。所谓化学药物，实际上是用工业生产方法制造出一种自然界往往都不存在的新物质，——现代医学科学自以为人体需要通过补充这些新物质实现某种物质的平衡，从而达到治病的效果。不想，这样做的结果因为是让病人的病体接受一种自然界并不存在的从而也是人类数百万乃至数千万年从未接触过的新物质。读者都凡药七分毒的说法，知道许多种类的西药都对肝脏、肾脏、心脏等人体器官有副作用，其实都是因为人体无法接受这些从未接触过的新物质。这些药品进入机体以后，人体首先要调整机能全力对付这种新物质，从而不仅影响和妨害了身体自我治愈过程，还因为大剂量的新物质进入机体而有可能加害于病人。所以，有许多病人本是因为某一方面疾病或不适才去医疗机构治理的，往往却通过一段治疗后又增添了另外的病症，甚至发生死亡，现代医学却没有检讨这个问题。

研究至此，还需指出现代西方医学对社会发展方向的误导。

人类本是一种有思想有感情且理性的动物。在人类共同体内部，即作为人类社会，人与人相互之间自然呈现热爱、友情和理性。正是由于人类的这一本性，当社会发展到资本主义历史阶段的时候，尽管决定社会发展的原则是商品生产，即资本增殖才是其基本原则之一，但是，由于人类的理性、热爱和友情这一往往被冠之于自然法的作用，社会又是朝着自由、平等、人权，以及公平和正义的方向发展的。首先因为人类疾病和医疗救治自身的特殊性，其次因为现代医学科学还处在较低的发展阶段，现代医学科学自觉不自觉跟随资本主义工业生产方式把人类绑架和劫持到不讲温情，没有温度的方向上了。您看，在现代医疗机构里，人已经不是人了，病人像工业化生产线上的产品一样，——首先现在的人像产品都是从工厂生产一样则都是在医院里出生的。其次，像产品都需要经过检测的生产环节一样，病人则是分类送到医生那里接受检查的。再其次，诊断病情后病人往往要与家庭及社会隔离而住院治疗的。再其次，死亡要由医生做出判断，所以大多数人都是在医院里由医生宣判才死亡的。最后，死后的尸体是从医院运到火葬场火化的。所以，人类社会本来是一种人性化的组织形态，却因为资本主义生产方式而被改造成为与没有生命的工业化生产物一样的没有理性和温度的异化物质运动了。

还有，发展生产本是为了人，一个人患病后决定治疗也本是为了更好地生活，为了得到一个丰富多样的人生。但是，现代医学给人们传达出一个非常错误的信号，即一个人生了病是需要医疗机构和医生才可以痊愈的，现代医学可以治疗人的疾病。问题的要害却是人类对人自身的许多方面还缺少认识，对于疾病的了解尚处在朦胧的阶段，医生有关疾病的认识未必正确，医院医疗机构对于疾病未必有正确认识和治疗的措施。但是，人们往往身体稍有不适就跑医院，一是盲目地把一个身体本可以通过身体自行治愈的问题，把一个医生和医疗机构也解决不了的问题当作医生可以解决的问题，交给医疗机构处理了。二是现代医学影响和改变了许多人的人生，把他们大把大把的时光都花费在医疗机构里。在当下这一背景里，政府实行强制性医疗保障，不仅加强了医疗机构把有理性、温情和温度的人类异化为物的过程和程度，而且还导致了越来越多的人把健康、积极的一生过成了病态、消极的人生。

本文叙述战后美国误入歧途，批评与批判的词语就多些。但是，读者莫要以为笔者对美国也是持完全否定的态度，以为美国真的就此衰败下去了。尤其是因为中国最近几十年的发展，有国际政治学者提出"大国兴衰"的概念，还有任平提出了"霸权兴衰"，以及更多的人提出中国必将超过和替代美国，譬如著名历史学家、美籍华人许倬云的学生说许先生"近年来，眼见美国日益衰败"，总之说美国将要衰败下去，可能有读者以为笔者如此批评美国，也是持类似的观点的。不是的。

一个人，一个企业，一群人，有兴旺发达，有衰败。但是，作为一个民族，一个国家，只有可能在某一个时期发展得快些或是慢些，却不可能发生衰败和长期倒退的。这是因为，一个民族一定是以某种生产方式为生的，尤其当它获得一种先进的生产方式以后，绝对不会再放弃了。就像获得个体农业生产以后不会再回到原始农业生产方式一样，实行资本主义商品生产以后不可能再回到自然经济形态了。在经过千万年的封闭的自然经济以后，一个国家只要实行了资本主义商品生产，它就回不去了，它总归是世界市场的一部分，从而也就落后不到哪里去。尤其对于美国来说，那可是3亿多的一个民族，我们批评它，只是批评它的政治上层建筑落后于生产方式，旗政府设施束缚和阻碍了经济发展，但绝不是同意那种认为美国将衰败的观点。读者已经看到，战后80年美国航船行走在历史的弯道里，也能凭借着先进的科学技术而远远把其他所有国家甩在其后面行走世界各国的最前列，何况以 2017 年特朗普竞选成功为标志，美国人民已经抛弃战后美国政治精英的理念（有读者对此有兴趣可阅读笔者《否定霸权与向民族国家的复归：人民向政治精英说不——唐纳德·特朗普"逆袭上位"之我见》，载拙著《美国贸易战》，博登书屋，2025 年 4 月）。所以，当回归到历史正道以后，美国扔将是世界上最先进的国家之一。

好了，现在我们终于可以回到本文的开头了。在那里，我们曾经向读者交代，这不是一本全面论述美国的书。

　　1943 年 11 月中旬，罗斯福为了与斯大林、丘吉尔和蒋介石见面，分别筹划欧洲战场和亚洲战场的战略计划，带领了由陆、海、空军的军事领袖所组成的庞大的军事顾问团队，从弗吉尼亚的水路乘坐美国新战列舰"爱荷华"号，用一周的时间穿越大西洋到达阿尔及利亚的奥兰，然后转乘飞机经突尼斯抵达埃及，再到伊朗，参加了两次开罗会议，一次德黑兰会议。罗斯福前后用了一个多月的时间，往返途径非洲和西亚大陆的许多个国家。回国后不久，他在写给联邦法院大法官费利克斯·法兰克福特的信中说："……一路上，我感觉我访问过的国家那么可怕地缺乏文明——但是回国后，我也不敢肯定美国文明程度究竟有多高。"[1]

1　詹姆斯·麦格雷戈·伯恩斯：《罗斯福：自由的战士（1940-1945）》，商务印书馆，2015 年，第 472 页。

1．美国曾经反对日本炮制"满洲国"

　　日本战败，以军国主义为特征的民族主义受到毁灭性的打击。战争期间，根据日本政府的安排，以日产集团为代表的财阀在中国东北有了较大的发展，以三井、三菱为代表的财阀接管了美国、英国、荷兰等西方国家在东南亚各殖民地的资产深耕扩张，以及在朝鲜、台湾等地区的财团，都有了相当大的成长和发展。但是，美国长期占领并且强制要求日本断绝了一切外交关系，隔断了各财阀与海外的经济往来，造成各大财阀的增值与扩张的冲动，早已按捺不住了。日美安保协定其实是以日本财阀为代表的民族资本为了自身的发展，在不得已情况下所接受的一项制度安排。这有点像以扫打猎归来，忍受不住饥渴的折磨而出卖了自己的长子权。但是，研究美国何以与日本政府沆瀣一气，宁愿自己花钱"保护"日本，却是一个比较复杂的问题。

　　在作这一个问题的研究的时候，必须先要知道，有如列宁在 20 世纪初所说，在亚洲，只有日本这个独立的民族国家是资产阶级国家，具有了最充分地发展商品生产和讯速发展资本主义的条件，所以它自己已经在压迫其他民族和奴役殖民地了。但是，当日本先后制造伪"满洲国"与汪精卫的南京伪"国民政府"的时候，美国政府是持反对立场的。如果追溯得更远一些，早在一战之前，美国就对日本独霸中国的野心有所警惕和抑制。不过那时碍于英国与日本的同盟关系，美国还有所节制。1921 年 12 月，美国积极促成日、英、美、法《四国条约》，约定相关国家以和平协商取代了相互承认特殊利益与攻守同盟的盟国关系，这实际上取消了英日签订同盟协定中英国支持与保护日本的义务。接着，1922 年，由美国主导的华盛顿会议上所签订的裁军条约、九国公约，则进一步否定并取消了一战中日本趁火打劫从中国获得的特殊利益。在这样的背景下，日本再直接吞并中国东北与内蒙（时称"满蒙"）的计划就变得困难了。1931 年"九一八"事件，日本军方原计划是直接占领中国东北的，经政府内阁权衡国际环境与影响，才改变为炮制"满洲国"。

1932 年 3 月，伪"满洲国"成立，以美英为首的西方国家不仅不予承认，而且对日本施加压力，反对日本继续走下去。期间，国际联盟派出以李顿为团长的调查团，到东北实地调查。由于日本以退出国联相要挟，李顿的调查报告虽然不承认 1931 年 9 月 18 日的日军军事行动的合法性，（信夫清三郎《日本外交史》下册，第 580 页）但是，整个报告的基调还是妥协、绥靖及安抚。所以，该报告在国联大会上遭到许多小国的反对。为此，国联再委托了一个 19 人委员会处理中国的东北问题。而日本政府则决定继续走下去。9 月 15 日，日本与所谓的"满洲国"签订《日满议定书》，一是确认日本在东北的既得权益，二是为"共同防卫"设定了制度安排。根据该议定书的一项秘密的军事协定，日本不仅可以继续在东北驻扎大量军队，而且当遭到外部入侵或发生内部骚乱时，"满洲国"的所有部队将听从日本军司令部的指挥。（汤因比《第二次世界大战全史》第 8 册，第 10 页）——历史的造化真实作弄人，20 年后的《日美安保协定》与当年的"日满共同防卫"何其相似乃尔！

日本"搞定"东北以后，按计划接着把魔爪伸向关内。1933 年 1 月 3 日，日军占领山海关，其野心已经毫无保留地暴露出来了。1 月 15 日，新任总统罗斯福向各国发出美国不承认"满洲国"的强硬通告。（信夫清三郎《日本外交史》下册，第 582 页）有了美国政府出面，国际社会遂以强硬态度对待日本。2 月 14 日，国联 19 人委员会一致通过了要求日军撤退到满铁附属地（这是 1905 年日俄战争所确定的日本特权），确认中国对满洲统治主权与拒绝承认"满洲国"的报告。1 月 21 日，国联召开最后的特别大会。24 日，国联大会以 42 票赞成，1 票反对，1 票弃权，通过了 19 人委员会的决议。日本则宣布退出国联作为对抗，实际上是借口实行所谓"独立自主"的外交政策，妄图避开国际社会的监督与约束，从而变本加厉和肆无忌惮地走军事扩张的道路。后面的情况，读者大致已经有所了解，那就是日本继续南下，侵略华北、华东、华南，至 1940 年 7 月进兵法属印度支那（越南）以前，已经占领了从东北到海南岛的东部大半个中国。

1940 年 7 月 28 日，日本借法国沦陷无暇顾及越南殖民地而南下出兵印度支那，紧逼英、美、荷兰等西方列强在东南亚的殖民地。美国遂与英国、荷兰等国协调采取冻结日本资产。要知道，"维持日本战争机器运转的一半以上的原料，特别是铁、钢和石油，都是从美国获得的"。（《一九〇〇年以来的美国史》中册，中国社会科学出版社，1983 年，第 172 页）所以，经济制裁导致日本社会运转日趋困难。1941 年年初，日本遂向美国提出日美首脑会谈的建议。美国向日本提出的条件是：从印度支那撤军，从中国撤军，废止德意日三国同盟。（汤因比《第二次世界大战全史》第 3 册，第 857、865、877、885、886、887、889、913、914 页）在相互磋商两国首脑会谈内容的过程中，日本大使野村上将曾暗示，中国问题或许不列入会议日程，而美国国务卿赫尔则强调，这是"决定美日关系的关键问题"之一。赫尔特别反对日本在中国永久驻军。（第 885、889 页）所以，从 1931 年九一八事变至日美交战，前后接近 10 年，美国持续反对日本分裂和独霸中国，可说锲而不舍。

因为有美国带头，国际社会大都站在同情中国的立场上。有的时候，甚至比美国做得还好。譬如准备美日首脑会谈问题时，所讨论的财政部哈里·德克斯特·怀特的方案中有英国归还中国香港和苏联从远东撤军的建议。参谋长联席会议为了不刺激英国和苏联，主张连同日本从中国撤军的要求也不提了。（汤因比《第二次世界大战全史》第 3 册，第 912-913 页）这引起蒋介石的强烈不满。丘吉尔则对此表现出同情和理解，他在给罗斯福的电报里说："只有一点使我们不安。蒋介石怎样呢？他不是正处于难以维持的境地吗？我们所焦虑的就是中国。如果他们崩溃，我们的共同危险将会大大增加……"（丘吉尔《第二次世界大战回忆录》第三册，第 531 页）当时的澳大利亚、荷兰，也都支持蒋介石，坚持日本撤军的要求。（《第二次世界大战全史》第3册，第910-911页；丘吉尔《第二次世界大战回忆录》第3卷，第530页）最终，在国务卿赫尔"十点照会"中，美国的要求是"日本政府将从中国和印度支那撤退所有的陆军、海军、空军和警察部队"。（丘吉尔：《第二次世界大战回忆录》第三卷，第510、511页）军事占领中国是日本的底线。谈判的道路堵塞，日本遂铤而走险，决心用战争突破美国的封锁与制裁。赫尔照会递交的当天，11月26日，突袭珍珠港的航空母舰编队电台保持静默，偷偷从千岛群岛起航，驶向夏威夷。12月7日，日本成功偷袭，重创美国在太平洋的海军。日美太平洋战争爆发。

读者已经知道了战争的结局。从战前的《日满协定书》到战后的《日美安保协定》，对于日本来说既具有讽刺意味，又充满悲剧色彩。但在认识与理解美国何以在战后主动反串，充当战前自己极力所反对的角色，笔者却曾多日踟蹰。正如我在叙述美国反对日本炮制"满洲国"时，并不特别强调美国与日本的利益冲突一样。美国反对日本在中国驻军并炮制傀儡政权，当然是由于日本利用军事力量垄断中国市场，以保证它的特殊利益。日本的这一做法有违于资本自由平等的原则，美国也就是以此为据反对日本。当时美国坚持的保障中国主权和领土完整，要求各列强在中国市场上具有均等的投资与自由竞争的权利，尽管背后也有经济利益的推动，但它毕竟是占领了道德高地，高擎平等与正义的旗帜。

需要指出的是，在讨论这一段的美国对日、对中国的外交政策时，人们往往会强调美国政府是出于自身的利益。我认为美国以这样的方式追求利益，是无可非议的。因为社会的进步，都是在个人及民族的利益推动下取得的。这无需忌讳，更不该受到责备或非议。讲到这里，我们来段插曲。

我曾数次用奥巴马担任民选总统这一具体事例，说明美国黑人最近半个多世纪在争取解放和赢得应有的社会地位方面所取得的进展。在这方面，许多人都知道艾森豪威尔总统1957年调动美国空降兵，保护黑人孩子到小石城中心中学上学的事情，却不知道更多的黑人在日常极为细碎的事务方面反对种族歧视，争取社会平等的故事。

1960 年 2 月 1 日，北卡罗来纳州农业技术学院的 4 名黑人学生走进伍尔沃斯百货商店，买了一些小商品，然后坐进小吃部，要喝咖啡。根据南部种族隔离的法律和传统，黑人没有在那里喝咖啡的权利。所以，该店的有关人员并没有理睬他们。4 位黑人学生默默地坐在那里，直到关店的时刻。第二天一大早，他们又来到餐台前，和前一天不同的是，还又增加了 5 名黑人。他们如此这般，一天又一天，"入坐"的人越来越多。他们情绪平静，不闹事，也不回应来自白人的挑衅。但是，他们的意图很清楚，那就是一直要坐到他们所要的咖啡。经过报纸和其他各种媒体的报道，这一运动很快就扩大到北卡罗来纳州的各个有伍尔沃斯连锁店的市镇。接着，又扩大到北卡以外的有伍尔沃斯分店的南方其他各个州。黑人不仅把伍尔沃斯各个分店的小吃部占据了，而且还扩展到具有种族歧视的其他一些小吃部。直到有一天，5 月 10 日，有一家小吃部给黑人送来了咖啡。接着，其他的小吃部也都陆续接受了黑人。

60 年代。美国南方的黑人就是以这种形式，在汽车旅店的走廊上"入睡"，到公园"入游"、公共读书馆"入读"、电影院"入观"、赌场"入赌"、土耳其浴室"入浴"、海滩"入游"……。（《1932-1972 年美国实录》，第三册，第 1191-1192 页）黑人就是以这种方式，攻破了一个一个的种族歧视的堡垒。如果分析起来，黑人的斗争当然都是从其"私利"出发。但是，那毫无疑问也都是在资本所要求的自由、平等、人权的旗帜下进行的。因为它占领了道德高地，符合正义，从而也就推动了社会的进步与发展。人们很少去设想，如果没有上个世纪 60 年代超过总人口 10% 以上的约 2000 万黑人的社会地位的提升，美国是否会有此后半个多世纪的辉煌？

所以，我们解释美国反对日本的"满洲国"及其在中国驻军，并不看重其背后的经济利益。同样的道理，认识与理解美日安保制度设定中的美国因素，我们照样不以美国追求自身的利益来诠释。毫无疑问，美国利益是推动美国外交政策的经济基础。但是，它却无法回答美日安保像当年的"伪满洲国"保障了日本利益一样，必然地保障了美国在日本的特殊利益，那么，为什么没有得到其他同盟国家的反对？因为读者已经看到，早在 1956 年，日本即被联合国吸收为会员国。而在此期间，其他同盟国家完全可以按照当年美国反对日本在中国驻军和拒不承认"满洲国"那样，拒绝承认日本是一个具有主权的"正常的国家"。特别是与美国处于对立的苏联，以及深受日本侵略欺凌的中国（台湾）都还在联合国拥有否决权。特别是几乎所有的东亚与东南亚的国家，南韩、中国、越南、菲律宾、马来西亚、新加坡、泰国、柬埔寨、缅甸等等，都遭到过日本的侵略和欺凌，都应该拒绝承认美国的附庸国日本。但是，事实却不是这样。这些深受日本伤害的国家，连同全世界的将近 200 个国家，都承认日美安保这一事实。所以，我们仅从美国特殊利益还无法解释这一更为深刻的问题。

那么，如何理解美国炮制美日安保和在日本驻扎军队这一事实呢？要知道，二战中美日太平洋战争仅只是世界战争的一部分，而且更重要的是，美利坚合众国不过是大英帝国所下的一颗"蛋"，它的历史与文化传统，经济与市场的命脉，都在英国，在西欧，在欧洲。欧洲才是维系美国繁荣与发展的命根子。所以，二战期间，尽管日本直接袭击了它的珍珠港，夺取了它的殖民地（菲律宾）。珍珠港和菲律宾都在亚洲，在太平洋上。即使德国向美国宣战，但德国并没有与美国直接交锋，还没有与德国交战的战场。可是在美国的战略里，欧洲始终是它的主战场。美国与日本的太平洋战争，是从属于欧洲战场的。当欧洲战争结束以后，美国才把欧洲的军队抽调过来，全力以赴对付日本。至于战后美国占领日本，也只是美国战略的一部分。所以，要说明美日安保这一外交政策，必须从战后美国的具体变化，从它在战争中所形成的以及战后所调整了的全球战略的变化中去理解。否则，美国战前手持正义，而战后违背正义，似乎它参加战争就是列宁所说的那样，帝国主义之间争夺与重新争夺、瓜分与重新瓜分殖民地。如果这样的话，人类历史永远陷在"丛林"里，遵循丛林法则，弱肉强食，毫无正义，永无秩序。不是这样。二战是人类发展历史上的一次具有标志性的大事件。人类从这次战争以后，本该正常行走在资本对世界市场所要求的轨道上，由于特殊境遇导致美国发生了一次转向，改变了二战中所形成的战略及其外交路线，而美国在战争中所形成的强大影响力又造成世界历史的改变。美日安保只是美国转向过程中的一项具体外交政策，我们对它的理解必须从美国战后的转向，以及在美国影响下世界历史大潮的变化中才得以说明。

2. 战争之后是和平

人类是从野兽转变过来的。在动物界里，为抢夺资源打架、争斗，是解决争执的主要方式。被称之为战争，是人类文明以后的事情。现代政治学还相当崇拜丛林法则，往往用它来诠释现代国家之间的关系。这是无视人类的进化和文明的进步而倒退到茹毛饮血的野兽时代。其实，谈到战争，它已经是人类社会的准则了。用战争诠释人类不同群体间关系，至少已经有了文明的成分，是人类不同的民族共同体之间的矛盾和斗争了。尽管战争是迄今为止的历史中常有的现象，但是，它们还是不可同日而语的。一方面，随着人类文明的进步，人们学会了交流与沟通，社会逐步产生了一些规则，战争具有了相对减少的趋势。另一方面，不同时期的战争的方式是不同的。在人类早期，由于共同体内部享有平等的待遇，人们还是用血缘所形成的亲情等自然原则调节社会关系，没有内在的对抗性的矛盾，也就没有经常性的暴力，不需要镇压，所以不养育专门的军队，还没有出现备常备军。在那个时代里，共同体在和平时期享受稳定的生活，而当部族遭遇到外来的侵犯，或者与别的部族争夺资源而主动挑起战争，共同体会实行动员，全体成员拿起武器就是战士。战争过后，放下武器就是农民。国家文明出现以后，共同体内部有了对抗，为了使共同体不致在经常性的对抗中解体，共同体就需要产生一种镇压内部反抗并且保持能够在日常保持威慑力的暴力。所以，随着国家文明的产生，常备军和武装力量也出现了。

但是，即使这样，由于维持军事武装需要花费巨大的开支，除非穷兵黩武和准备打仗，国家通常都只配备很少的军队。沿袭传统，国家只是发生战争时才动员民众。中国历史中被称之为战国时代的各个诸侯国，以及欧洲历史上善于征战的罗马军团，古今中外，一概如是。我们现在所研究的美国，也是这样。北美的早期，也就是历史学家所说的殖民地时代，各自独立的殖民地上都实行了应对威胁与危险的具有自卫性质的"民兵"。因为共同属于英国皇室的殖民地，并不具有独立的国家性质，所以并没有自己的常备军。"殖民地居民习惯于在邻近的土地上保卫他们自己，而不是在一个遥远的战场上雇佣职业军人。在美洲，正像每个人都有些文化但不是非常精通文学那样，在这儿，每个人都有些军人气息，但不是十足的军人。战争是在没有职业军队、没有将军、甚至没有欧洲狭义的'士兵'的情况下进行的。"（丹尼尔·J. 布尔斯廷：《美国人——殖民地历程》，上海译文出版社，1997 年，第 474 页）独立战争时期，北美 13 州联合抗击英王的正规军，战争结束后，就连担任大陆武装总司令的华盛顿，也都回到了他的维农山庄园。

整理二战以前的美国经历的 3 次战争与战后的常备军的数量变化，其中第一次战争为独立战争时期，即 1775-1783 年，北美 13 州殖民地共同组织了大约集合了 20 万人的自卫队抗击英王的正规军队，而美国独立后的 1790 年所拥有的陆军只有 1000 人。第二次战争，1861-1865 年，美国南北战争时期，联邦政府 200 万军队，反叛的邦联有 75 万军队，和平时期的 1880 年（其实并非完全和平，南方各州对联邦政府保持极大地对立情绪，国会通过《重建法》等法律，将南方分为 5 个军管区，每区由一位将军指挥，"军队成了政治工具，扮演着一种它并不喜欢但为了自我保护而非扮演不可的角色"。换句话说，美国内战以后的一段时期内，联邦政府还保留一定数量的军队），美国联邦政府陆海军合计 35955 人。1910 年，美国陆海军合计 129784 人。第三次战争，1917-1918 年，美国参与了第一次世界大战，曾经把军队派往欧洲战场，美军实际参与的战争仅只有几个月，战争就结束了。美国战争史学家所罗列的参战部队 4734991 人，战争之后，1930 年美国陆海军合计 236268 人。（阿伦·米利特等：《美国军事史》，解放军出版社，2014 年，第 615 页附录 A、616 页附录 B，211 页）如果说战争之后是和平，这是人类社会以来的常态。那么，由于美国远离欧亚非古大陆，具有大西洋和太平洋的自然屏障，直至二战以前，它仍是一个少有常备军和军事工业的现代国家。

二战前后，几乎所有的美国人也都认为打完仗就是和平的日子。苏联红军攻陷柏林的前夕，罗斯福在雅尔塔回答丘吉尔问话，说战争结束以后，占领德国的士兵最长也将在 2 年后就要撤回。至于在其他的国家驻军，那是他想也没有想过的问题。所以，战争结束，按照传统，就该是大量的士兵复员，武装力量迅速缩水瘦身，人民重新过上和平的日子。但是，罗斯福在战争即将结束的前夕，突然去世。一个月后，欧洲战争结束。又 3 个月，日本投降，人们以为盼来了和平，曾经沉浸在欢乐之中。

二战是以日本投降为标志结束的。有人把 1945 年 9 月 2 日"密苏里号"战舰的投降仪式当作和平的象征，也有将天皇在 8 月 15 日对他的臣民的广播作为标志性事件。但是，对于当事人来说，每个人还是有差别的。可能是迫不及待地希望和平，同盟国家得到的和平要比日本得到的时间还要早一些。早在 8 月 14 日美国与日本政府之间就投降条件问题还在讨价还价的时候，就已经"下令盟国武装部队停止进攻"。同一天的傍晚 7 点钟，杜鲁门总统向簇拥在白宫的官员和记者宣布"日本无条件投降"。但就总体上来说，日本的和平来得要晚一些，至少晚了一天。15 日正午，日本国民通过收音机聆听"玉音放送"。知道日本战败了，投降了。而海外各个战场上的武装部队接受天皇发出的"停止敌对行动的敕令"，则还要晚一些时间。（《杜鲁门回忆录》上册，第 403、404、425 页；《拥抱战败》，第 3 页）

具体到个人，享受到和平的情况差异就更不同了。欧洲战争结束以后，绝大多数士兵则是从欧洲转向亚洲战场。美国政府组织了强大的海上运送了能力，整师的兵力通过进攻性运输舰和轮船忙碌穿梭于大西洋和太平洋。日本投降日之后不几天，"亨利·泰勒将军号"轮船刚穿过巴拿马运河，正在按照原来行军计划，由东往西驶向夏威夷岛，然后穿越太平洋，参加占领日本本土的行列。突然，前甲板上的扩音器响了。"大家听着！我是船长。看着这艘船的投影吧，……"他略有停顿，接着说："本轮现在转驶纽约。"从欧洲调往太平洋战争的 3000 将士欢呼起来。这是他们结束战争，开始享受和平的日子。

亨利·史汀生在许多方面都表现出自由主义、理想主义。早在战时，他所领导的陆军部就制定了被称之为"服役分制"的士兵复退、复员计划。每位非职业军人服役一个月就记一分，在海外服役则每一个月记两分，参加一次战斗记五分，战斗负伤或者立功得奖也有五分。积分达到 85 分，其中女兵 44 分，就可以复员回家。对于当了父亲的士兵、对嫁给即将复员战士的陆军妇女服务队员、以及未经合法结婚而怀孕的陆军妇女服务队的队员，积分还有特殊的优待规定。到欧洲战争结束以后，复员的分数点已经降到 38 分。这年夏天，美国政府的对日战争计划还在加强，但已经有 50 万的陆军士兵回了家。（威廉·曼彻斯特：《1932-1972 年美国实录》第二册，商务印书馆，1986 年，第 533、586 页）

在复员的官兵中，有不少的人已经从和平到来的那天开始，在规划他的未来，因为辉煌的人生将从那里起步。我们仅举几位后来当了总统的年轻人。

——在波士顿，28 岁的海军中尉约翰·肯尼迪决心在马萨诸塞州竞选众议员。众议员之后，他再任参议员，而再总统。

——在华盛顿，海军少校林登·约翰逊代表德克萨斯州当选众议员，后再参议员、副总统，有如杜鲁门副总统那样因为总统的去世而上位当了总统。当然，他靠着自己的实力，也曾经通过竞争担任过一届的民选总统。不过美国社会的一项共识是，已经在总统任期上在参加竞选下一届总统，要相对容易一些。

——在加利福尼亚州，海军少校理查德·尼克松被提名众议员的候选人。他也是由众议员再参议员，副总统，然后竞选当上了总统。

见微知著。对于整个美国人来说，杜鲁门总统办公桌上的变化反映了战争已经成为过去，而未来属于和平。杜鲁门常常向来访的人介绍，他用过一个犁头的模型替换了胜利之前的大炮模型。他还意味深长地说："东西虽小意义可大。"杜鲁门当然不是说一说，他与国会在战后的许多举措都本能地反映出该过和平的日子了。

——终止租借法案。根据杜鲁门提供的数据，美国战时拿出460.4亿美元以租借的形式支持同盟国的战争，其中英国和苏联占据94%。英国得到的最多，占69%。苏联得到110亿，不仅有飞机、坦克、大炮和一般的轻型军火，而且还包括了从粮食、战备物资，以及轧钢厂、轮胎厂、石油提炼厂、电力厂、滑雪场等工厂的成套设备。说是"租借"，其实谁也知道是难以归还的。所以，站在美国的立场上，战争结束了，这些有借无还的"借款"也该停止了。5月7日到9日，欧洲战场先后举行了西线和东线两次德国军队投降仪式，标志欧洲战争的结束。接着，美国政府决定："从今以后，除了直接用于对日作战所需要的军火，一律不得装运"。8月14日，日本宣告投降，太平洋战争结束。21日，杜鲁门签署命令，停止发放租借物资。（《杜鲁门回忆录》上册，第455、452、453页）

——削减军费和政府预算，降低税收。战时美国政府总共支出3200亿美元，其中42.5%靠税负，33.7%来自政府债务，23.8%来自通货贬值之类的货币创造。（斯坦利·L.恩格尔曼：《剑桥美国20世纪经济史》，中国人民大学出版社，2010年，第245页表6.1、第254页）这几种筹资办法中，国民直接感受得到的苦痛则是税负。依据战时实行的税收法案，降低了个人所得税的起征点，提高了消费税和个人所得税的边际税率、企业所得税的最高税率、股权转让税率、赠品和不动产税率，等等。为了筹到支持战争的钱，可以想得到的名堂，联邦政府都做了。所以，历史学家曾评论说美国战时是"历史上税额最高涉及范围最广的税收法"。（《一九〇〇年以来的美国史》中册，第198页）战争结束后，国会立即出台减少税收的法令。1945年10月，即日本投降后一个多月，国会即通过法令，减税近60亿美元。政府在1945年至1946年，处理了战争期间大约总投资150亿美元、占全国工业生产能力20%的军工企业。（《一九〇〇年以来的美国史》中册，第398页）1947年3月，当杜鲁门准备提出他的"杜鲁门主义"而要求增加开支的时候，遇到了国会中共和党议员要减少 20% 税收和再次削减 60 亿政府预算的矛盾及冲突。(《美国、俄国和冷战》，第 48 页) 7 月，国会越过杜鲁门的否决，通过一项税收法，最大福地减轻了中低收入人群的捐税负担。(《一九〇〇年以来的美国史》中册，第 406 页) 实际上，减税的法案应该早得多。

——加大士兵复退、复员的步伐，加快运送海外军人回国。1945 年 8 月 31 日的内阁会议上，总统还检查督促了士兵的复原工作，其中陆军计划在 1946 年 7 月 1 日以前调回 550 万，海军将以每个月 26 万人的速度复员。10 月 26 日内阁会议上，总统再次做了督促检查。(《杜鲁门回忆录》上册，第 494、495 页) 9 月的复员人数已经接近 100 万。(《1932-1972 年美国实录》第二册，第 586 页) 到 1946 年夏天复员工作基本完成时，陆军还有 150 万人，海军 70 万人。(《一九〇〇年以来的美国史》中册，第 397 页)

——缩减军队编制和减少军事预算。1945 年夏天，当战争已经结束的时候，海军部长詹姆斯·福莱斯特尔仍然像杜鲁门递交了"增加海军和海军陆战队的常备兵额的提案"。杜鲁门本能地抵制这个提案。所以，他把该文件转交给总统参谋长李海海军上将，要求参谋长联席会议从职业军人的角度审查战后美国需要保持的陆海空军事规模。10 月，亚拉巴马州议员利斯特·希尔，科罗拉多州议员埃德温·约翰逊也都分别在国会提出压缩与合并美国陆海军的问题。(《杜鲁门回忆录》下册，第 59、60-61 页)

——国会通过《原子能法》，成立由 5 人组成的原子能委员会。减少原子弹与核武器的实验和生产经费的预算。(《美国军事史》，第 404、405 页)

——下命令取消和解散战时军方设置的情报机构。(《美国对外政策的政治学》，第 191 页；《大美百科全书》第 6 卷，第 22 页；亚诺：《CLA 美国中央情报局全传》，凤凰传媒集团凤凰出版社，第 5-6 页)

因为战后历史很快就转了向，70 多年的历史越来越被层级叠压的解构历史的著作从美苏冷战的视角描述历史，从而越来越远离开实际，似乎第二次世界大战的结束不是世界和平的开始，而是为了另一次更大规模的世界战争做准备。真实的历史当然不是这样。战争之后是和平。——这既是历史传统，也是包括美国政府在内的整个社会曾经有过的共识。

（威廉·曼彻斯特：《1932-1972 年美国实录》第二册，商务印书馆，1986 年，第 534、533、586、563、564、566 页）

3. 战争改变了美国的经济社会结构

笔者之所以说历史在这里拐了个弯，是由于人类在二战以后偏离了传统的发展道路。战争过后本该就是和平的日子，这是人类从其进化的初期开始，一直到国家文明产生以后越来越强化的传统。但是，战后世界各国却在美国的影响下竞相把资本投向了军事、军备与军事技术的研发上，似乎上一次战争的结束就是为了让人们做好充分的准备，以便再打一次更大规模的战争。这不是历史文明应有的发展轨道，而是一个本可以避免的弯路。

这样说有道理吗？二战已经过去了 70 多年，我们至少可以回顾历史，检点人们把巨大财富用于军备的实际效果。

军备当然就是为了打仗的。甚至可以说，打仗是军备的唯一目的。美国投入了那么多的军事经费，可美国从来就没有被侵略的危险与可能。这是一个方面。另一方面，大国之间的军备竞赛是为了大国间的战争。冷战被制造出来以后，美国总是说苏联要发动战争，妄图控制全世界，所以必须针对苏联实行战争准备。但是，苏联解体后的档案表明，它压根就没有发动世界战争的计划或想法。其实，任何现代国家之间的战争都会有前兆。判断有没有战争，并不是件难事。而战后再就没有发生过可以称之为大规模战争的可能，美国却引导大国投入了没完没了的财富去准备战争。这本身就是极端荒谬的。

当然，战后 70 多年来，世界个别地区性或者局部性的战争，似乎总是不断。但是，如果减去美国主动挑起和插手的，就连这样的战争也不算多。细分起来，绝大多数局部战争本都是由于民族内部的矛盾，或者同一个地区内的不同民族之间的矛盾与纠纷。如果没有外部因素的干预或插手，依靠相关方面的力量自行解决，本都不是难事。但经过美国插手以后，反而使得矛盾激化了，冲突升级了，时间拉长了，朝鲜、越南、阿富汗、中东……，莫不是如此。即使站在美国一边来看问题，历史已经证明，它插手世界各地的战争与冲突，效果都不好，陷得程度越深，失败得越惨，其中朝鲜和越南，可说是典型。

所以，如果战后的美国遵循传统，不搞军备竞赛，不走军事霸权主义的道路，现代世界就不是显现强大的美国军事武装力量，而将突出显现强大的美国经济和科学技术的元素。与此相适应，人类就会获得一个远比现在平静、祥和与安宁的世界。关于这一点，就连最没有想象力的读者都不难设想，假使美国也像其他所有的民族国家那样，把自己的军事武装全部撤回到自己的国境线以内，"在自己家里当家作主"，而没有像战后实际发生的那样带头保持强大的军事武装，研发试制核武器，没有在世界各地设立军事基地，以及它的军舰不在太平洋、大西洋和印度洋横冲直撞，那么，其他的大国也不会拥有现在规模的武装，那该是怎样的一个世界啊！

那么，美国何以发展成目前这样？

首先，二战作为一次世界规模的现代化战争，改变了美国的经济与生产构成。海战与空战在一战中都已经存在，但相对规模还都很小。严格地说，那还是一次常规性战争。二战可说是一场真正意义的现代化的立体战争。陆地上的坦克、火炮，空中歼击机、轰炸机，海上驱逐舰、战列舰、潜水艇，以及航空母舰上的舰载机，都交织在一起。我们且先不说前线上的战斗，仅就战时美国的军工生产力来说，从法国沦陷以后至二战结束，期间 5 年多的时间，美国生产了 296429 架军用飞机，102351 辆坦克，372431 门大炮，2455964 辆卡车，87620 艘军舰，5425 艘货船，以及飞机炸弹 5822000 吨，轻型武器 2008061 件，小武器弹药 440 亿发。（《1932-1972 年美国实录》第二册，第 424 页）想一想，这是多么强大的军事工业生产能力呀！

应该说，二战以前，美国也有军火生产。一战期间，美国还为英国提供军火。但是，如果与二战的军火生产比较，那就是小巫见大巫了。法国沦陷以后，罗斯福加快了战争动员的步伐，成立了负责国防生产的国防会议咨询委员会。1940 年 6 月 25 日，国会授权复兴金融公司资助建立国防工厂。10 月 8 日，美国国会通过一项法案，对投资于军工企业的资本加快折旧，把原来机器磨损期 20 年改为军工生产设备折旧 5 年，从而使得军工生产可以合法得到生产民用产品 3 倍的利润。（阿瑟·林克 威廉·卡顿：《一九〇〇年以来的美国史》中册，中国社会科学出版社，1983 年，第 195 页；H. B. 西瓦切夫等：《美国现代史》，武汉大学出版社，1988 年，第 147 页）1942 年以后，罗斯福又先后成立战时生产局、经济稳定局和战时动员局，政府直接控制钢、铝、铜，以及其他所有战略物资的分配，实际上是实行一种由政府（军方）组织的计划体制的生产方式。经济大萧条期间上台的罗斯福，主要是依靠工人和社会底层的人民的选票击败共和党的。所以，罗斯福在 30 年代那两期任期内，与大财团和大资本家的关系比较冷淡。但是，战争所需要的军火与军火生产的巨大利润，一下子又拉近了大金融资本家和民主党的距离。现在的特朗普就任总统而把薪酬当做慈善款项做了捐献处理，其实美国历史上本就有这样的传统。1940 年，美国参战前夕到战争期间，大批的资本家、企业家、银行家、律师等一反与罗斯福新政对立的立场，进军华盛顿担任了低薪甚至不要薪水的政府公职。

二战初期，政府先是根据"租借法案"把英国和苏联所需要的武器清单送给早期的军火企业。参战后，美国政府动员了工业生产能力的一半以上从事军工生产。（黄绍湘：《美国通史简编》，人民出版社，1979 年，第 656 页）巨大的战争需求令生产打字机的工厂也制造机关枪，而汽车工厂则改为生产轰炸机和坦克了。至于原来生产飞机的各个大公司，波音公司负责 B-17 和 B-29 空中堡垒，兰和公司生产 B-24 "解放"式轰炸机，北美公司生产 P-51 "野马"式战斗机，沃特公司生产 FU "海盗"式战斗机……。造船工业也发生了巨大变化。战前美国生产一艘万吨级的船只需要 200 多天，战后美国生产相同吨位的舰只要 24 天就下水了。1944 年，美国每隔一个星期就有一艘航空母舰下水。1945 年战争结束的时候，美国创下了 212 天生产下

水了 247 只货船的记录。（《1932-1972 年美国实录》第二册，第 392、422-423）

我们再看就业情况。战前的 1937 年，在制造业领域就业的人数为 1070 万，战争结束后的 1947 年为 1540 人。因为笔者只找到 1947 年的数据，只好用它来说事。不过必须知道，由于战争结束，1947 年的军工生产企业已经因大规模缩小而发生了大幅度的转产或者停产，该领域已经有大量的就业人口流出了。即使这样，1947 年在制造业就业的人口仍然占全国总就业人数的 25.5%，是美国历史上比例最高的年份。由军工生产拉高的制造业创造的国民收入占到全国 30.0%，也创历史最高。（陈宝森：《美国经济与政府政策——从罗斯福到里根》，世界知识出版社，1988 年，第 359 页表 8.1）如果单看飞机制造业，1939 年，美国在该领域雇佣人数还不到 4.7 万人，1944 年则达到 210 多万。（《一九〇〇年以来的美国史》中册，第 197 页；刘绪贻 杨生茂：《富兰克林·D. 罗斯福时代 1929-1945》，人民出版社，1994 年，第 361 页）充分说明，战争时期美国军工生产的扩张状况。

从资本方面分析。战争爆发后，罗斯福向国会提交的战争预算为 1089 亿多美元，而 1939 年美国的国民生产总值仅只有 910 亿。要知道，即使 1945 年有了很大增长（包含战争期间通货飞涨因素），国民生产总值也只有 2150 亿。（《1932-1972 年美国实录》第二册，第 414 页）1939 年，美国军费开支占国民生产总值（GNP）的 1%，1943 年则上升到 54.8%。（《二十世纪美国史》，第 202 页）战争期间，政府的军费实际开支为 3150 亿。其中，仅 1942 年前 6 个月，政府就在原来 200 亿美元的基础上，给各大军工企业追加了 1000 亿。1940-1945 年，各大军工企业获得毛利润 1250 亿，税后纯利润为 620 亿。（《美国现代史》，第 149、148 页）比较战前的情况，1936-1939 年间，美国大企业平均年利润约 34 亿美元，而战争年代的纯利润为 540 亿美元，平均每年 87 亿。（黄安年：《二十世纪美国史》，河北人民出版社，1989 年，第 213 页）战争确实让大资本家感受到了通过怎样的途径，可以来钱快一点，发大财。

当然，发财的不仅是直接生产军火的工业，钢铁、石油、橡胶这一类战略物资的生产企业，也都在战争期间得到迅速发展与扩张。因为美国的大工业都是在金融财团的控制下，横跨许多个领域。譬如二战中崛起的第一花旗银行财团，控制着波音公司和联合飞机公司，战争期间是飞机制造的主要企业，但它同时在石油、化工、电子等等许多个领域都占据着垄断性地位。靠军火发财的杜邦财团，实际上是摩根财团的分支，承担原子弹生产的主要业务，同时还控制着通用汽车公司的生产。以 1952 年为例，通用汽车接受了五角大楼 7.8% 的订单。（《1932-1972 年美国实录》第三册，第 917 页）所以，华尔街的金融业等大财团，也都包含在军工企业的范畴，在战争中发了财，有了大发展。

军工企业的概念甚至还要延伸到以高校和研究部门为主的为军事服务的自然科学和社会科学研究机构。譬如研制原子弹的"曼哈顿计划"，政府曾经拨付 20 亿美元，动员了包括科学家和技术人员在内的 12.5 万人，调集了全国近 1/3 的电力。在空间技术方面，1941年，美国国防研究委员会加快了火箭研究计划，1942 年就研制出"火箭筒"。1943 年，又研制出多种火箭发射器与火箭。1943 年 6 月到1945 年底，美国宾夕法尼亚大学的莫尔电工学院与军械部合作，研制成功世界上第一台电子数值计算机。另外，社会科学与人文学科，也为政府和军事部门在制定战略决策的方面服务，十分紧密地参与到战争中，战争促使教育与研究机构也都与军工企业密切结合。

美国政府战前并不拥有企业，民营的军火工业也不是很发达。但是，军事部门在战争期间用巨大的战争经费直接投资建设或者支持非政府企业，硬是呼唤出了一个庞大的军事工业集团。这个新工业集团不是像生产民用产品那样充满竞争，尤其是那些大的军火企业已经与军事部门建立起经常而密切的合作关系，按照军事部门的订单生产，不仅利润有保证，而且还相当优厚。除此以外，出于军事技术竞争需要，美国军事部门还要根据国际相关领域的进展向有关工业企业和相关大学及科研机构交办研发新的、尖端的武器，拨付充裕的研究经费，提供有力的甚至十分优越的研究和试验条件，以保证美国在军事方面的绝对优势。所以，连续许多年的大规模的军事采购已经稳定地形成了一个以军事工业与军事科学研究和技术研发机构为代表的强大军火生产集团。虽然战争结束了，可是这个战争期间用充足的战争经费所呼唤出来的庞大战争机器却不愿意停顿下来。

其次，随着战争呼唤出来的以武装部队为核心的强大军人集团，在国家权力结构中获得重要的地位，从而改造和改变了美国的政治与社会结构。前面曾经叙述过，美国历史上的常备军很少。根据剑桥经济史学家的资料，1906-1916 年，美国每年平均有 14.7 万军人。1920-1939 年，每年平均有 28.5 万军人。（斯坦利·L.恩格尔 罗伯特·E.高尔曼主编：《剑桥美国 20 世纪经济史》，中国人民大学出版社，2008 年，第 405 页尾注⑧）估计剑桥经济史学家 1920-1939 年的数据有一次大战期间数百万士兵逐渐复员的影响，28 万的平均数还有点高。另有资料表明，1940 年，美国的常备军仅只有 26 万人。（黄安年：《二十世纪美国史》，河北人民出版社，1989 年，第 215 页）可见美国的传统是不养或者很少养常备军的。但是，到了 1945 年战争结束的前夕，美国各军种兵种的总人数超过了 1200 万，其中陆军（包括空军）820 万，海军和海军陆战队 390 万，海岸警卫队 25 万。（《二十世纪美国史》，第 208 页）

战时美国众多的武装力量，表明了美国政府为打赢这场战争所具有的强大动员能力。在走向国外前线的士兵中，有罗斯福总统的儿子富兰克林·小罗斯福，他是一艘驱逐舰上的炮兵军官。还有罗斯福最亲密的谋士、媒体称之为"二总统"的哈利·霍普金斯的小儿子斯蒂芬·霍普金斯，牺牲在前线上。（《1932-1972 年美国实录》第二册，第 406 页）要知道，那时候美国的总人口大约 1300 万，这相当于每 10 个人里面就有一个人当了兵，动员的程度几乎与苏联相接近，连被人们称之为军国主义的日本也自叹弗如。要知道，那个时候的日本包括了台湾和朝鲜半岛，已经有了 1 亿以上的人口。即使根据战后本土 4 岛的人口计算，也超过了 8000 万。但是，日本的武装部队最多的时候，也仅只有 700 多万。另外，我们说美国战时动用能力几乎与苏联相当，但它实际不可与苏联作比较。二战期间，德国武装力量几乎占领了苏联所有的欧洲领土，甚至几近攻陷莫斯科，——战争已经进行到莫斯科工人军团准备巷战的程度。生死存亡，苏联必然动员其所有的人力物力了。而对于美国来说，除了珍珠港遇袭以外，战争并没有发生在美国的本土上，它却动员了最大比例的兵力。

其实，1200 军队只是武装力量的一个方面，譬如苏联在 1941-1945 年先后动员过 3000 万人入伍。（戴维·R.斯通：《俄罗斯军事史》，解放军出版社，2015 年，第 212 页）但是，战争期间，苏联红军全都在它的境内和东欧的范围。美军却不是这样。美军战时在全世界有着广泛的分布。毫无疑问，武装部队的空间布局与分布，也是一种战斗力和影响力。

人们常把二战说成是一次世界大战。如果就参加战争的国家之多、之众来说，是有道理的。但是，如果就各个国家具体来说，严格地讲，仅只有美国才进行了世界战争。我们先从轴心国方面来分析，德国虽然挑起了战争，它也只是把战火推移到地中海以南的北非，而其主战场还是局限在欧洲大陆。至于日本，除了那次偷偷东渡、长途跋涉到达东太平洋袭击珍珠港以外，其战争几乎全都发生在亚洲的东部和西太平洋地区。而美国却不是这样。它同时在东西两个方向上作战：东面在欧洲和北非，与德、意法西斯为主的欧洲轴心国家作战；西面在太平洋和东南亚，与日本军国主义作战。相比之下，尽管就参与战争的时间来说，美国在主要同盟国家里属于参与战争最晚的国家了。——当 1941 年 12 月 7 日日本对美国宣战、11 日德国对美国宣战，从而把美国拖进战争的旋涡的时候，中国已经与日本断断续续地打了 10 多年，英国与德国打了 2 年，苏联也与德国打了将近半年了。——但是，也就是在这不到 4 年的时间里，美国的兵力已经扩展到北非、西欧与中欧，以及亚洲几乎所有的国家，而英、苏、中等同盟国家基本上还都局限于本国或者距离本国不远的战场上。美军在时 IE 各地的广泛分布，充分表明只有美国才具有了建立世界霸权的能力。

自古以来就有拥兵自重之说。所以，美国拥有的强大武装自身就是一柄双刃剑。战前仅只有 26 万武装的美国军事组织与战后已经拥有分布欧、亚、非大陆和大西洋、印度洋、太平洋广阔领域的 1200 万装备精良的现代化武装，无论在国家的政治经济生活还是全世界的国际影响方面，都已经不可同日而语了。

我们且把分析的重点放在美国国内。

作为现代民族国家的美国，它已经不同于传统的时代。在古罗马时期，善于征战的罗马兵团都是由自由民即具有公民权的罗马农民组成，占有社会相当比例的奴隶并不具有当兵而成为战士的资格。内战时期，林肯政府已经给与了黑人当兵的权利。二战时期的美国种族歧视仍很严重，但从当时的宪法解释与国家公民权方面来说都已经排除了黑人当兵的障碍，战前国会通过的重整军备和兵役登记的法令里也都包括黑人在内。所以，美国武装力量的人数中包括了黑人在内的全社会的各个阶层，也可以说是全民皆兵了。上面曾说美国战时的兵力达到 1200 万，但还有史料说，如果包括志愿兵在内，战争结束以前的数量达到了 1500 万。（《一九〇〇年以来的美国史》中册，第 188 页）谈及社会的影响力，如果联系到复退军人（自从一战结束以后，美国的退伍军人组织就是一个仅次于劳联-产联那样的工会组织以外在社会上最有影响里的一个群众组织），军人的家庭及其亲友，武装部队已经成为美国社会构成中最具有广泛群众基础的一个政治集团。

另外，我们前面介绍美国军工企业时，曾经提及军方每年的几百亿美元的采购。1941 年至 1945 年，美国政府的军费采购分别是 138 亿美元、494 亿、797 亿、874 亿、735 亿。（刘续贻、杨生茂主编：《富兰克林·D. 罗斯福时代 1929-1945》，人民出版社，1994 年，第 346 页）如果按照国内生产总值（GDP）计算，分别为 11.1%、31.3%、41.6%、41.6%、34.7%。金钱是最现实、最强势的社会权利。一方面，每年国民生产中的偌大比例由军事领袖分配，那本身就是莫大的社会权力。1969 年，参议员威廉·富布赖特就说："接受军方订单的工商业已成为美国货物与劳务的唯一最大生产者……"（《大美百科全书》第 19 卷，第 69 页）另一方面，军方用军事费用购买的装备和服务，则同时意味着用金钱网络与钩织了一个依靠军事武装才可以生存并发财的强大的利益集团。这个集团盘根错节，几乎囊括了政府与国会中的"天然盟友"在内的主流社会的所有领域及方面。（希尔斯曼：《美国是如何治理的》，商务印书馆，1986 年，第 249 页）——关于那些与军工联系密切的大财阀染指政府权力机构而最富有经典意义的，大概要算 1953 年的总统内阁。当当共和党簇拥着二战的英雄偶像艾森豪威尔才夺取了已经丢掉了 20 年的政权的时候，艾森豪威尔总统的 9 个内阁部长职务中仅出自于通用汽车公司的就占有 3 位。年龄大一点的中国的读者可能以为，凡是资本家都没有好的名声，至少由于为富不仁，再加上劳资纠纷，他们的群众基础都不会好。事实却不是这样。看一看如今的人们怎样对待马云，就知道资本主义国家里民众如何对待资本家。实际上，任何社会里的人们都崇尚成功人士。这似乎不符合道德与正义，——就连平民出身的美国总统尼克松也有点愤愤不平。1969 年 7 月，特迪·肯尼迪在他的家乡马萨诸塞州一次酒会之后，开着车过桥时落入水中，致使车里的一位年轻女子死亡。虽然肯尼迪在法庭上表白自己无辜，可大多数人都不相信肯尼迪讲了实话。但是同样的民意测验表明，"马萨诸塞州的选民并不认为肯尼迪因此必须辞去参议员职务。第二年他们用 63% 的选票把他再次选进参议院，从而以很大的多数给了他信任票。"（《尼克松回忆录》中册，世界知识出版社，2001 年，第 652 页）这就是资本的力量。与军方有着深厚关系的各大财团广泛地分布在美国的各个地区，它们是支撑地方经济的支柱，民众尤其把有声望的家族和财阀视之为地方的骄傲，使得财团资本家又都拥有了深厚的民众力量和政治实力。

　　由于人们已经习惯于战后美国军方在国家事务中所起到的越来

越强势的作用，所以见怪不怪，而以为事情本来就该是这样。其实，历史并非如此。在世界各国各民族中，没有哪个更比美国人民对政府保持有强烈的警惕与警觉。这是美国最为显著的传统。政府已经让人不放心了，而作为政府暴力主要成分的军队更是不能令人放心。可是，一个国家又不能完全没有军事武装。所以，一方面，美国人民一直把政府养育的军队数量限制在最低最少的程度上。另一方面，人们再用宪法分置几道坎严加防范，其中第一道坎规定，美国属于文官政府，职业军人不能担任政府职务，防止带兵的人以兵夹裹国家政权。第二，宪法规定总统是全国所有武装部队的总司令，这就是说，作为职业军人的司令官并不是武装部队的最高领导者和指挥官，指挥权在总统那里。——因为总统是文官，平时并不带兵，这样就把总统和武装部队隔离开来了。还有第三道坎，美国宪法明确规定，建军扩军的权利在国会，供给军队装备的后勤供应在国会，宣战、应战的战争权也都属于国会。制定宪法的时候，美国的社会还没有政党现象。1800 年大选以后，美国逐渐形成现在以两党为主的政党制度，而作为武装部队总司令的总统是政党的产物，必然地带有政治倾向和政治立场，如果他用武装部队实现政治目的，国家就会分裂。所以，军队不可以被总统用于政治派别活动，军队不得参与政治，这也是美国的重要传统。至于对外政策，一般更不与军方交涉。譬如二战期间在国务院任职的约翰·戴维斯就说："对外政策由白宫及国务院制定。需要考虑军事行动时，会临时咨询海军部或者陆军部。"（约翰·戴维斯：《未了中国情》，社会科学文献出版社，2016 年，第 374 页）即使不说美国的传统，以及这些特别的限制与规定，一个一亿多人口的大国里，像战前仅只有 20 多万常备军的军事领袖能有多大的权力？

但是，战争改变了这一切。美国在不几天的时间里，先后收到世界上最强大的军国主义国家日本与德国下达的宣战书，国民中原来不少人所持有的中立主义幻想被彻底打碎。为了赢得胜利，战争期间，武装部队理所应当地成了国家借以围绕的中心。政府把近千万的青年男女送到了国外的战场上，总统必须以最大精力和最高注意力经常性地关注前线的战事，为此白宫还专门布置了一个总统的作战室，有关战争的许多重大决策都是在那里产生的。军事领袖理所当然地成为总统最密切的顾问。总统与军事领袖们的交往，超过了其他任何内阁成员。实际上，不仅军事方面，因为战争的不同结果必然地会给世界格局造成不同的影响，总统在许多外交问题上也都必须与军事领袖讨论、磋商或咨询。——所有这些，都已经与战前所有的历史已经有了不同，军事当局已经参与政治，而且也极为自然地成为总统周围最具地位与有影响力的政治人物。

按说，战争本来就是国家生活中的一个特殊形态，战时国家权力结构暂时发生一些变化，军方地位有形无形得以提升，都是难免的，正常的。问题是随着战争的结束，和平时期本该再次被关进笼子里的老虎不仅没有被送到笼子里去，反而在军事集团的抵制与运作下，总统与国会采用立法的手段把战时军方所获得的临时性的权力与权威经常化、合法化了。

4. 战后初期的美国社会冲突

与政府上层的摩擦与磨合

    战争之后是和平。如果这是社会的共识，战后的美国也会像历史上曾经有过的战争，以及战后逐渐回归平静的生活。问题是战后不久，美国政府对于战后的未来有了新的解读，它不仅改变了战后的历史轨迹，而且首先与民众所期望的生活发生严重的冲突。德国和日本先后投降以后，派往海外的近千万美国士兵以每天几万人，每个月几十万的速度回国、回家。不过，这个过程只持续了几个月。1945 年 10 月 26 日，美国内阁会议上，首先是军方领袖对此提出异议。海军部部长福莱斯特尔和新任陆军部部长罗伯特 • 派特逊说，复员计划损害了美国通过战争所赢得的战略地位。（《杜鲁门回忆录》上册，第 495-496 页）仓促担任总统的杜鲁门迎合军事领袖，也把战争中形成的美军强大态势，当作美国的重要资本，提出美国要在世界上"保持领导地位"。接着，海外复员士兵速度放慢。1946 年 1 月 8 日，杜鲁门总统发表声明说，陆军方面已经复员了 475 万人，而在 350 万的海军中已经复员了 125 万，18 万海岸警备队中复员了 7.4 万人。总统突然转变话语说："我体会到许多家庭的焦躁和不安，但是，让每个服役人员都立即复员回家这是不可能的。"（同上，第 496、497 页）

    在后来的回忆录里，杜鲁门是这样叙述他的思想转变的：

    对于那些仍在等待儿子的父母和那些热切地盼望见到丈夫和父亲的妻子和孩子们，我是寄予同情的。我也知道，许多年轻人渴望继续受教育或回到他们的工作岗位上去。但是，作为美国的总统，我的最高职责是整个国家的安全与幸福。作为一个占世界领导地位的国家，我们有义务为世界的未来和平建立一个巩固的基础。美国的未来正如同在战争时期一样，是处在危险之中的。(《杜鲁门回忆录》上册，第 496 页)

不用解释读者就能明白，包括美国在内的全世界人民经过了艰苦磨难，付出极大的牺牲，最终打败了德国和日本军国主义，从而消除了战争的祸害。但是，盟国军队摧毁德国刚过去半年多，日本投降后才几个月，而杜鲁门却说美国仍旧处在与战争之前"一样的危险之中"。上一节我们说过，按照历史传统与常识，战争过后是和平。可是按照杜鲁门的这一逻辑，那就是战争之后依然是战争！前面刚结束的一次战争，接着就又将陷入到另外的一次战争之中。战争之后又是战争。人类文明不是越来越远离战争，而是战争将永远伴随着人类，似乎结束上一次战争的目的就是为了准备下一次战争。另外，与过去罗斯福总统所不同的是，我们至今还未看见战争中实际起到同盟国家的组织领导作用的罗斯福公开说过"世界领导地位"，而杜鲁门则主动以"占世界领导地位的国家"自居，而且主动提出"为世界的未来"承担义务。二战之后不久，美国政府中也就是在这样的荒唐逻辑的推导下，致使世界局势发生变化。

4 月 17 日，杜鲁门在白宫记者招待会上说，美国陆军复员人数接近 700 万，这是"世界历史上最惊人的复员，如果你愿意的话，也可以称之为'解体'"。8 月 31 日，杜鲁门在内阁会议上又说：

……制定一个新的军事政策的时候已经到来。如果我们打算在其他国家中保持领导地位，我们就必须在军备上继续保持强大。(《杜鲁门回忆录》上册，第 497 页)

因为"打算在其他国家中保持领导地位"，所以改变战后不保留强大军事武装的传统。士兵复员的节奏自然慢了下来。"1946 年 1 月，当军队放慢复员速度时，驻海外士兵发生骚动，国内出现疯狂抗议。"(阿瑟·林克等：《一九〇〇年以来的美国史》中册，中国社会科学出版社，1983 年，第 397 页)首先是海外的士兵们以集会、游行示威的形式展开了持续的"要回家"运动。这个运动从菲律宾的马尼拉开始，很快蔓延到东京、关岛、中国、加尔各答、夏威夷、伦敦、维也纳、勒阿佛尔、巴黎和法兰克福。马尼拉的士兵活动经过精细的组织，油印了传单，一支由 15 部卡车和吉普车组成的车队一路行走，按响喇叭，挥动着标语。标语上面写着："我们什么时候回家？""我们不喜欢这样的搞法！"他们经过一个兵营就停下来，让那里要参加游行的士兵加入进来。第二天，聚集在马尼拉市政府前面开会的士兵达到了 2500 多人。游行者还搞了募捐活动，用捐款在报纸刊登抗议的广告。另外号召士兵向各自国内选区的议员写信，寻求国会的支持。巴黎的美军则在布告牌上书写"支持马尼拉的战友，今晚 8 点在凯旋门集会"。晚上，游行的美军来到协和广场，用镁光照明弹晃来晃去，齐声高叫"我们要回家！我们要回家，我们要回家……"在东京，游行的美国士兵抬着标语，上面书写着："日军已回国，为什么我们不回国？"。

在国内，国会所接到的海外士兵申诉的信件，如雪片飞来。议员们还听到了海外士兵的父母、妻子、爱人的呼喊。有一位参议员收到了 200 双婴儿的鞋，每双里面都塞有一张纸条，上面写着"我想念爸爸"。许多议员打破党派界线，联合发表声明，支持海外抗议的士兵。不少议员都认为，没有理由不把海外的军人尽快运送回国。他们说："每个父母、每个妻子、每个孩子都想念亲人回家团聚。""哪儿都比不上家！"（《1932-1972 年美国实录》第二册，第 581-584 页）

除此以外，美国上层也有一个十分清晰的，要求裁军的声音。亨利·华莱士是罗斯福总统的老班底。在罗斯福第一、二届总统任职期间，他是内阁里的农业部长。第三届任期，华莱士担任罗斯福的副总统。第四届，改为商务部部长。许多的历史学家以及当时的政界，甚至连由副总统突然上位担任总统的杜鲁门在内都有此意，即华莱士如果继续是罗斯福的副手，那罗斯福之后的总统就是华莱士。不过，因为罗斯福第四次获胜担任总统不久逝世，而杜鲁门仓促接任后不久就改变了罗斯福的路线，所以很少有人研究与思考罗斯福的良苦用心。早在竞选期间，在民主党的代表大会开幕的时候，罗斯福给大会主席的信里就评价华莱士说："我喜欢他，我尊敬他，他是我的好朋友。因此，如果我是大会代表的话，我个人会投票再提名他（担任副总统）。"（《1932-1972年美国实录》第二册，第458页）但是，战争后期美国国内保守派势力已经有了较大的发展，共和党与民主党南方的议员结成同盟，民主党全国委员会可能考虑到华莱士担任副总统期间，与国会的关系不协调，会影响罗斯福的竞争力。所以，尽管1944年7月芝加哥民主党代表大会上华莱士的呼声相当高，党魁们还是选择了杜鲁门。

不过，我们不能用杜鲁门以后的美国大政府看待罗斯福对华莱士的安排。在罗斯福时代里，总统的行政分支还是一个小政府，而副总统在总统的施政方面几乎没有什么影响。根据杜鲁门的回忆录，他任副总统以后，也就在就职宣誓仪式和总统从雅尔塔回来后向国会通报会议情况时，见过两次总统面。还有人说，罗斯福当选后，就再也没有向谁提起过他的副总统。罗斯福什么都不告诉他。那时还在战争中，但杜鲁门一点战争的知识都没有。事实上，他就靠《华盛顿邮报》了解战争。上位总统以前，他压根就没有去过白宫的作战室。（《1932-1972年美国实录》第二册，第521、522页）原子弹都将要到试爆的阶段了，可他从未听说过。当然，这不是罗斯福有什么不好，而是美国的传统。从华盛顿开始，副总统就只是一个摆设。亚当斯给华盛顿当了两届副手，总统从来就没有向副总统征询过意见，商量过什么，或者随便谈点什么，以至这位副总统说自己"完全被人忽视，并且自己心里也清楚自己遭到了忽视，这实在令人难以忍受"。（戴维·麦卡洛：《约翰·亚当斯——美国第二任总统》，中国社会科学出版社，2003年，第327页）所以，说得好一些，美国的副总统就是一个相当于皇储的位置。也许别人想到了罗斯福的身体状况顶不到任职期满，可至少罗斯福不这样想。也许正是这样的原因，罗斯福并不在乎谁做副总统，才把决定权交给党魁们去做决定。

但是，罗斯福所以要参加第四次竞选，就是要带领美国人民尽快打完这场战争，接着走那一段从战争到和平的路程。而战争结束以后，美国的对外贸易将是一个预想得到的重要问题。所以，要华莱士当商务部部长，是因为在罗斯福的眼里，商务部将是一个决定战后美国发展的重要位置。华莱士的思想理念十分贴近罗斯福的新政，他提出来的许多观点都反映了蓝领工人和一般市民的心声，代表中下层阶级，在劳联-产联组织和工人运动中有较大的影响。这才是罗斯福新政的主要社会基础。历史学家对战后华莱士不够重视，研究不够。其实华莱士与杜鲁门的政见分歧，以及在 1947 年大选年与杜鲁门在党内逐鹿总统提名时所提出的竞选纲领在很大程度上都体现了罗斯福的思想。令人惋惜的是，那是一个重要转变时期。在此之前，美国民众对竞选总统的兴趣还都放在国内的问题上，而华莱士特别提出的对苏友好的外交政策并没有引起人们的注意。实际上，华莱士作为罗斯福的老班底里的主要成员，他的一些观点和认识，才最有可能体现罗斯福的思想认识，而从这里再推导出，如果罗斯福假以天年，它将如何引领美国，以及美国最可能走的方向与道路。

华莱士公开反对美国过于亲近英国，却又反对苏联。华莱士说："我既不反英，也不亲英；既不反俄，也不亲俄。"(《1932-1972 年美国实录》第二册，第 589 页)他提出了一系列根本不同于以后美国的外交政策，诸如美国根本不应该干涉苏联在东欧的驻军。他还有一个相当了不起的认识，那就是不管别的国家怎样，美国都应该裁军。(《1932-1972 年美国实录》第二册，第 589 页)华莱士最终被杜鲁门解职。我们之所以用较多的文字介绍华莱士，是要说明，战后美国也有走另外一条道路的可能性。但是，人民和华莱士，以及一些国会议员，都没有能制止住美国走上一条反传统的道路。

除了人民要过和平的生活，而政府却引导国家走上一条扩军备战，把本该以国内问题为主业的美国政府引导到整天关注国际事务的歧途以外，美国军方与包括总统和国会在内的政府之间的摩擦与磨合，也是战后初期美国社会发展中的一件大事。

按照本能应变，是一种现象。战争之后是和平，所以，包括军方在内，一开始也都积极组织士兵复员。一方面，原来具有强大战斗力的海外军团因为复员导致军国和士兵严重空缺，有如失血一般已经溃不成军。另一方面，战争停止以后，大规模削减军火生产也导致连续数年年年生产饱和的军事工业立即萧条、破败。5个月以后，军方首先提出并抵制这一本属正常的社会趋势。上面我们曾经指出，1945年10月26日，海军部长和陆军部长在总统内阁会议上提出，复员计划损害了美国在战争中形成的战略地位。另外，按照战后的安排，总统与国会都提出了缩减军事武装的计划。其中总统的计划是在1945年的夏天提出来的。在战争即将全面年结束的情况下，海军部长福莱斯特尔提出一个"增加海军和海军陆战队的常备兵的提案"。大约相同或者相近的时间，两位国会议员也分别提出要求陆军部和海军部"合并"的议案。（《杜鲁门回忆录》下册，第59-60、60-61页）

但是，内阁成员海军部长福莱斯特尔和参谋长联席会议中海军作战部长金海军上将、总统参谋长李海海军上将，都极力反对陆海军合并的方案。不仅总统拿不出合并的计划，而且陆海军在国会的辩论持续2个多月也没有结果。按照美国的政治制度，总统具有最后的决定权，如果总统有意将陆海军部合并，本可以拿出一个陆海军合并的方案提交国会审议。但是，战后美国的情况的确具有许多特殊性。来自南方的杜鲁门本就是一位老实巴交的农民。杜鲁门就任总统以后，有记者问在他家乡的母亲是不是很高兴？老妈回答说："又不是靠自己当选，在这样的情况下如何高兴得起来？"杜鲁门也曾说自己不是民选的总统，要要遵循罗斯福的执政方针，贯彻其种种政策。（威·艾·哈里曼：《哈里曼回忆录》，上海人民出版社，1975年，第53页）所以，他一开始连罗斯福的内阁也尽可能都保留下来。

杜鲁门的知名度并不高，刚担任总统职务的时候，民众眼里他与罗斯福具有很大的差别。1946年中期选举中，民主党在众议院失掉28席，参议院都丢掉了5个席位。（《马歇尔传》，第810页）这是杜鲁门继承罗斯福遗产后可以量化的一次具有"败家"性质的事件。所以，杜鲁门还不得不很在意民意。比较而言，美国依靠军事力量取得战争的胜利，包括杜鲁门自己在内，心目中的军方都有很高的位置。杜鲁门宣誓就任总统的那天，陆军部、海军部的部长带着参谋长联席会议的将军们去参拜他这位新上任的总司令，杜鲁门就说，"这些人是我所认识并且一向尊敬的"。（《杜鲁门回忆录》上册，第21页）所以，尽管从宪法上来说，总统是陆海军等所有武装部队的总司令，但刚上位的杜鲁门与军方的关系还是特别微妙的。譬如上面所说的10月26日内阁会议上，当军方对快速的复原计划提出异议的时候，杜鲁门马上就附和说："我完全同意这种看法"。他甚至还说："就我个人来看，我们所实行的计划已不再是复员计划，而是在瓦解我们的军队。"显然比军方的意见还偏激，已经完全改变战争之后军队的绝大多数本就该解散复员的传统认识了。战后总统与军方的关系，最典型的案例可以从总统与总统所任命的占领日本的"盟军最高统帅"麦克阿瑟的关系上得到说明。

日本政府是1945年8月14日向同盟国发布照会正式投降的，而早在前一天，即8月13日，杜鲁门已经签署命令任命麦克阿瑟为占领日本的盟军最高统帅。（《杜鲁门回忆录》上册，第407-408页）这就是说，日本还没有正式向美国以及同盟国家投降的时候，杜鲁门总统就任命了麦克阿瑟为担任占领军的最高司令。日本投降以前，美国军方估计占领日本至少要伤亡100万官兵。所以，按照原来的计划，欧战结束以后参加欧战的300万部队的大多数都要转战到亚洲与太平洋。即使日本投降以后，美国政府也做好了在日本本土上遭遇部分反抗的准备。但是，"占领日本这样顺利出乎我们意料之外"。（《杜鲁门回忆录》上册，第508页）9月6日，美军正式实施占领日本的军事行动。17日，麦克阿瑟在东京召开记者招待会，宣布占领日本的美军将在6个月以内从40万减少到20万。按照国务院副国务卿艾奇逊的话来说，占领日本的部队究竟要多少，本应该由政府的决策人来决定。所以，在华盛顿的杜鲁门总统就很尴尬。有记者问到杜鲁门，他显然还没有听说过这件事，所以只好回答说，虽然没有接到报告，但麦克阿瑟既然认为不需要他原来设想的那么多部队，他听了还是很高兴的。（《1932-1972 年美国实录》第二册，第 580 页）为了统一东京占领军与华盛顿的步调，杜鲁门两次要参谋长联席会议要求麦克阿瑟回华盛顿述职，却均遭到了拒绝。朝鲜战争爆发后，为防止他自行其是，杜鲁门只好飞到夏威夷去见麦帅。会见后总统还没有决定离开的时间，将军却先提出要回日本去，搞得杜鲁门仓促决定抢在他之前先行离开以保住总统的面子。（《杜鲁门回忆录》上册，第 509-511 页；下册，第 437-461 页）而麦帅在机场送别总统的时候反而说："您这次出行唯一的遗憾，是在这里停留的时间太短了。"

不过，让杜鲁门真正见识麦克阿瑟的力量还在后面。1950 年 4 月 9 日，杜鲁门因朝鲜战场和东亚一系列问题上所发生的龃龉，突然宣布解除了麦帅的职务。第二天，众议员马丁在办公室召开了共和党第一次干部会议，"讨论弹劾"杜鲁门总统。而参议员詹纳则宣布说，"美国今天落到一个受苏联间谍指挥的秘密小圈子的人手里"。另外一位参议员麦卡锡，在一次集会上公然骂杜鲁门总统是个"狗崽子"。在参众两院为麦克阿瑟举办的欢迎会议上，麦克阿瑟 34 分钟的讲话被 30 次热烈欢呼所打断。（《1932-1972 年美国实录》第三册，第 794、795 页）在解除麦克阿瑟职务的头几天，大约有 75000 封电报发给了政府，分别支持麦克阿瑟与杜鲁门的比例为 10：1。在打电报给白宫的人中，站在麦克阿瑟一边的人达到 45：1。"成袋的赞美的邮件，包括 15 万封信和 2 万封电报"，送到了麦克阿瑟居住的酒店里。（《马歇尔传》，第 825、827 页）这是一次军人与总统在民众心目中的较量。据盖洛普调查，69%的人支持麦克阿瑟，而只有 29%的人支持总统。麦克阿瑟到访纽约，"成为一次历史性示威的中心。为了表示支持，（欢迎的）人们向他抛掷了各种纸屑，合计竟达二千八百五十吨以上"。警察估计欢迎麦克阿瑟的民众达到 750 万，"将军的轿车经过时，人们在胸前画十字。妇女们用手帕捂着鼻子抽泣。十八人因歇斯底里的发作被送进了医院"。将军短暂停留所下榻的酒店里，"电话交换机一天收到了三千次电话，都是想和将军谈话的人打

来的"。(《1932-1972 年美国实录》第三册，第 794、796-797 页）

当然，杜鲁门与麦克阿瑟的较量是一件极为特别的事件。但是，它充分显示了美国在战后所发生的一些历史上从未出现过的一些反常的现象。杜鲁门有意、无意，自决、不自觉，必须很看重与军事当局的关系，要特别重视军方所提出来的意见。这是一个方面。另一方面，美国是一个法治国家，总统才有最终决定权。军事领袖都是一些有教养的人，当然懂得他们充其量也只是总统的顾问，其所有的利益和诉求都必须经过总统的同意，把他们的愿望转变成为总统的决定才能实现。所以，战后军方为维护战时所获得的经济政治权利的抗争，总是被维持在政府内部相互之间可以理解的程度，虽有摩擦却没有大的冲突。

需要说明的是，战后军方反对削弱军事武装的斗争，还有一个重要的方面或者战场，那就是国会。从宪法上来说，国会也是政府的一个分支。但是，美国是一个法治国家，总统的行政系统也只有在国会的授权下才得以实行统治。所以，军方战后的许多违反传统的诉求也还必须取得国会的支持。不过，因为无论参议员还是众议员，它们都是由各州的议会和选民选出来的，也就必然地代表了地方的利益。美国军方的订单意味着相应地方的军工企业的运转和利润，政府的税收，以及一定数量的人口就业。所以，国会这一政府分支里必然地包含有军方的天然盟友。事实上，当海军在总统的行政分支中艰难抗争的同时，仍包含在陆军内部的空军系统也在国会活动而要求单独成立一个与陆、海军并列的空军部。(《美国军事史》，第 408 页）

总之，战后最初期的那几年，正当美国人民依据传统压缩战争时期突然膨胀的军事武装力量的时候，却遇到了军方的抵制和反对。因为在这场斗争的初期，杜鲁门总统和一些国会议员也是站在人民与传统一边的，所以，政府内部也存在摩擦与纷争。在现代国家里，只有在面临外来侵略的情况下，当其安全遭遇到威胁的时候，保持强大军事武装才是必要的。所以，在刚刚消灭了德国法西斯，打败了日本军国主义以后继续维持强大武装的理由是极不充分的。但是，两年以后，当美苏两国间的矛盾与摩擦有了一定程度的积累，当 1947 年 3 月 12 日，杜鲁门在国会演讲中提出以遏制苏联共产主义扩张为核心的"杜鲁门主义"以后，政府内部要求保持强大军事武装力量的认识一致了，翻转美国历史以来极少军事成分的传统民主制度的条件终于成熟了。以 1947 年 7 月 26 日的《美国国家安全法》为标志，战后美国已经走到以强大军事武装为基础的军国主义的道路上。

5. 战后历史并非一定是冷战

　　这是一篇涉及冷战起源的文章题目。很长一段时间以来，笔者是回避这个问题的。为什么？因为冷战是一个伪问题，所以在叙述历史问题的时候，我坚持用冷战以外的原因解释它的性质与发展。但是，国际政治及历史学却把冷战塑造成为战后历史和国际关系中的决定性因素，而要讲清楚这个问题，是需要较多笔墨的。按照预定的计划和设想，在回到分析冷战时代的经济学问题的时候，才要对这一问题做系统地阐述。不过问题进展到这里，已经找到了战后世界历史被误导而驶入弯道的起点，再从反面说明冷战本来就不是二战的必然结局，也该是题中之义。

　　也许有心的读者还记得起来，笔者是从研究我国计划生育历史而一步一步走到现在的。经过 10 多年的历史研究，发现从计划生育到计划生育无法解释许多具有常识性的问题。中国计划生育是一个有关中国发展的历史问题，而认识中国的发展又必须了解它所处的时代。这样，笔者才从马克思的人权理论一步一步走到列宁斯大林和苏联的布尔什维克党，二十世纪以来的两次世界大战、冷战和后冷战时期的政治经济学分析，中国走向世界的政治经济学分析，以及战后东亚的国际关系与国际政治研究，等等。从表面来看，它们似乎是一堆相互没有关联的问题。但实际上，几年来，笔者完全是被不可抗拒的逻辑关系引导着。历史是一种自然演绎的过程，其中原本没有跨越。所谓科学认识，首先是人在头脑里反映它，然后再把它上升到理性的层面。雅各布·伯努利说："科学如同自然，没有任何跨越。但要完成情形的过渡，只需要无限小的一个跳跃就足够了。"[1] 雅各布

1　洪蔚琳：《伯努利兄弟》，知识分子，
　　http://mini.eastday.com/mobile/171116093310280.html

的时代还没有产生现代意义的逻辑学，甚至连逻辑这个古老的词汇也还没有经过数理科学家们的严密规范，所以没有用逻辑语言来表述科学研究的规律或范式。但依据这两句话的内容来看，他已经把握到了逻辑学中的范畴与逻辑这两个概念。"无限细小的情形"即相当于我们所说的范畴，"情形的过渡"即是从一个范畴到另一个范畴的演绎，即是逻辑的推导。另外，他是搞数学的，而数学是对物质世界的高度抽象，以至可以完全舍去具体的物质形态而演变为纯逻辑的关系。他所解决的问题是一道道著名的数学难题，由于前人累积的攻克与尝试已经清除了通往成功之路上的不少障碍，往往仅只需要成功之前的最后一步跨越。所以，他可以说只需一个非常细小的逻辑推导就完成了。但是，我们所从事的工作属于历史研究，是一堆具有利害关系的历史问题，经过了具有直接利害关系的人们自觉不自觉的记录与传承，层层累积的塑造与再塑造，往往就不只是需要"一个情形的跨越"。

具体到我们所讨论的冷战问题，事情就更为复杂一些。因为对于历史上的一些被有意无意改写了的历史事实，对于现实中的有些被有意无意改写了的历史，都可以因为总有人可以完全跳出利害关系而客观地审视与研究。冷战所引起的问题则不然。冷战是二战以后很短的时间里制造出来的一个把全人类分裂成为两个势不两立的意识形态，它一直到现在仍然影响着人们的认识，以至令当事人连正常的思维都不需要了。以最近的所谓俄罗斯"双面间谍"中毒事件来说。现年 66 岁的斯克里帕尔本是一位俄罗斯的特工，90 年代，又为英国情报机构服务以获取报酬。2006 年，斯克里帕尔因叛国罪被俄罗斯判处 13 年监禁。2010 年，因与美国交换俄罗斯间谍而获释。之后，他前往英国寻求庇护。今年 3 月 4 日，斯克里帕尔和女儿被发现在索尔兹伯里一家购物中心的长凳上昏迷不醒。事发以后，英国政府没有公布任何具体情节，就宣布这是由普京总统直接下达指令的恶劣事件。为此，英国首相还要求俄罗斯对此做出解释，接着驱逐了 23 名俄罗斯外交官。接着，包括许多个欧盟和北约成员国在内的 27 个西方国家跟风，驱逐了超过 140 名的俄罗斯外交官（还有材料说 23 个西方国家一共驱逐了 233 名俄罗斯外交官）。由于缺少具体情节，我们且不评判这一具体事件，因为通过下一节具体介绍美国军方依据《1947 年美国国家安全法》合法扩张所建立的美国中央情报局，读者就会知道国际社会早已经被它的所作所为带坏了，窃听、跟踪、渗透、绑架、暗杀，组织暴动，公然用武装推翻别国的合法政府，甚至策划谋杀国家元首，无所不用其极。在文明场合有着文明形象的大国领导人，却直接指挥并纵容他的情报机构在国内国外所看不见的领域里胡作非为，肆无忌惮地在干着许多不受法律追究的和法律无法追究的，极为肮脏的与见不得人的事情。因为有国家在背后的支持，大国的情报机构什么事情都干得出来。所以，在这起"双面间谍中毒事件"的真相没有得到披露以前，俄罗斯情报机构暗杀、英国军情六处的自导自演，以及美国中央情报局插手……，总之，什么情况都有可能。我们且不去冒险推断它的各种可能性，而是要说，随着苏联与东欧阵营的解体，虽然战后美国政府所制造的美苏冷战的经典剧作已经不存在了，但由冷战理论所支撑的强大的美国政治学却一点都没有改变。更有甚者，美国政治学还把苏联与东欧的解体解释为美国政治学的胜利。由于当前世界各国，特别是西方国家的政治精英，都是接受美国政治学的理论，甚至有的本来就是在美国高等学术接受教育的，所以都习惯于冷战思维。再回到这次俄罗斯"双面间谍"中毒事件，它是在英国索尔兹伯里发生的，当然要由英国警方受理。但是，英国政府却在没有出示任何具体情节的情况下，强烈要求俄罗斯"做出充分解释"。事情是在你的国家里发生的，你不拿出证据，却要人家做出解释。这不滑稽吗？而且尤为荒唐的是，美国和其他几十个所谓文明国家，却追风驱逐俄外交官。可见冷战思维已经根深蒂固到无需拷问事情缘由、无需依据国际法国家法，甚至连起码的逻辑判断、理性思考都一概不要，而只需要跟随美国、英国，或者苏联、俄罗斯而站队的程度了。

　　当然，国际社会早就是这样的状况了。二战以及二战以后的历史经过 70 多年冷战理论与思维的构建与在构建，把许多事实完全颠倒了。试举两例。

其一，1945 年 3 月，美国所任命的欧洲盟军最高统帅艾森豪威尔根据战争形势，调整西部战线的战场布局。其目的一是包围并攻占德国经济的心脏鲁尔工业区，二是快速完成对德国西部的占领，实现与已经大步向西挺进的苏联红军全面对接，以挫败纳粹政府企图部署国家失陷后实行长期抵抗的"狼人"组织。艾森豪威尔还把调整以后的军事计划，用电报向斯大林作了通报。不过，由于这一军事部署舍去了攻占德国首都柏林的战略（战术）目标，当时就受到了包括丘吉尔在内的英国军方的批评。艾森豪威尔认为，也许丘吉尔作为政治领袖，比较看重于攻克柏林的政治意义和影响。（《艾森豪威尔回忆录》第一册，第 456-459 页）二战以后，批评艾森豪威尔的一派历史学家则用冷战思维诠释这一事件，说他避开柏林是考虑到攻克柏林必定是一场恶战，是出于减小美军伤亡和出于保护美军的目的。如果从苏联红军仅在攻克柏林的战役中就付出 30 万人的巨大声明代价来看，似乎有道理。但是，这样解释以后，不仅把一位二战的伟大英雄、军事战略家，塑造成为投机取巧、避重就轻的投机分子，而且也把战争时期的同盟国家精诚合作的关系扭曲了。

如果稍微还原历史，真相是相当清楚的。德国从一开始就是东西两面作战。1944 年 6 月 6 日诺曼底登陆以后，美英等联军从西欧向东进攻，苏联红军发动强大攻势从东欧向西推进，欧洲战场形成了以美、英、苏为主要国家的盟军从东西两个方向夹击德军的态势。艾森豪威尔之所以调整战场布局，是由于西线的美英等盟国的联军刚占据了莱茵河，那是德国的最西部。在一般情况下，德国的首都柏林当然应该成为盟军攻占的军事目标。但是，当时的具体情况是，艾森豪威尔所指挥的西线盟军距离柏林还有 300 英里（合 500 公里）路程，其间还横隔着一条 200 英里（合 320 公里）长的易北河障碍。同一时间，东线的苏联红军已经到达离柏林只有 30 英里（合 50 公里）的奥得河，且在奥得河西岸建立了一个桥头堡。也就是说，当艾森豪威尔调整计划的时候，苏联红军已经突破了奥得河，距离柏林约 50 公里了。按照这样的态势，即使美英联军的先头部队以最快的速度从西部逼近柏林，如果苏联红军没有攻克它，也早已完成包围了。更何况，按照经过美、苏、英三国首脑批准的占领计划，英国和美国的占领区属于德国西部，它的东部边界是在柏林以西 200 英里的一条南北界线。也就是说，苏联占领区属于德国东部，它的西部边界是在柏林以西 200 英里的一条南北界线。柏林属于三国划定的苏联军事占领区的中心地带。如果艾森豪威尔所领导的西线的盟军先于苏联红军逼近柏林，即使它属于苏联红军的占领区，从早一步捣毁德国法西斯政治经济中心的战略考虑出发，西部盟军先行进入原先划定的苏军占领区攻克柏林，也未尝不可。但是，现在是苏联红军已经早一步逼近柏林，而西部盟军还距它很远很远，却要制订强行深入友军阵地攻取柏林的计划，不只是从情理上说不过去，而且其间还横隔着数百万的德军，在事实上也是做不到的、不可能的。也就是说，它是具有冷战思维的历史学家的一种脱离历史事实的臆想。

其二，现在的大多数历史著作都把 1945 年 8 月 8 日苏联对日宣战，当作斯大林眼看美国接连释放了两颗原子弹，日本即将投降时为抢摘胜利果实而做出的决定。但是，对于美、英、苏三国当事人来说，并不是这样。首先，原子弹并没有现在人们所认识的那样，起到了决定战争胜负的作用。10 月 3 日，即原子弹投放接近 2 个月之后，杜鲁门总统给国会的一份咨文中就说："原子弹并没有赢得战争，但它无疑缩短了战争的时间。"（《杜鲁门回忆录》上册，第 521 页）第二次世界大战中，美国在亚洲和太平洋上受到日本的进攻，但是，即使希特勒对美宣战了，德军却没有直接攻击美国本土与它直接交战。美国参与欧洲战场，是协助苏联和英国打击德国法西斯。所以，斯大林出于对美国援助的回报，认为理所应当地帮助美国在打击亚洲和太平洋上的日本。早在 1942 年 8 月，美国和英国派出了哈里曼-比弗布鲁克联合代表团，出使莫斯科，为苏联提供战争援助清单。斯大林就主动对哈里曼提出，一旦欧洲战争结束以后，苏联将参与打日本的战争。1943 年 10 月 30 日，美、英、苏三国外长的莫斯科会议上，斯大林再次对美国国务卿赫尔说，在打败德国以后，俄国将参加对日作战。11 月 28 日，德黑兰第一次会议上，当罗斯福介绍了太平洋战争的形势以后，斯大林对罗斯福、丘吉尔再次表明这一态度。他说，苏联政府欢迎美英对日作战的一切胜利。他说，至今为止，苏联军队无法参加对日作战是由于被德国人缠得很紧。他解释说，俄国在西伯利亚的军队足以应付防御的需要，但他们必须在增加三倍之后，才能有足够的力量去对日本发起陆上的进攻。他进一步说，在德国最后被击败时，必要的俄国增援部队就有可能调往西伯利亚东部，那时候，他说："我们就可以联成统一战线来打击日本。"（舍伍德：《罗斯福与霍布金斯——二次大战时期白宫实录》，商务印书馆，1980 年，第 425 页）1945 年 2 月 11 日，雅尔塔会议上，美、苏、英三国的《雅尔塔协定》则进一步明确，"在德国投降即欧洲战争结束后的两个月或三个月内苏联将参加同盟国方面对日本作战"。也就是这个协定，美英出卖了中国。不过那是另外一个问题，我们将在适当的机会再做阐述。（汤因比主编：《第二次世界大战全史》第 5 册，上海译文出版社，2015 年，第 425-426，426 脚注①，446,686 页）

现在的历史学家都脱离具体的历史条件来撰写波茨坦会以，其实，波茨坦会议就是在美国的军事领袖的建议下，为了督促斯大林执行雅尔塔会议协定，希望苏联红军按时出兵才召开的。因为马歇尔告诉杜鲁门总统，"在日本本土使日本投降，估计要牺牲五十万美国人的生命"。（《杜鲁门回忆录》上册，第 381 页）要知道，原子弹在那个时候还未制造出来，究竟有多大的威力都还是未知数。而按照军事计划，美军要在 11 月 1 日登陆日本本土。所以，在参谋长联席会议中，马歇尔"督促使苏联参加战争，认为这对结束战争具有重要的作用"。（《马歇尔》，第 623 页）为此，刚上位担任总统的杜鲁门派遣罗斯福的密友，与斯大林有着友好关系的霍普金斯为特使，到莫斯科与斯大林先行商定。霍普金斯在莫斯科向杜鲁门报告第三次见到斯大林的收获："苏联军队将于 8 月 8 日在满洲各个据点部署妥当……"

（《杜鲁门回忆录》上册，第 205 页）为什么要选定这一天？因为盟军对德国战争的结束有两个时间点，一个是 1945 年 5 月 7 日西线的德军对美英联军投降，一个是 5 月 9 日东线的德军向苏军投降。（《艾森豪威尔回忆录》第一册，东方出版社，2007 年，第 489、490 页）所以，对于苏联红军来说，8 月 8 日，是打败德国后整整 3 个月。所以，苏联出兵时兑现从 1942 年就开始做出的承诺，当然不该理解是"摘桃子"。

其实，苏联红军出兵歼灭关东军，履行承担盟军的责任和义务，并非是个案。人们都知道苏德战争爆发后，斯大林就一直盼望英美在西线开辟第二战场，以减轻苏联卫国战争的压力。但是，人们却不太懂得，自从德国侵犯苏联以后，欧洲的主战场几乎一直是苏德战争，苏联红军承担着抵抗德军的主力军的作用。关于这一点，就连二战以后一直持反苏反共立场的哈里曼也不否认。二战期间，埃夫里尔·哈里曼担任美国住苏大使。他在后来的回忆中说，当 1944 年 6 月美英联军在诺曼底登陆的时候，德军在东线与苏联交战的有 200 个师，另外还有由仆从国家组成的 50 个师。西线的登陆计划是建立在这样的前提下，即如果德国在西线的机动部队超过 30 个机动师，那么登录的计划就是不可能的。所以，苏联配合西线的登陆战役，很快发起全线攻势。哈里曼说："因此，德国即使是从东线调很少几个师到西线，其结果对我们也将是灾难性的。"（《哈里曼回忆录》，第 32 页）

遗憾地是，不仅苏联与斯大林对二战的贡献几乎被抹煞，就连战争期间三大国之间所结成的战斗友谊也在很快形成的冷战意识形态中抹去了。

1945 年 2 月雅尔塔第一次会议上，苏军与美军的军事将领分别向三巨头介绍了东线和西线的战争形势，斯大林插话说，红军在波兰有 180 个师对付德军 80 个师。苏联炮兵占有压倒优势，对比是 4：1。苏联在突破口地段有 9000 辆坦克，在一条比较狭窄的战线上有 9000 架飞机。斯大林讲话结束的时候询问盟国，还希望苏联红军做些什么？丘吉尔则代表英美两国感谢苏联发动的攻势。斯大林则略有不快地说："目前的攻势不是根据盟国的要求发动的。"斯大林强调说，苏联在德黑兰会议上，并没有承担任何发动一次冬季攻势的义务。"我们之所以提及此事，仅仅是为了说明，苏联领导人不仅在实现他们正式承担的义务，而且，不止于此，还根据自己认为对盟国应该承担的道义责任来行事。"（约翰·托兰：《最后一百天》，新华出版社，1984 年，第 73-74 页）

二战期间苏联不仅相当好地履行了自己的军事义务，而且还勇于承担道义责任，为美国政府中直接与其打交道的人，譬如霍普金斯、史汀生、马歇尔、艾森豪威尔等等，留下了相当好的印象，以至哈里曼也对杜鲁门总统，以及美国政府和军方的许多领袖人物说："苏联遵守了军事上的重大协议，决议中所规定的它都做到了，这是真的"。陆军部长史汀生说："在重大军事问题上，苏联政府是守信用的，美国的军事当局在这一点上已经习惯于信赖他们了。事实上，他们所做的往往比他们所保证的还好。"（《杜鲁门回忆录》上册，第 86、84 页）所以，战争期间苏联和斯大林的所作所为，应该为战后美、苏、英三国的合作与和平相处，打下了一个相当扎实的基础。有关这一点，即使是在冷战爆发以后很久的日子里，哈里曼还是极为认可的。他说：

> 从政治角度出发，罗斯福和丘吉尔当时就考虑到，我们应当利用战时的那种亲密友谊来为战后世界发展一种同斯大林的关系。罗斯福认为这个共产主义专政是不合情理的，严格的控制也是不能持久的。他自己是个信奉宗教的人，他也不相信俄国人民会对无神论哲学感到满足。他不相信克里姆林宫能永远控制人们的思想，俄国人民也不会无限期地接受那种全面控制。所以，他觉得，我们能够做到为期数年的一段共同合作，到时候我们就会发现双方已更为接近，而以前那种巨大分歧就会缩小。（《哈里曼回忆录》，第 33 页）

哈里曼的这段话还不是产生于苏联解体和冷战结束以后，而是

1969 年，那是冷战最为激烈的年代。在更早的时刻，雅尔塔会议以后不久，杜鲁门总统最亲密的谋士霍普金斯也说过：

> 我们确实在我们思想中相信，这是我们大家多年来祈求和谈论的新的一日的曙光。我们完全肯定我们已经赢得和平的第一个回合的伟大胜利——而且，这里"我们"，我指的是我们**所有的人**，整个文明的人类。俄国人已经证明，他们可以是通情达理和有远见的，总统的和我们任何人的脑子里都完全没有疑问，在我们所能想象的未来的年月里，我们是能够同他们一起生活而且和平共处的。（舍伍德：《罗斯福与霍普金斯——二次大战时期白宫实录》下册，商务印书馆，1980 年，第 530 页。引文中的着重号，是原文就有的）

哈里曼和霍普金斯都是二战期间与三大国巨头经常接触的当事人，他们所理解的罗斯福与丘吉尔所设想与斯大林的苏联的战后和平相处，是可信的。在德黑兰会议上，罗斯福在酒会上有一段破富有诗意的讲话。他说：

> 今晚在这里的讨论体现了我们政治的多彩性。一想到这儿我就想到了彩虹。在我们国家，彩虹是好运和希望的象征。它五彩斑斓，每一种色彩又各具特色，合在一起形成一个辉煌的整体。

> 我们的国家也是这样。我们各有自己的风俗习惯、哲学和生活方式。我们各自按照各自国家人民的愿望和主张制定办事的方针。

> 但是，在德黑兰这里，我们证明了，我们这些国家不同的理想可以汇聚成一个和谐的整体，团结一致地向着我们自己和世界共同的美好前景迈进……（詹姆士·麦格雷戈·伯恩斯：《罗斯福》，商务印书馆，2015 年，第 465-466 页）

　　早在我们研究战后东亚问题的最初的几篇文章里，已经引用了雅尔塔会议期间，罗斯福、丘吉尔和斯大林三人在酒会上的祝词。雅尔塔会议期间，丘吉尔一再向斯大林表达了他的善意，他说："一切都要以三大国团结为基础。否则，世界会遭到难以估量的灾难。"（《最后一百天》，第 77 页）都证明了三个国家在战争中所凝结的情谊。

　　当然上面较多地叙述了罗斯福和丘吉尔有着与斯大林交往的愿望。其实哈里曼还向人们叙述了斯大林和苏联人民对罗斯福的感情。当罗斯福逝世的消息传到莫斯科的时候，"俄国人和美国人同样都受到极大的震动。莫洛托夫立即前来斯帕索大厦（美国大使馆）见我，表达斯大林和苏联政府的哀悼。他对于这一关系重大的不幸事件流露出一种惶惶不安的神色。他表示斯大林希望见我，并安排我第二天去会见他。我见到斯大林时，看起来他十分震惊，我从未见过他如此不安过。他抓住我的手有好半天。他问及杜鲁门总统……"斯大林表明："罗斯福总统虽已去世，但他的事业一定要存在下去。我们将以我们的力量和全部一致来支持杜鲁门总统。"他要哈里曼回到华盛顿时，把这点告诉杜鲁门总统。（《哈里曼回忆录》，第 41 页）第二次世界大战是人类历史上最残酷的一场战争，作为主要参战国家的政府首领，相互之间有分歧、有误解、有摩擦，甚至有争吵、有冲突，但他们是在生死存亡的关头所结成的有意，那才是生死之交的情谊。如果连这也不相信，那么，世界上就再也没有可以称之为友谊的了。

　　美苏之间的情谊不仅停留在国家首脑的层面上，而且也由国家首脑和军事将领们，以及人民之间的友谊。早在战争初期，斯大林就提出开辟第二战场，要英美从法国北部对德国实行打击，以减轻东部苏德战场的压力。斯大林的这一提议从一开始就得到以马歇尔为代表的美国军方和美国总统罗斯福赞同。虽然因为丘吉尔的认识分歧而被一再拖延下来，但是，斯大林深知马歇尔是站在他的这一立场上的。波茨坦会议上，斯大林就对着宴会桌子对面的马歇尔说："这是一位我钦佩的人。他是一位优秀的将军。我们苏联军队中也有优秀的将军。但是你们美国也有。只是我们的将军仍然缺乏教养，而且他们的风度欠佳。"(《马歇尔》，第 626 页）斯大林的这段话，反映出一个大国首脑建军事战略家对有军中另外一位军事战略家的欣赏和赞誉。而作为一位运筹全球军事战略家的马歇尔，当然会时刻关注东线苏德战场的形势。特别是德国发动闪击战初期，美国军方曾经判断苏联最多可以支撑半年的时间。没有想到经过一年多的艰难支撑，苏军完全依靠自己的力量，已经改变了战场上的被动局面。马歇尔对斯大林的认识，应该是一位军人从纯军事战略的眼光所得到的认识。关于马歇尔对苏联和斯大林的深厚感情，我们后面还要述及。

这里有必要谈及斯大林对艾森豪威尔的一次接待。1945 年 5 月上旬，德军投降以后，6 月初，斯大林就向西线的盟军最高统帅艾森豪威尔发出访问苏联的邀请。因为与陆军部命令艾森豪威尔回美国的行程发生冲突，这次邀请未能成行。8 月上旬，斯大林再次向美国提出邀请。艾森豪威尔在苏联受到比国家元首还要隆重而热烈的接待。访问期间，当艾森豪威尔与朱可夫元帅共同出现在足球赛场上的时候，观众的欢呼声"响彻云霄"。(《哈里曼回忆录》，第 62 页）在短暂的几天访问中，包括驻美大使都是由于沾上这位军事领袖的光，才有机会一起与斯大林站在列宁墓上，观看了莫斯科广场上的体育表演。也是同样的原因，美国大使馆的 5、60 个工作人员，——那几乎是驻美大使的全部人员，也都跟着艾森豪威尔一起参观了克里姆林宫博物馆里沙皇积蓄的珍宝。(《艾森豪威尔传》第一册，第 527-533 页）

战后美国人民对苏联的友好气氛也都相当浓厚而广泛。前面我们曾经介绍过罗斯福内阁中的商务部长华莱士。据杜鲁门说，1946 年 3 月，华莱士再次给杜鲁门写了一份"备忘录"，以表明他的对俄友好的"新态度"。在该备忘录里，华莱士要求用"更好的条件来改善同苏联的关系"。(《杜鲁门回忆录》上册，第 556 页）杜鲁门担任总统以后，1945 年 4 月，哈里曼回国述职的时候，在一次会议说："我们的目标和克里姆林宫的目标是不可调和的；他们想要使全世界共产主义化，而我们想要的是一个自由世界。……我们必须找出一些调整我们之间分歧的办法"。有人听了"如此震惊，立即起身就走了"。有几家报纸批评说，哈里曼对"大家公认的""我们好样的朋友"，居然如此不友好。有一些报纸甚至建议说，应该把哈里曼"从大使岗位上召回去"。（《哈里曼回忆录》，第 44 页）

历史学家和政治学家往往把冷战的根源归结到苏联和斯大林身上，是非常不符合事实的。

罗斯福和丘吉尔是通过战争期间的合作对苏联和斯大林产生出好感，相信战后将可能产生友好合作的前景。而斯大林则是站在落后的俄罗斯立场上，通过战争直接感受和认识到了强大工业的作用，以及对美英高度发达的生产力的向往。早在 1942 年 8 月接待美英联合代表团的时候，斯大林就表达了这样的信念，即目前这种军事同盟应当发展成为一种条约，一种同盟，不仅适用于战时，而且适用于战后。（《罗斯福与霍普金斯》上册，第 526 页）第二年 12 月的德黑兰会议上，斯大林在酒会上提议为美国一个月生产 10000 架飞机干杯。他说："没有这些美国飞机，这仗早就打败了。"充分表达了斯大林对美国先进生产力的向往。从上个世纪 90 年代以来，我国的小康目标曾经把公路、通电，以及农村人口的吃水、厕所改造等改善居民的生活条件，当作扶贫攻坚的任务。二战以前，苏联人民的整体生活也还很落后。雅尔塔会议上，美国国务卿小爱德华·斯退丁纽斯就"动情地"对斯大林说："战争一旦结束后，我们在一起工作，苏联人的每一所房子里不久就一定会有电气和卫生设备。"（《最后一百天》，第141 页）所以，战后斯大林更具有与美国友好交往的愿望，因为他心存得到美国帮助的想法。艾森豪威尔访问苏联期间，就亲身感受到了斯大林对美国工业、科学、教育和社会方面的成就，具有极大的兴趣。他一再反复地对艾森豪威尔说，俄国必须继续成为美国的朋友。斯大林说：

> 我们在很多方面需要美国的帮助。我们的重大任务是提高俄国人民在战争中遭到严重破坏的生活水平。我们必

须学习你们在农业方面的一切科学成就。同样，我们需要你们的技术人员帮助我们解决工程和建设问题。我们还想更多地知道工厂进行大规模生产的方法。我们知道，在这些方面我们是落后的，也知道你们能够帮助我们。（《艾森豪威尔回忆录》第一册，敌 29 页）

斯大林作为列宁的继承者，他所接受的思想意识形态当然是列宁主义的共产主义。但是，正如我们在关于马克思的有关人类历史三阶段的理论所揭示的那样，人类正处在资本主义这一很长的社会形态的初期，资本主义产生以来的 600 年里，其最大的成就就是一系列民族国家的诞生。列宁斯大林自以为所从事的是共产主义事业。但是，"人类始终只能提出自己能够解决的任务，因为只要仔细考察就可以发现，任务本身，只有解决它的物质条件已经存在或者至少是在形成的过程中的时候，才会产生。"（马克思：《〈政治经济徐批判〉序言》，《马克思恩格斯选集》第二卷，人民出版社，1972 年，第 82 页）所以，作为生产力极为落后的俄罗斯国家的领导人，列宁和斯大林都只能解决资本主义在俄国的发展问题。如果说斯大林在战前就对俄国与西方的差距有所了解，那么，通过战争就对工业化国家的强大有了更为深刻的认识。学习美国的先进经验，发展生产力，无疑是斯大林为自己确立的战后首要任务。

有一件极细小的事情。战争期间，美国支援苏联的物资主要依靠两条极不正常的路线。一条是从美国经加拿大、阿拉斯加，再横穿西伯利亚，到达苏联的欧洲前线。一条是经过英国的控制区，从伊朗和土耳其输送到苏联。前一条路线主要是支援的飞机，苏联驾驶员在美国培训后驾着飞机，直接上了前线。后一条路线是包括大炮、坦克、汽车、火车头、钢材等军火，以及其他战略和生活物资，这是一条用商货船经过大西洋绕好望角，转到印度洋、阿拉伯海、波斯湾再到伊朗。所以，苏联从美国得到的物资主要用商货船运载，而苏联是一个辽阔的大陆国家，商船是它的短板。战时的运输都是靠美国来完成，和平时期发展经济怎么办？所以，德黑兰会议上，罗斯福说，战争结束的时候，英美的商船队将大大超过两国可能需要的数量，它们可以拨给苏联使用。（《罗斯福与霍普金斯》下册，第 422 页）雅尔塔会议上，斯大林还记着这个问题。罗斯福爽快地承诺说，可以争取国会授权由苏联以无息贷款的方式来购买货船。（《马歇尔》，第 587 页）可见，既然斯大林怀有与美国发展经济的强烈愿望，当然就不会有与美国为敌的动机和想法。

事实上，因为战后人们越来越想当然地用冷战理论与思维解构历史，并不在乎真实的历史事实。如果稍加注意就不难发现，在战后杜鲁门主导的美苏摩擦中，斯大林有许多次都处在被动地应付中。更有甚者，还有许多次，斯大林都是主动或者被动地采取缓和的方式，表明他并不想得罪美国。

那么，为什么美苏走到了冷战与对抗的道路上？

在历史学家的眼里，波兰是美、英与苏联关系中一个反复提起的重要问题，有不少的历史学家甚至认为它是冷战发生的起点与焦点问题。事实上恰好相反。有如罗斯福总统在雅尔塔会议上所说："五百多年来波兰一直是造成麻烦的根源。"（《丘吉尔回忆录》第六卷，南方出版社，2003 年，第 333 页）所以，就问题的实质来说，波兰问题是波兰民族自己的发展所具有的问题，是波兰与包括俄罗斯和德国在内的中欧、东欧各民族在走向资本主义现时代的过程中的矛盾、纠纷与历史的纠缠，而不属于美、英与苏联三大国之间的具有本质性、必然性的原则或问题。至少，美英两国与苏联在波兰问题上的分歧与纠纷，都是属于派生性的问题。可能是资本主义发展已经达到了应有的阶段，在有关波兰的独立、领土与主权等原则问题上，美英两国和苏联之间反而没有矛盾，没有分歧。所以，我们仔细阅读历史，就不难发现，在很大程度上，美国和英国在波兰问题上最终都能够向苏联妥协，附和斯大林的意见。——这最为重要的方面，却不为历史学家所重视。

即使只是讲版图，历史上的波兰与现在也还是有很大区别的。波兰人属于早期西斯拉夫人中的一支，是欧洲最古老的民族之一。在 10 至 11 世纪，其强大的祖先即在维斯瓦河流域和奥得河流域建立了最初的国家组织。自此以后，古波兰族人在欧洲中部不断扩张自己的势力范围，至 17 世纪已经是一个西部与现在的德国毗邻，东部与现在的俄罗斯接壤，北部到波罗的海，南部与奥斯曼帝国的靠近黑海部分相邻，成为欧洲中部最大的一个国家，是欧洲各古老民族中疆域最为辽阔的文明国家之一。在那个时代里，现在的波兰与俄罗斯之间的乌克兰、白俄罗斯、立陶宛等国家，都还是波兰王国的一部分。由于波兰处于中世纪欧洲经济文化的中心地带，天主教和罗马教皇的长期统治对波兰民族的发展影响至深。这也是从 12 世纪到 19 世纪波兰的自然科学与人文学科辉煌，科学家、艺术家辈出的重要原因。不过，当波兰人的祖先在早年征战扩张，将中欧其他民族强行置于其统治之下的时候，也为后代子孙的悲惨命运埋下了祸根。波兰人的长期统治并没有同化其治下的乌克兰人、白俄罗斯人、亚美尼亚人、立陶宛人、日尔曼人、犹太人、马祖里人等诸多少数民族，也没有平息他们所信奉的罗马天主教与其他各民族的希腊天主教、犹太教、路德新教、东正教，以及其他基督教和其他宗教信仰的对立与纷争。所以，波兰王国治下所包含的复杂的民族成分与宗教文化，才是孕育该民族从 17 世纪至 20 世纪约 300 年苦难命运的历史根源。这是一个方面。

另一方面，当资本主义从中世纪欧洲的经济社会中孕育形成的时候，由于欧洲特殊的自然地理条件，决定了早期历史形成的波兰王国有如浴火新生中的凤凰一样，注定要在其发展资本主义时期经受磨难。在资本主义萌芽与发展的早期阶段，它处在波罗的海强国瑞典，以及中欧普鲁士、奥地利和东欧俄罗斯等几个强大王国的包围中。从 17 世纪至 18 世纪，波兰曾四次被这几个强国兼并（每次都有俄罗斯）。1795 年最后一次被瓜分以后，波兰即已被吞噬和湮灭，在欧洲的版图上它已不再存在，不再是一个国家了。

但是，波兰民族是一个由中世纪欧洲丰厚文化养料哺育成长的伟大民族，其文化底蕴而致使该民族极具有凝聚力，顽强的毅力和强大的战斗力。自从被瓜分欺凌，甚至于亡国以后，该民族不仅为争取自身的独立斗争从未停止过，而且作为欧洲最富有革命精神的民族，为欧美革命做出了许多不可磨灭的贡献：波兰在美国独立中留下了自己的鲜血；它的几个军团曾经在法兰西第一共和国的旗帜下战斗过；1830 年它用自己的革命防止了参加瓜分波兰的国家当时已经决定了的对法国的入侵；1846 年在克拉科夫，波兰第一个在欧洲打起了社会革命的旗帜；1848 年波兰的子弟杰出地参加了匈牙利、德国和意大利的革命战斗；1871 年，它给巴黎公社提供了优秀的将军和最英勇的士兵。（恩格斯：《支持波兰》，《马克思恩格斯全集》第 18 卷，人民出版社，1964 年，第 631 页）其中著名的有组建军团，踊跃参加美国独立战争。法国大革命中，它又是"革命法国的前卫"（恩格斯语）。1875 年 1 月 23 日，马克思在 1863 年 1 月 22 日波兰起义 14 周年纪念会上，高度评价了波兰民族的解放斗争。他说："这个民族对奴役他们的人进行了不断的英勇斗争，从而证明了它具有民族独立和民族自决的历史权利。"（《马克思恩格斯全集》第 18 卷，第 630 页）这是马克思有关民族自决原则的最早的明确表达。

波兰民族总是受到大国的欺凌，但他们又总是把复国与复兴的希望寄托在大国，特别是大国的皇帝的身上。1807 年 6 月 14 日的弗里德兰德战役最终确立了法国的优势，拿破仑欣赏能打仗的波兰人，遂以大部分普鲁士瓜分的波兰国土为主划转成"华沙公国"。1809 年 10 月，法奥战争中波兰军团表现出色，拿破仑又从奥地利瓜分波兰国土中的一半扩充华沙公国。至此，虽然华沙公国只有原来波兰王国的 1/5 国土和 30%的人口，但它终于复国了。但是，"波兰人的不幸在于，最终推翻拿破仑的大陆势力碰巧与曾经瓜分波兰的国家是相同的。"（耶日·卢克瓦斯基等：《波兰史》，中国出版集团东方出版中心，2011 年，第 147 页）拿破仑失败以后，波兰的命运似乎可以由包括英国在内的几个大国共同决定的时候，实际上却仍然操控在俄罗斯人的手里。拿破仑没能占有莫斯科，但他的溃逃部队却一路引领亚历山大一世的俄罗斯大军进驻了巴黎。因为俄国皇帝在反拿破仑战争中的地位与作用，特别是由于华沙公国全都在沙皇的军事占领之下。所以，维也纳会议只能接受亚历山大一世的方案。19 世纪至 20 世纪第一次世界大战，期间几乎一个世纪，波兰继续挣扎在俄罗斯沙皇的铁蹄之下。

十月革命以后，布尔什维克取得政权。沙皇不再存在了。按照列宁的一向主张，红色政权本来也都承认波兰民族的独立。但是，波兰与苏联两国之间在 1920 年前后和 1939 年，仍然发生了两次战争。新成立的共产主义苏维埃与波兰之间的纠纷和战争，如此之明显地反映了波兰与俄罗斯两个民族在资本主义较低阶段中的纠缠，表明它们仅只是民族尚不充分发展的表现，而与社会制度、与意识形态，都没有多大的关联。一方面，列宁在十月革命前后坚持民族自决原则，苏维埃俄国在 1918 年承认波兰民族的自决与独立。另一方面，因为早在参战前的威尔逊总统的"十四点计划"中也有波兰民族自决主张，所以在以美国为主导的巴黎和会中也规划了一个独立的波兰。但是，波兰人并不完全满足凡尔赛公约给它划定的边界。波兰人在战后 1919 年至 1920 年，在西部依靠协约国的力量从德国人手里得到了超过凡尔赛和约所给予的靠近奥得河的大片土地，东部则通过战争从脆弱的苏维埃手里夺得了比协约国所提出的寇松线还要多的土地。主流的历史学家没有从民族国家的发展与演化规律方面探讨战争的起因，既不理解斯大林怎么能与希特勒联手瓜分波兰，也不明白罗斯福和丘吉尔如何会对斯大林"妥协"而事实上承认斯大林与希特勒密约中的波兰土地。这是以毕苏茨基为代表的波兰极端民族主义利用第一次世界大战后东、西两边的强国恰好同时处于弱势的时候，强行夺得了本不该属于它的东西，从而为自己埋下的祸根。——首先是德国人认为凡尔赛和约是对德意志民族的不公，其次是苏联人认为波兰强行割取了乌克兰和白俄罗斯的大片土地。

这是 1939 年 8 月 23 日德苏两国签署秘密协定，共同瓜分波兰的历史渊源与政治前提。9 月 1 日，德国武装进攻波兰，占领波兰西部。9 月 17 日，苏军越过西部边界，占领了寇松线以东的波兰领土。第一次世界大战后的波兰独立，有如梦幻闪现一般，得而复失。1941年 6 月 22 日，德国穿过波兰走廊进犯苏联。战争后期，苏联红军从莫斯科城下开始，把战场不断向西推进，依旧穿过波兰，把苏维埃的旗帜插到柏林帝国大厦的屋顶上。苏联红军几乎解放了东欧所有的国家，波兰又被置于俄罗斯的占领之下。

美、英和苏联在波兰问题上的争议，就是在这样的背景下发生的。

美国之所以关注波兰问题，按照罗斯福在 1943 年德黑兰会议上给斯大林交底，是因为美国有六七百万波兰人（根据丘吉尔的回忆录，雅尔塔会议上，罗斯福又是说五六百万）。当时的西部战场还未开辟，东方战线处在苏军与德军相持的阶段，战争还未推进到波兰境内，战场几乎完全在苏联的国土上进行。罗斯福十分坦率地对斯大林说，尽管 1944 年他不想竞选了，但因为大战还在进行，他也许非竞选不可。罗斯福说，实事求是地讲，他是不愿意失去他们的选票。不过，罗斯福所提的波兰问题却对斯大林没有多大的难度。罗斯福说，他同意斯大林元帅的意见，即应该恢复波兰国家，但是他愿意看到它的东部边界能向西边移一移，西部边界能移到奥得河。（《罗斯福》，第 467 页）雅尔塔会议期间，波兰已经处于苏联红军的占领下，罗斯福说，美国的波兰人大多都赞同寇松线，但他们希望得到东普鲁士和德国的一部分。另外再从其他地方得到一些东西作为补偿。这等于肯定战前斯大林从波兰拿走的那一部分。罗斯福还说，美国的一半舆论是反对承认卢布林政府，因为它只代表波兰和波兰民族的一小部分。（《第二次世界大战回忆录》第六卷，第 330 页）

英国政府有关波兰问题似乎要比美国沉重些。一战后的独立的波兰，是以英、法和美国为首的国家提出来的，但是，威尔逊有关参加国联以及凡尔赛和约等文件，都没有得到国会的批准。所以，波兰在两次世界大战期间，被夹在日益复苏强大的德国和苏联之间求生存，是把希望寄托在英法两个大国的保护下。而且，英法似乎也一直给波兰传递这样的希望。大战前夕，8月23日，英国和波兰还签订了一份协定，承诺保护波兰。不过，希特勒发动侵略波兰的战争，是以判断英法不会做出过度反应为前提的。谁知英法两国几乎是在第一时间发出声明，把德国入侵波兰当作是对自己的侵犯，遂向德国宣战。波兰被德国和苏联瓜分以后，逃亡到法国的波兰人，"依照总统的委托"组织了得到英法等国家承认的合法政府。法国失陷前夕，流亡政府辗转迁徙到英国。二战期间，流亡政府作为波兰民族的旗帜，参加同盟国家的活动，领导者国内的抵抗力量，并动员逃亡至国外的波兰人、移居到海外的波兰人的后裔，组织波兰军团，积极参加了抗击德国法西斯的战争。雅尔塔会议期间，在意大利和西线，仍有15万以上的波兰军人。（《第二次世界大战回忆录》第六卷，第330页）

如果说作为自然地理的波兰土地上的民族问题是历史地形成的，那么，美、英、苏之间的分歧则因为战争而使得波兰的问题更为复杂了。二战期间，波兰人被撕裂为3个部分，分别依附于德国、英美和苏联，即得到英美等西方国家承认的流亡政府，它是战时分散在世界各地的波兰人的旗帜，领导了波兰人的公开抗战，其中包括与英美联军共同作战的10多万波兰军人，以及在德军占领下坚持秘密抗战的力量。第二部分是跟随苏联的波兰人，随着德军全部占领波兰，他们到了苏联，也以各种方式参加了抗击德军的斗争。由于苏联瓜分波兰后立即采取行政措施，把原来波兰领土乌克兰和白俄罗斯化，再加上本来这一部分区域面积并不大，所以，战争前期跑到苏联的波兰人数不算多。但是，当1944年7月，苏联红军跨入波兰境内以后，特别是解放了波兰，并在波兰建立了波兰的政权以后，跟随苏联的人越来越多起来了。当苏联红军穿过波兰走廊进入德国的时候，配合红军主力的波兰军团人数比西线的波兰人多多了。第三部分是德军占领期间跟随德国的那部分人，随着苏联红军解放波兰和纳粹德国的灭亡，这部分人自然不具有诉求的权利了。但是，从1944年苏联红军反攻进入到波兰的时候开始，俄罗斯与波兰民族的问题又提出来了。

但是，如果客观地研究斯大林，就会发现，他与罗斯福、丘吉尔在有关民族国家的主要问题上，还是一致的。这是波兰问题本来可以解决得好的现实及认识论基础。波兰曾经属于被沙皇俄国统治的民族。但是，按照列宁的民族自决原则，波兰和芬兰是比俄罗斯更为先进的民族，它们会比较早地从俄罗斯的统治下分离出去。斯大林是在列宁的指导下比较早地学习与研究马克思民族理论的布尔什维克领袖。十月革命后，列宁任命斯大林担任民族事务委员会主席。斯大林还真的是懂得民族问题的。

1919 年 3 月至 1920 年 10 月，按照协约国凡尔赛和约获得独立的波兰在其国家领导人约塞夫·毕苏茨基的波兰民族主义和十月革命后获得政权的苏联布尔什维克中的民族主义者之间，曾经发生过剧烈的争夺领土的战争。这是两个民族之间的沙文主义战争。毕苏茨基是当时波兰的民族英雄，他在一战中因为拒绝宣誓效忠轴心国而被德国人关进监狱。但是，支配他的头脑是恢复中世纪晚期波兰-立陶宛联邦的辽阔疆域的"亚盖洛理念"，那可是包括了立陶宛、白俄罗斯、乌克兰等庞大的大波兰。苏联共产党政治局里以加米涅夫和托洛茨基等人非俄罗斯裔布尔什维克，是一批列宁所说的"俄罗斯化的一组人"，他们"在表现真正俄罗斯人的情绪方面总是做得过火"，（列宁：《关于民族"自治化"问题》，《列宁全集》中文版第二版第43 卷，人民出版社，1987 年，第 351 页）所以，他们的头脑中是沙皇统治时期的"大俄罗斯主义"，是国土面积涵盖了欧洲心脏华沙在内的大俄罗斯。这样，新复国的仍然脆弱的波兰共和国与同样还很脆弱的苏维埃共和国之间展开了一段拉锯战。1920 年 3 月，波兰的东部边界，一度扩展到包括首府基辅在内的乌克兰和首府明克斯在内的白俄罗斯的大片土地。苏联红军根据总司令加米涅夫的命令，将战线向西部推进，一度也兵临城下，靠近了波兰的首都华沙。

在这次斗争中，斯大林作为苏维埃军事委员会委员，1920 年 5 月 26 日，苏波战争最为危险的时刻，被派往西南前线任军事委员，指挥对波兰的战争。我们且不介绍在斯大林的指挥下一度扭转了前线的被动局面，而主要叙述从《斯大林全集》所搜集的这一时期的几篇文章中所发现的斯大林有关波兰问题的主要观点。斯大林认为，军事斗争的胜利是建立在本民族的雄厚基础上的，因为"世界上任何一支军队没有稳固的后方就不能获得胜利"。（斯大林：《协约国对俄国的新进攻》，《斯大林全集》第四卷，人民出版社，1956 年，第 286 页）斯大林说：

> 波兰军队的后方是单纯的，民族方面是团结的。因此，它的后方是统一的和坚固的。后方居民的普遍情绪——'祖国情感'通过很多条线传到波兰前线，在部队中造成了民族的团结和坚定精神。因此，波兰军队是坚强的。……如果波兰军队是在波兰本土活动，和它们作战无疑是困难的。

> 但是，波兰不愿局限在自己的地域内，他把军队向前推进，征服了立陶宛和白俄罗斯，侵入俄罗斯和乌克兰的腹地。这种情况根本改变了局势，对波兰军队的稳固性是大大不利的。

> 波兰军队越出波兰境界，深入和波兰毗邻的地域，这样就远离本国的后方，削弱了同后方的联系，陷入异族的而且大部分是敌视他们的居民中间。更糟糕的是，这种敌视日益加深，因为和波兰毗邻的地域（白俄罗斯、立陶宛、俄罗斯、乌克兰）的绝大多数居民是受波兰地主压迫的非波兰农民，这些农民把波兰军队的进攻看做波兰地主夺取政权的战争，看做反对被压迫的非波兰农民的战争。其实这也就说明，为什么苏维埃军队的'打倒波兰地主！'的口号在上述地域的大多数居民中得到了强烈的反应，为什么这些地域的农民把苏维埃军队看做是是他们摆脱地主束缚的解放者，为什么他们等待苏维埃军队的到来，并且一有适当机会就举行起义，从后方打击波兰军队。（《斯大林全集》第四卷，第 287 页）

斯大林从军事斗争和民族后方的关系出发，反对中央政治局进攻华沙的计划。他说：

> 我们在反波兰战线上的胜利是无疑的。这些胜利将继续扩大也是无疑的。但是，如果认为波兰人基本上已经完结，我们今后只是'向华沙进军'，那就是不应有的骄矜了。（斯大林：《关于波兰战线的情况——和〈真理报〉记者的谈话》，《斯大林全集》第四卷，第 287 页）

斯大林的基本观点是，由于波兰军队深入到立陶宛、白俄罗斯、乌克兰和俄罗斯，所以，苏联反对波兰的战争一定会取得胜利。但是，如果像波兰军队深入到俄罗斯那样，苏联红军深入到波兰境内进行战争，那就是错误的。所以，斯大林反对进攻华沙的计划。必须说明的是，斯大林作为格鲁吉亚人，它其实也是列宁后来批评的"俄罗斯化的异族人"，也具有强烈的大俄罗斯沙文主义情节。但是，他毕竟有一个底线，那就是承认波兰的民族自治权。所谓民族自治权，列宁的话，就是分离权，被压迫被统治的民族从压迫和统治的状态里独立出来，得到与它原来母国平等的国家主权地位。上面引述他担任西南战区前线指挥以后，把正在激烈进行的战争放置在双方各自发生的前线部队和后方民族的支撑的基础上，表明他是把波苏战争当作两个民族国家间的战争对待的。马克思主义的历史学家也没有从民族主义理论分析那个时期的布尔什维克，其实这一批人那个时候是打着世界革命旗号的大俄罗斯主义者，所以，苏联红军的向西欧进军的计划，诸如 7 月 23 日加米涅夫以总司令的名义下达的攻占华沙的命令。8 月 2 日政治局决定把西方战线的所有部队和西南战线的大部分部队合并成一个进攻波兰中部的战线，（尤·瓦·叶梅利亚诺夫：《斯大林：未经修改的档案——通向权力之路》，凤凰传媒出版集团译林出版社，2006 年，第 360 页）布哈林在《真理报》宣传的将战争从华沙"延伸至伦敦和巴黎"，以及图哈切夫斯基将军在前线动员中说的"向西去吧！从白波兰的尸体躺在地上，让革命蔓延到全世界。进军维尔纽斯、明斯克、华沙"，"要在波兰的遗体上进军柏林！"

等等，其实都因为距离沙皇的时代还不远，是大俄罗斯民族的沙文主义思想在做崇，大俄罗斯民族的沙文主义情节在那一代知识分子身上表现得还相当的浓烈。

但是，斯大林在这一思潮中表现出了与绝大多数布尔什维克不一致的消极。还在8月初，开始作进攻华沙的准备工作的时候，斯大林即向列宁提出了休假的要求。8月14日，斯大林接到通知要它回莫斯科说明他与总司令之间摩擦的原因。9月1日，政治局满足了斯大林关于解除他西南战线革命军事委员会委员职务的请求。（《斯大林：未经修改的档案——通向权力之路》，第363页）8月，当苏联西南战线的红军逼近华沙的时候，"成千上万包括学者和男学生在内的志愿者根据新颜色结盟"。8月16日至18日，毕苏茨基实施了从南部对布尔什维克过度扩张的战线的大胆反攻，一举改变了战局。（《波兰史》，第220页）1921年3月18日，苏联逼迫与波兰签署了《里加和约》。依据该和约，波兰把它的东部边界推到寇松线以东的以乌克兰人和白俄罗斯人为多数的地区，从而为斯大林和希特勒在二战初期共同瓜分波兰埋下了祸根。

总结以上的情况，战后波兰问题并不是美、英与苏联分裂的决定性因素，相反，三大国的合作是以民族国家发展的现实为基础的。第一，美、英、苏三国都同意有一个"自由、民族和独立的"波兰。在这个基本问题上，三大国没有分歧。第二，虽然德黑兰会议和雅尔塔会议时的波兰问题所讨论的侧重点有所不同，但争吵的着重点并不在波兰人所看重的边界问题上，特别不是在波兰的东部即波兰与苏联的边界上。丘吉尔很早就同意了苏联的关于东部以寇松线为准的边界线。在雅尔塔会议结束以后的下院辩论会上，丘吉尔甚至体议员们回顾历史，指出1914年以前的沙皇俄国的边界线是在寇松线以西的两三百英里处，他还提请人们注意斯大林并不坚持苏联保有比亚韦斯托克省。所以，丘吉尔说，考虑到俄国人在解放波兰时所做出的牺牲和他们的部队驻在那里的事实，应该说俄国人对波兰的领土要求已经是非常有节制的了。（汤因比《第二次世界大战全史》第9册，第 228-229 页）丘吉尔甚至说："俄国既然在抗德卫国战争中受到许多苦难，并且在驱逐德寇解放波兰方面建立了伟大的功勋，他们的要求不是建立在武力而是建立在权利上的。"（丘吉尔《第二次世界大战回忆录》第六卷，第 321-322 页）而对于美国来说，尽管从宪法上来说，总统未必有权代表美国在有关确定疆界的条约上承担义务。（《第二次世界大战全史》第 9 册，第 227 页脚注⑤）但是，罗斯福还是明确表示不反对苏联在边界上的要求。很重要的一点是，罗斯福在国会上为他在雅尔塔会议站在苏联的立场做辩护说："俄国有权维护其西部边境的安全"。他还说，这条线移动的居民大部分不是波兰人。这一情况说明，大国对于民族发展与共处已经有一个共识，即民族主义是资本主义时代国际关系所遵循的一个主要原则问题。当然，如果按照战前的民族分布，也许波兰向东扩展到奥得河会把较高比例的日耳曼人划进来。但是，随着苏联红军的西进，苏联即将占领的德国领土上的德国人大都逃跑了。所以，战后波兰国土的划分虽然不符合波兰民族主义的意图，但它基本是符合当时的民族分布的实际状况的。这也是战后尽管波兰占领了奥得河东部的原德国领土，却没有发生大的民族纠纷与冲突的重要原因。

那么，战后初期英美和苏联围绕波兰问题的激烈争吵是如何发生的？随着我们研究问题的深入，后面还要做较为具体的交代。不过需要说明，历史学家与研究冷战的学者往往引用斯大林的一段话："这场战争不同于以往的战争：谁占领了地盘，谁就能把他的那套社会制度推行到他的军队所能达到的地方去。此外，别无他途。"（翻译文字略有不同的几本书：米洛凡·杰拉斯《同斯大林的谈话》，吉林人民出版社，1983 年，第 89 页；约翰·W. 梅森：《冷战》，上海译文出版社，2003 年，第 5 页；《马歇尔传》，第 606 页）认为英美与苏联的斗争是为了自由世界或共产主义制度及其意识形态，也是不正确的。冷战问题方面的专家诸如梅森把这段话当作斯大林对南斯拉夫共产党领导人杰拉斯的正式谈话，是斯大林发动冷战的理论基础。其实并非如此。确切点说，它源自于杰拉斯 1961 年的回忆。1945

年 4 月，铁托率领南斯拉夫政府代表团访问苏联。11 日，苏联和南斯拉夫签署了"友好互助和战后相互合作条约"。在此之后的某一天晚上，斯大林在他的别墅里举行了一次小型宴会，继续招待铁托等少数几位客人。根据杰拉斯的记述，斯大林就是在这次酒会上说的这段话。一方面，根据杰拉斯的记述，斯大林别墅里的宴会确切点说是酒会，往往从晚上九、十点钟开始，一直到第二天凌晨或者拂晓，主任和客人一边喝酒，一边聊天。尽管人们都把斯大林这一类大人物的所有言行都当作具有目的性的，但他作为一个人在长达许多个小时的饮酒过程中，也不好说所有的谈话都是预设性的、有目的、有计划地，而我宁可把他的酒会当作具有某种放松与排遣性的功能，难免海阔天空。另一方面，那时距离雅尔塔会议以后仅只有一个月，斯大林和丘吉尔、罗斯福的会见结束后不久，三巨头有合作，有分歧，即使斯大林在酒会上讲述了这段话，把它当作斯大林的有感而发，甚至说是经验总结，那还不是后来的人们所理解的斯大林对自己所建立的东欧社会主义国家阵营的经验总结，因为攻克柏林的战役还未打响，战争还在进行，苏联在它刚刚解放的那些东欧国家里还顾不上搞规划、搞建设，它要把解放的地方当作它的大后方，一切都要服务于前线。相反，两年前英美联军已经占领了意大利，英美两国政府在意大利的所作所为正好验证了这段话。所以，宁可说它是英美两国政府在意大利的经验总结。

1943 年 8 月，美英占领意大利以后，斯大林就曾希望在处理意大利问题上取得发言权。但是，丘吉尔的意大利计划中没有任何一部分可以让苏联人与英美官员平起平坐。一个潜在的原则是，"英美军队赢得了这场胜利。英国和美国相应地享有优先权"。后来，虽然在苏联和法国的要求下，英美为意大利设立了一个吸收苏联和法国参加的"咨询委员会"，但却把它设置在远离意大利的阿尔及尔。事实上，英美有关意大利的实际占领政策都与咨询委员会没有关系。再后来，经过苏联和法国的争取，英美又给了两个国家以"观察员"身份参加管制委员会的权利，其行政权仍然牢牢掌握在英国人和美国人的手中。所以，早在上个世纪 50 年代初，就有历史学家尖锐地指出：

> 这样最终搞出来的盟国管制意大利的形式一直延续到战争结束。它的重要性不仅在意大利本身，而且在它成了东欧其他前敌对国停战政权的榜样。西方国家在意大利事务中只让俄国名义上参加，其他都排除在外，这样他们便作茧自缚，今后在东欧事务中除了沾一点边以外，什么都管不着了。（《第二次世界大战全史》第 5 册，第 395 页）

所以，说斯大林在波兰和其他东欧国家推行共产主义当作是英美与苏联决裂，爆发冷战的原因，是不正确的。

6. 《1947 年国家安全法》

把美国合法地送进历史弯道

读者都熟悉苏东坡的一句诗，"不识庐山真面目，只缘身在此山中"。现在人们行走在历史的弯道里，已经见怪不怪。战争之后是和平，这是人类社会历经数万年甚或是数十万年的传统、常识。二战期间，同盟国家（确切点说是叫做联合国家，是现在的联合国的雏形）在美、英、苏三大国为首的带领下与德意日法西斯联合作战，结下了深厚的友谊，为战后世界各国建立以联合国家为基础的国际组织以及和平发展奠定了良好的条件。所以，战后本该是和平。但是，结果却出现了在美国带领下各个大国穷兵黩武，动费万计，走向军备竞赛的不归之路。这就是我所说的历史弯道。

为什么要这样讲？读者需要了解，在现代国家里，常备军当然是国家的重要组成部分，属于国家暴力机器或工具，但它不是国家的权力机构过机关，不是政府的组成单位。在宪政理论里，政府受人民的委托执行公共事务，而常备军纯粹是在工具的层面出现的。譬如在美国宪法里，美国军方不是政府的构成部分，从而在立法、行政和司法这三个分支的政府构成中是没有位置的。但是，依据 1947 年美国安全法，美国政府则建立了一个主要包括了军事部门在内的，由总统为主席的国家安全委员会；设置一个参加总统内阁的国家军事机构（1949 年修订法以后称之为国防部），该机构包括陆军部、海军部和空军部，协助总统统辖全国所有武装部队；常设一个只是在战时曾经存在过的，直属总统和防务首长（即后来的国防部长）领导的参谋长联席会议；重整战时曾经存在过的情报组织，整合政府与各军事部门的情报机构，建立一个直属总统领导的，后来被称之为中央情报局的准军事性质的情报机构。

美国政府把军方带入到政府组成机构里，给予了军方参与执政的权力，从而改变了美国自以为豪的民治国家的性质。美国的这一改变对它自己以及世界发展所带来的改变，将放在以后分析。现在，我们且把美国《1947 年国家安全法》所设置的几个机构做一些介绍。需要说明的是，我们没有按照 1947 年 7 月 26 日通过的《美国国家安全法》的顺序，因为它不符合法学逻辑。譬如它一开始就是国家安全委员会，而根据这个法所参加该的国家安全委员会的国家军事机构和情报机构却都还没有产生。另一方面，按照该法案的逻辑，似乎以总统为主席的安全委员会是该法案最为重要的设置，其实并不是这样。该法案最重要的问题是扩充设置了以国家军事机构（国防部）为主的几个军事或准军事机构，国家军事机构进入国家权力中枢并通过立法形式赋予其在权力结构中以较高的地位，这才是问题的核心所在。另外，由于按照本法案的设置，军事武装系统参与国家权力，从而改变了传统的国家权力结构和性质，这才有了新的含义的国家安全问题，以及由此产生的以总统为主席的国家安全委员会这一美国行政分支的政府中最为重要的政治设施。所以，改变与调整传统的军事组织，把军事机构导入到国家权力中枢，从而改变军事机构和国家职能，这才是该法案的目的及其历史意义。所以，我们按照该法案的逻辑顺序予以介绍。

——国防部（Department of defense）。现在被称之为国防部的机构其实是依据 1947 年的国家安全法修正案于 1949 年 8 月以后才有的称谓，1947 年 7 月 26 日通过的安全法所设立的是"国家军事机构"（National Military Establishment）。杜鲁门任命原海军部部长福莱斯特尔担任了国家军事机构的首任防务总长，接着又根据机构运作的情况，做了两次较大的修正。从那个时候的人们还一下产生不出"国防部"这个词汇来说，即使经过了两次世界大战，人们并没有把常备军与国家经常性的安全这一类的问题联系起来。或者说，像美国这样的现代国家，并不存在经常性的国家安全及其防备问题。事实上，经过该法案所提出来的全新的国家安全概念的洗脑，两年以后，才出现了今天几乎所有的国民都会说的这一"国防"词汇（中华人民共和国在 1954 年才设置具有咨询性质的国防委员会和作为国务院组成机构的国防部）。艾森豪威尔任总统的时候，1953 年、1958 年，以及 60 年代肯尼迪和约翰逊的任期，国防部还有过几次较大的改组及改革。（《美国、俄国和冷战》，第 59 页；《大美百科全书》第 8 卷，第 323 页）

依据该安全法及其以后的修正案，新设立的美国国防部是领导全国的军事机构，属于总统内阁组成单位，参加依据同一个法案新成立的以总统为主席的国家安全委员会。国会特别声明，该法案是要将陆、海、空三个军事部门和全国武装部队置于统一的国防部长的文官控制之下，而非是将它们合并。国会的这一声明是确立美国政府调整国家权力结构的目的与宗旨：不是因为战争结束而削弱军事力量，恰恰相反，美国要走强化军事武装的道路。

虽然国防部长依法不得统率陆、海、空三军，但依据 1947 年国家安全法及此后不断加强的修正案，国防部长承担了国家巨大的职责，拥有着几乎不受限制的权力。国防部所属的机构通常认为包括 4 个部分：国防部本部、各军事部门、参谋首长联席会议，以及统一司令部和特战司令部。其中本部是以国防部长为中心的行政机关。国防部长是总统最主要的军事顾问，并在总统的领导下指挥全国的军事幕僚单位及作战部队。国防部长办公室领导全国军事机构。

一方面是为和平时期发展军事武装力量提供法律保障，另一方面也是为了安抚军方，把它们置于国防部之下并不影响其实际的社会地位与扩张，所以，该法案还特别宣示，陆、海、空三军是在各军种部长领导下的"独立的组织"，是"在国防部长领导、管辖和控制下发挥作用"的。[1] 其中陆军部（Departmente of the army）是由早期

1　第一文库网，《1947 年美国国家安全法》
　　http://www.wenku1.com/news/383127A66F877018.html

的战争部（Departmente of War）演变而来的。它最初是美国政府中负责监督军事机构的一个行政部门。(《大美百科全书》第 28 卷，第 298 页) 1781 年，美国政府依据《联邦组织法》，设立了一个被称之为战争处的行政单位，负责"战争费用以及其他为公共守卫及利益而开支费用"等军事事务。依据 1789 年 8 月 7 日法案，设置一个由文官担任部长的内阁成员继续执行战争处的职责。19 世纪最后 25 年，随着欧洲主要国家开展的海军竞赛，美国也加大拨款力度装备海军。依据 1798 年 4 月 30 日法案，海军从战争部分离，建立起一个与之并列的海军部（Departmente the Navy）。(《剑桥美国 20 世纪经济史》，第 239-240 页；《大美百科全书》第 28 卷，第 298 页) 原来的战争部则常常被后来的叙述者当作陆军部，而实际上，它还囊括了一战前后产生的空军。第二次世界大战中，空军武装及其装备得到了长足的发展。当战后最初几年，海军部据理力争不被陆军部合并的时候，依托在陆军部的空军高层人员利用关系游说国会要求独立。依据 1947 年的国家安全法，把空军从原来的战争部分离出来，单独组建空军部（Departmente of zhe Air Force）。至此，战争部才依法改组成为与海、空军并列的陆军部。陆、海、空三军部长均系文官，由国防部长提名，总统任命。根据 1947 年的安全法，三军部长与国防部长一起都参加以总统为主席的国家安全委员会。另外，根据最初的安全法，该"国家军事机构"内，还设立一个弹药局，负责"协调三军的采购、生产和分配计划，并就军事情势拟订工业动员计划"。设立一个研究与发展局，"以协调有关国家安全的科学研究工作"。(《杜鲁门回忆录》下册，第 64 页)

——参谋长联席会议（Joint Chiefs of Staff）。军事史学家们常常把该组织的历史追溯到一战、二战时期，特别是二战期间罗斯福任命李海海军上将为他的参谋长，并由其联系有了一个包括陆军参谋长马歇尔上将、海军作战部长欧内斯特·金海军上将、陆军航空队参谋长巴尼·杰尔斯中将等几个人所形成的非正式的、松散的军事顾问团体。此外，1942 年，美国与英国还成立一个联合参谋首长会议。不过，这都属于战时的临时性的安排。根据美国宪法，美国的政府和国家组织的构成中，并没有这样组织或机构。按照 1947 年安全法，美国历史上第一次依法组建了参谋长联席会议，属于总统、国家安全会议及国防部长的主要军事顾问机构。其成员包括由总统任命并经参议院认可的参谋长联席会议主席、陆军参谋长、海军作战部长、美国空军参谋长，以及 1978 年设立的海军陆战队司令。依据 1947 年安全法设立的参谋长联席会议尚没有设置专制主席职务，该职位由三军参谋长轮流值日担任。按照 1949 年的修正案，参谋长联席会议经国会任命，位居三军所有军官之上。由于三军是在国防部长和陆海空三军军种的文人部长而非军人的管制下，所以，参谋长联席会议并不独立行使职权，而是代表国防部长行使职权，其指挥系统是自总统至国防部长，再经由参谋长联席会议到战地部队指挥官。但依据该法案赋予参谋长联席会议的职责，它可以提出国家安全事务的建议，指导统一司令部和特战司令部的司令执行业务。

美国军方所说的统一司令部，按照苏军编制被称之为军事战区（军区）。统一司令部的部队人员是由两个或两个以上的军种派遣的人员组成，而在单一的司令官的统帅下执行任务。按照 1947 年国家安全法，美国军方合法地在和平时期无限制地实现扩张，逐步形成一个涵盖地球表面及空间的世界战略布局，美国军方的统一司令部包括阿拉斯加司令部、大西洋司令部、欧洲司令部、太平洋司令部、南方司令部，以及战斗司令部。特战司令部通常由单一军种组成，譬如太平洋舰队，承担广泛及连续性的军事任务。

依据 1947 年国家安全法设立的国防部成为政府行政各机构中最庞大的一个部，它雇佣了 400 多万文职和军职人员，占美国政府全部在职人员总数的 60%，联邦文职人员的 1/3。（《美国对外政策的政治学》，第 136 页）另外，它还合法地继承了战争期间美国军方所得到的其他各方面的遗产。二战期间，一方面，为保障海外前方战争的作战以及研制军火技术的需要，政府拨付给军方许多地段。另一方面，也是军方趁机有意识地占有了许多地方。战后，这些战时占有的土地，则都以军事基地或者军方用地而得以保留。大约 900 多个军事基地或者军用地，分布于联邦各州，其总面积超过 2400 万英亩，相当于康涅狄格州、马萨诸塞州、新罕布什尔州、罗德岛州、佛蒙特州或两个特拉华州的面积。另外，还有几十万军队驻扎在世界各地大约 3000 多个军事设施里，包括 21 个国家和 25 个美国海外领地的 330 多个军事基地。（杰里尔·A. 罗塞蒂：《美国对外政策的政治学》，世界知识出版社，1997 年，第 136 页）肯尼迪总统的国防部长麦克纳马拉就称国防部是一个"庞然大物"，他的任期前后，国防部大约有 450 万人，其中 350 万军人，100 万为文职人员。每年的财政预算为 2800 亿美元，其数额比北大西洋公约组织中任何一个国家的财政预算都要多。国防部掌管的业务极为庞杂，包括运输、通讯、后勤供应、维修，以及陆、海、空军，核武器的储备，等等。（《回顾越战的悲剧与教训》，第 26-27 页）

美国军事扩张的最终结果都落到了军事费用方面。我们说过，战争以后是和平。和平年代里，国民只负担极少的一点军事费用。美国自建国至 20 世纪以前的 100 多年里，其军费都在国民收入（GNP）的 1%以内，其中 1891-1897 年仅只有 0.5%。1917-1918 年，美国参与了欧洲战争，军费开支达到了国民收入的 10.5%。和平时期，逐渐平缓，在两次世界大战之间也仅平均 1.7%。二战期间，1941-1945 年，上升到 31.9%。二战结束以后，军事费用本来呈自然下降的态势，其中 1946 年已经降到 7.7%，1947 至 1948 年财政年度达到 4.3%。但是，1947 年国家安全法实施以后，国防费用尚未恢复到和平时期应该保持的较低水平，即又回升拉高，1949 年提高到 5.3%。按照剑桥经济史学家提供的数据，该安全法颁布以后的 40 多年里，即 1947 年至 1989 年，美国军事开支平均占国民生产总值 7.4%，其间 1950-1953 年朝鲜战争为 10.4%，1964-1973 年越战期间为 7.7%，即使剔除朝鲜战争和越南战争的特殊年份，美国和平时期的军事费用仍高达 6.9%。（斯坦利·L. 恩格尔等：《剑桥美国 20 世纪经济史》，中国人民大学出版社，2008 年，第 239-241 页）

——中央情报局（Central Intelligence Agency）。在研究美国军方战后扩张的问题时，人们往往把中央情报局排除在视野以外。这是不正确的。中央情报局也是战后美国军方下的一个蛋。从形式上说，它是一个准军事机构，但按其建制和性质来说，与军事组织并没有任何差别。一方面，中央情报局是二战期间美国军方情报机构的延续。另一方面，它的经费至今还都是隐藏在国防部的预算中。（杰里尔·A.罗塞蒂：《美国外交政策的政治学》，世界知识出版社，1997年，第212页）另外，就其关系来说，中央情报局与国防部始终保持着若隐若现、藕断丝连的隶属关系。只是由于它的存在以及卑鄙恶劣的工作方式方法严重违反了现代国家主权与国际关系的基本准则，在海外具有很臭的名声，美国政府只是为了逃避应担的责任，才让其与军方在外表上脱离关系。

美国作为政务最为公开的资本主义国家，历史上很少有，至少是在此以前没有设置特别从事别国情报的那一类鸡鸣狗盗的常设机构。1929年，政府曾经就是否有必要设立情报部门进行过辩论，国务卿亨利·史汀生还用"绅士不拆他人信件"来否定。（《美国对外政策的政治学》，第179页）1941年，军事部门依据罗斯福的命令设立了搜集战争情报的机构——战略服务局（OSS，又称战略勤务中心）。"这是美国第一次在敌军阵线之后，设立专职从事情报研究和特殊任务的组织"。（《大美百科全书》第6卷，第22页）战争结束以后，杜鲁门曾下令解散战略服务局。但是，该情报机构并没有执行总统的命令。1945年9月，坚决反对和平时期建立常设情报机构的史汀生辞去战争部长职务，战争部助理部长约翰麦克·洛伊与战略服务局的人合谋，鼓动杜鲁门总统组建一个常设的情报机构。（《美国对外政策的政治学》，第191页；亚诺：《CIA美国中央情报局》，凤凰传媒集团凤凰出版社，2010年，第3-4页）这样，直到1946年1月，杜鲁门在征得军方许多人员的赞同意见之后，才又设立了在总统参谋长李海海军上将"监督"之下的国家情报组（又称中央情报组）。（《杜鲁门回忆录》下册，第68-71页）根据1947年国家安全法，在重组中央情报组的基础上组建了中央情报局。

中央情报局的成立具有统一与整合其他所有情报机构的职能。在此前后，美国不同的部门还有国家安全局、陆海空三军各自设立的情报机构（陆军情报处、海军情报局、空军情报局）、原子能委员会情报处、国家侦察署、国防情报局、国务院情报研究所、毒品管制局、联邦调查局（FBI），等等。因为中情局局长代表美国总统负责协调所有情报组织之间的关系，所以就成了其他所有情报机构的首脑。中央情报局与早期设立的联邦调查局有所分工，后者主要负责调查国内的情报，而中情局则负责国外的情报。这样，中央情报局自然就成了总统和国家安全委员会有关国外情报的主要顾问。(《大美百科全书》第 6 卷，第 22 页；《美国对外政策的政治学》，第 184、180 页）中央情报局的工作、经费、人员编制，都是保密的。据说，在中央情报局总部工作的人员是 17000 人，至于世界各地的人员和密探到底是多少，则不得而知。(《大美百科全书》第 6 卷，第 22 页）

中央情报局已经改变了传统意义上的以搜集情报为其职责的情报理念。中央情报局不只搜集而且负责分析和评估所获得的情报，仅此一个改变，就意味着它所提供的情报包括了它的价值判断和接收情报的人应该采取的应对措施。除此以外，中央情报局还承担美国境外的反间谍的任务，以及从事海外的政治与准军事行动。国会给予中央情报局以极高的权力："政府有关部、局凡涉及国家安全的情报，均应接受中央情报局局长的公开核查；中央情报局局长有权知悉政府有关部、局所拥有的涉及国家安全的情报"。[2] 这就是说，中央情报局有权对政府其他所有部门进行核查、审讯，更遑论一般平民了。因为总统利用中央情报局承担其他部门无法承担的秘密的政治与准军事活动，所以，中情局拥有包括经费和编制在内的一系列不受监督和不受限制的权力。依据美国政府给中央情报局的分工，从其他所有

2　《1947 年国家安全法》，第一文库网，
　　http://www.wenku1.com/news/383127A66F877018.html

国家搜集美国所感兴趣的情报。由于中央情报局的具体工作连总统都不清楚，甚至中情局有权拒绝总统过问的工作，所以，它的工作实际上是它自己所感兴趣的一切事情。它所要搜集的情报是世界上所有的国家，包括与美国最友好的国家在内。这已经不是什么秘密，包括与美国关系最为密切的国家首脑的电话，以及有可能的活动，都在它的监听、监视的范围。中央情报局所执行的任务、工作原则，以及工作方式、方法，只求目的，而不讲道德。所有行为都没有标准、没有底线。所以，中央情报局不只是合法地从国内外报纸、杂志、政府报告、若干技术和专业的期刊等各种媒体中获得情报，而且它还在包括他所谓的盟国与友好国家在内的其他所有主权国家里建立组织、发展间谍和聘用雇员，搜集一切它所感兴趣的情报。非法渗透，窃听、跟踪、绑架、暗杀，组织暴动，策划政变，以至鼓动军事与武装叛乱，颠覆和推翻其他国家的合法政权，无所不用其极。

《美国对外政策的政治学》里罗列了中央情报局依据 1947 年国家安全法建立，到 1973 年在其发展的所谓"好时候"的 25 年里，已经曝光的一些重要秘密活动。

> 1947-1948 年，在意大利国家选举中从事宣传战。
>
> 1947-1948 年，在法国国家选举中从事宣传战。
>
> 1948-1952 年，在苏联和东欧国家从事党派抵抗运动。
>
> 1949 年，试图推翻阿尔巴尼亚政府。
>
> 1950-70 年代，从事"自由之声"和"自由欧洲之声"电台的宣传活动。
>
> 1952-1960 年，支持中国国民党武装力量在中缅边境从事抵抗和破坏活动。
>
> 1953 年，推翻伊朗的摩萨台政权。
>
> 1953-1954 年，在菲律宾竞选过程中从事非法及反叛活动。
>
> 1954 年，推翻危地马拉的阿本斯总统。
>
> 50-70 年代，资助国外的出版机构和团体。

1953-70 年代，毒品实验和人脑控制计划

1954-70 年代，企图推翻胡志明及其北越人民政府。

1955 年，颠覆哥斯达黎加政权。

1958 年，支持中国西藏的叛乱活动。

1958-1965 年，颠覆印度尼西亚苏加诺的政府。

1960 年，涉嫌暗杀伊拉克领导人。

1960 年，涉嫌暗杀埃及总统纳赛尔。

1960 年，涉嫌暗杀刚果领导人卢蒙巴。

1961 年，策划推翻和颠覆古巴卡斯特罗政权。

1961 年，企图暗杀多米尼加共和国领导人特鲁希略。

1961 年，企图推翻加纳领导人恩克鲁玛总统。

60 年代，企图暗杀古巴领导人卡斯特罗。

60 年代，在老挝从事秘密战。

1962-1963 年，颠覆厄瓜多尔政府。

1963 年，颠覆英属圭亚那政府。

1963 年，组织暗杀越南南方吴庭艳总统。

60 年代，指导越南绥靖与凤凰计划。

1964 年，插手智利的选举活动。

1964 年，支持反对巴西总统的军事政变。

1967 年，支持希腊的军事政变。

1967-70 年代，针对美国国内的反战运动和国内持不同政见者的行动。

1970-73 年，颠覆并暗杀智利国家第一任民选总统阿连德。（《美国对外政策的政治学》，第 201-203 页）

其实，以上得以透露的仅只是美国中央情报局罪恶活动之冰山一角。在 1947 年安全法的庇护下，中央情报局在世界各国的大量非法活动本来就不为人所知，加上情报局自行销毁罪证几乎成为惯例与工作模式，所以，其许多活动则永远都不为人所知了。

——国家安全委员会（National Security Council）。设置以总统为

主席的国家安全委员会，似乎是 1947 年安全法案最主要的事项。似乎为此，该法案才被称之为"国家安全法"。依据该法案的说法，"国会制订本法的目的是为美国未来的安全提供一个全面的纲领性文件；确定与国家安全有关的政策和手段的统一体制以及各部、局、政府的职能"，所以设立了国家防务机构、参谋长联席会议、中央情报局等等。依据安全法建立国家安全委员会，以实现"国家安全的协调"。法案说，"委员会的任务是向总统提出有关国家安全的内政、外交和军事政策的综合意见，以便能够使这些军事机构和政府各部门在国家安全事务方面更有效地协调"。[3] 什么是"有关国家安全的内政、外交和军事政策"？那就是一个涉及国家最高层面的所有国家事务与管理的全方位的国务问题，是国家事务中的所有问题。按照杜鲁门总统的解释："国家安全委员会负责对国家安全问题作出估计，并处理有关政府各部门共同利益的国家安全问题。"（《杜鲁门回忆录》下册，第 64 页）也就是说，除了国会说的所有关于国家事务以外，还有政府各部门的利益，也都是国家安全问题。

但是，如果具体分析按照 1947 年安全法案所设立的国家安全委员会的组成及其变化，就不难发现事情并不是这样。

首先，按照一般的逻辑来说，依据最初法案所设定的所谓国家安全委员会的组成应该最确切地反映了该法案的目的和意图，它包括总统、国务卿、国家军事机构防务总长、陆军部长、海军部长、空军部长、弹药局长、研究与发展局长，以及国家安全资源局（又称国家安全资源委员会或应急计划局）局长。（《杜鲁门回忆录》下册，第 64 页）其中的国家安全资源局也是 1947 年国家安全法所要设立的一个准军事机构，该机构负责紧急计划和国内防务的机构。由于战后再就没有出现所设想的那种战争，该部门没有很大的发展和扩张，后来也就消逝了，所以，本文的介绍从略。

从安全委员会的构成单位看，除了这个倒霉的国务院以外，全都

3　第一文库网，http://www.wenku1.com/news/383127A66F877018.html

是军事部门，或者由军事部门派生的准军事部门。所以，尽管国家安全委员会的称谓十分高大上，但它的组成却除了外交与军事以外，既没有工业、农业、商贸和金融服务等经济行业，也没有科学技术、教育和新闻出版等文化领域，它如此地狭窄与单调，说明它并不能涉及那么广泛的问题，从而也不支持国会所说该委员会涉及国家"内政、外交和军事政策"那么宽泛的领域，当然也无力承担杜鲁门总统要求其解决"政府各部门共同利益的国家安全问题"的职能。

其次，从安全委员会在成立不久很快瘦身来看，1947 年的国家安全法以及依法设立国家安全委员会的目的，就是为了使军方在战时所达到的扩张能够在和平时期合法地保持下来。国家安全委员会是在 1947 年 7 月 26 日经国会通过的，杜鲁门批准生效以后，各个机构才得以筹备组建。但是，1949 年 8 月 10 日，即包括完全新组建的国家军事防务机构（即后来的国防部）、空军部在内的各军事部门形成还不到两年，杜鲁门又签署国家安全法修正案，把参加委员会的成员削减后剩下了总统、副总统（国会审议时由参议院增加的）、国务卿、国防部长（原国家军事机构防务总长）、国家安全资源局局长。原来安全委员会防务总长之后所设立的陆军部长、海军部长、空军部长、弹药局长、研究与发展局长，都从安全委员会组成单位的名单取消了。这一做法意味着，原来把陆、海、空三军总部和相关的军事局列为所谓国家安全相关的问题，本来就是一个伪问题。

需要指出的是，在 1947 年安全法实施以前的体制下，陆军部长和海军部长都是总统内阁成员，而现在退出安全委员会则意味着他们既不参加国家安全委员会，也不再是内阁成员。这样，相关的军事部门的社会地位明显下降了。我们已经介绍，战后杜鲁门曾要求参谋长联席会议拿出美国在和平时期所需要的武装部队的编制及预算，进而要求将海陆军予以合并。虽然杜鲁门和陆军部的人们都没有公开说过，"但他们都想取消海军陆战队，……其实这才是统一各兵种的主要目标"。（斯蒂芬·安布罗斯：《艾森豪威尔传》，湖北长江出版集团长江文艺出版社，2011 年，第 123 页）杜鲁门的意图曾遭到海军部长福莱斯特尔的坚决反对和海军作战部长金海军上将、战时总统参谋长李海海军上将等人的强烈抵制。而且，这种反对和抵制从总统的行政分支到国会里的辩论，持续、广泛而激烈。但是，安全法以后仅只有一年多的时间，军方却都接受了总统要求他们从安全委员会退出。为什么？一个原因是经过1947年国家安全法，以上军事部门都取得了法定的独立地位，不再害怕被陆军吃掉了。另一个原因是，军方的利益落实到一点，那就是维持庞大的军事预算，向国会要钱。在坚定代表军方利益的福莱斯特尔担任新组建的国家军事机构的防务总长的领导下，各个军事部门已经认识到所谓的国家军事机构防务总长（即国防部长）实际上就是各军种各军事部门利益的总代理人，而不是国会或者政府派出的审核人，他能够满足军方各部门的要求。这是安全委员会平安瘦身的原因。

有一段故事足以证明笔者的观点。1949年3月上任接替福莱斯特尔担任第二任防务总长的路易斯·约翰逊，没有把握好这一职务的职责。约翰逊是一位律师出身的商人，曾经作为杜鲁门竞选的筹款人，位杜鲁门立下汗马功劳。所以，杜鲁门竞选成功担任总统后，把防务总长这个政府中最肥的职务送给了老朋友。但是，约翰逊还是对政府事务不熟悉，没有体会好防务总长这一职务的精神实质，果真认真审核海军、空军的预算了。约翰逊上任不久，因削减海军定做的超级航空母舰的经费和插手空军采购轰炸机事项，引起海军将领的反弹和空军哗变。（《杜鲁门回忆录》下册，第65-66页）1950年3月，国家安全委员会制订出第68号文件，把军事费用扩大到每年350-400亿美元之间，比当时已经压缩的费用增加了3倍。当这一文件拿出来讨论的时候，约翰逊"勃然大怒"。这就使得安全委员会处于一种"少有的、尴尬的和令人啼笑皆非的处境"，因为参谋长联席会议主席与陆、海、空三军种部长所代表的军方人士可以与国务卿共同站在扩充军备的立场，而作为国防部长的约翰逊却站在了原来的削减军费的杜鲁门的立场。约翰逊处在孤立的境地，杜鲁门决定抛弃他。当可怜的约翰逊含泪签署了辞呈时，他对总统说："我没有想到你会

让我这样做。"（《马歇尔传，第 797、792 页》）

所以，1947 年国家安全法和国家安全委员会本来就是为了帮助把军事部门带到国家政权结构里，当孵化军事部门的任务已经完成以后，不仅陆、海军之间的争论戛然而止，而且新组建的一系列军种与军事组织也都毫无争议地从安全委员会退出。

再其次，国家安全委员会机构的自身变化说明，1947 年国家安全法和安全委员会的历史使命就是帮助军方把战争中临时在总统那里所得到的国家最高权力合法地稳定下来。当然，我们说军方从总统那里获得"最高权力"并非确切，因为按照美国的制度，政府行政分支的权力都是在总统一个人手里的。总统内阁与白宫机构的所有工作人员，充其量都是总统的顾问或助手，并不具有实际的权力。但是，总统的顾问和他身边的人们对其影响，把自己的意见或建议转变成为总统的政策，这就是权力。另外，美国从来就是一个政务公开的国家，白宫里面长期驻有一个记者团，一天 24 小时跟踪报道总统和白宫的新闻。军方在和平时期继承了战时的传统，继续参加总统经常召集的会议，具有极高的曝光率，也就增加了军方的社会知名度。久而久之，民众自然地习惯了军方在国家权力结构中所占有的重要位置。特别是设置了国家安全委员会以后，也就有意无意地改变了美国总统原来以靠内阁会议的执政形式。据统计，杜鲁门总统自 1947 年以后的 5 年任期内，召开过 128 次国家安全委员会的会议。艾森豪威尔的次数和频率更高，8 年任期里召开过 346 次。（《美国对外政策的政治学》，第 86 页）"总统召集国家安全委员会会议的次数多于内阁会议，对委员会成员的意见也更为重视。"（《美国是如何治理的》，第 104 页）国家安全委员会几乎成了总统的"小内阁"。这样，作为安全委员会主要成员的军方也就成为总统身边比其他内阁成员更为至近的人。这样，以安全法和安全委员会为载体，就把以国防部长为代表的军方送到了仅次于总统的国家权力中枢的位置上。

再其次，从安全委员会的运作方式来看。按照 1947 年安全法所设定的国家安全委员会，就是总统召集国务卿和军方的军事或者准军事机构的负责人会议。1949 年杜鲁门给国会提出修正案，将国防部以下的陆军部长、海军部长、空军部长和弹药局长、研究与发展局长从安全委员会提出以后，国会同时授权"总统依法有权在需要的时候，制定其他行政部门的首长参加委员会"。（《杜鲁门回忆录》下册，第 73 页）其实，这是转了一个圈，又回到了原来的起点。为什么这么说？因为美国的政治体制是总统负责制，所谓的内阁以及白宫的其他机构，并非是权力机关，都只能算是总统顾问或助手。所以，总统如何运作，完全是总统个人的喜好。早在战争时期，罗斯福就经常召集的参谋长联席会议和国务院、陆军部、海军部的会议。不过，那时这样的会议没有名堂，而只是后来的杜鲁门感觉新鲜，把它称之为"协调委员会"。（《杜鲁门回忆录》上册，第 380 页；下册，第 72 页）应该说，这一类的会议是罗斯福根据战时一些军事和外交问题的内容而召集的。相信其他方面的内容，罗斯福还会召集另外相关的人员召开另外的会议。以海军部长福莱斯特尔为代表的军方为了把战时的这一种运作模式法制化和经常化，反而指责罗斯福的管理风格"无秩序"和"非正式"，（《美国对外政策的政治学》，第 83 页）然后设计出 1947 年国家安全法所设定的安全委员会。这样的政治运作模式并不适合美国总统权力体制，所以，杜鲁门以修正案的方式予以纠正，"总统有权"指定他所认为应该参加的人员参加会议，除了把以前总统所召开的没有名堂的会议叫做"国家安全委员会"以外，另外一个显著的问题就是国务卿和国防部长成了"常务委员"。所以，出台一个《国家安全法》和设置一个安全委员会，除了把战时军方所得到的权力和位置固定下来以外，并没有其他更为重要的意义。

再其次，从国家安全委员会历史、性质、运作模式与职能的变化看，它纯粹就是为军方站台的。国家安全委员会本来是一个机构间的会议，其成员是参加会议的机构首脑，而不是为会议服务的组织及工作人员。所以，国会最初为该委员会设立一位由总统任命的"执行官"，为了避免误会将其改为"执行秘书"，而杜鲁门更彻底，称其为

"行政秘书"。[4] 但是，随着国防部在国家权力结构中的核心地位日益稳固，以及由于总统频繁地使用安全委员会这一工具，为这一会议服务的"总管"与总统、副总统、国务卿和国防部长频繁地交往，使得其地位也逐渐显贵起来。为此，从艾森豪威尔总统开始，先是在安全委员会中设立了总统国家安全事务特别助理，该事务特别助理除了继续经营原来意义的会议组织的安全委员会以外，另外发展与扩大自身组织。（《美国外交政策的政治学》，第86页）所以，从艾森豪威尔以后的几位总统开始，美国的国家安全委员会事实上已经成了两个机构，一个是原来意义的总统召开的相关机构首长的会议，属于机构间组织。一个犹如内阁机构性质的机关，以总统所聘任的国家安全事务特别助理为首长的总统顾问机构。但是，就像人们只是把罗斯福总统根据会议内容而选择不同人参加的会议统一称之为"国家安全会议"一样，也只是把在尼克松以后的总统那里充当罗斯福时期的霍布金斯角色的人称之为国家安全事务特别助理。所以，我们完全有理由说，无论作为机构间的安全委员会还是类似于内阁部门组织的总统办公行政机构的安全委员会，除了把战时军方在罗斯福那里得到的权力继续下去以外，它并不是因为社会的发展而要求政府设置新的机构以适应历史的变化。

所以，1947 年美国国家安全法以及安全委员会不过是美国政府为把军方战时得到的权力法制化的一种工具，一个手段。那么，军方为什么要以这种方式和手段？这是由美国的特殊情况决定的。一方面，美国是一个对政府、对军队保持高度警惕的国家，军事当局在和平时期继续保持战时在总统那里的重要作用，人民是不会接受的。但是，武装力量保卫国家安全则是常识，以国家安全的名义保持强大的武装，似乎就名正言顺了。另一方面，美国是一个法制国家，没有国会的立法，就像历史上独立战争、南北战争，以及第一次世界大战，

4　《1947 年国家安全法》，第一文库网，http://www.wenku1.com/news/383127 A66F877018.html；《杜鲁门回忆录》下册，第 74 页。

美国军方都曾经扩张并强大过，战后却都严重缩水了。所以，只有经过国会通过的法案，才可以把战时军方所达到的扩张都合法地保持下来。但是，美国国会与总统依附于军方势力所实现的扩张，不仅改变了美国，而且也改变了世界。似乎各国人民在二战期间团结在美国的周围，齐心协力抗击德意日法西斯，不是为了战后的和平生活，而是打败了法西斯主义以后，接着就要准备迎接一次更大规模的世界战争。人类被美国政府严重误导而行走在本可以避免的弯道上。有关这个问题，请读者容许笔者在批判1947年美国国家安全法的那一部分里再做阐述。

7. 把美国引领到错误航线上的船长

"船长"是艾奇逊对杜鲁门的称呼。美国是一个被大西洋和太平洋包围的国家，不得不经常在海洋上航行，与海洋打交道，所以崇拜船长。迪安·艾奇逊对于中国的读者并不陌生。当年毛泽东5篇评论美国白皮书的文章，脍炙人口，其中第一篇第一句就提到了艾奇逊的大名。这位艾奇逊在罗斯福总统期间，曾经先后担任过财政部副部长，副国务卿。杜鲁门担任总统以后，有过短期的留任，然后回到他的律师事务所。1948年，杜鲁门总统竞选连任以后，又被召唤担任国务卿，遂成为杜鲁门晚年的莫逆之交。有的时候，艾奇逊写信称呼杜鲁门为老板。有时，他又说杜鲁门是一位怀有伟大心灵的船长。美国的内阁成员都由总统聘任，总统与内阁成员之间实际上也就是一种雇佣关系。另外，因为总统是引领国家的带头人，所以把美国总统比喻为船长还是贴切的。不过，战后以罗斯福所倡导的联合国为契机，本该是一个和平与和谐的世界，在杜鲁门任期里却把美国这艘旗舰引领到了扩军备战，与苏联打冷战的航线上。

杜鲁门来自于密苏里州。现在看它的地理位置，虽然仍旧属于中西部地区，但已经是美国比较发达的地方了。第二次世界大战以前可不行。大约1821年，密苏里州才作为蓄奴州加入联邦，绝大多数人都没有机会接受教育，目不识丁，质朴无华，绝大多数家族连续几代人都是在大田里从事劳动的农民。人们对杜鲁门的评价是对人诚实，对朋友忠诚，工作也勤恳。不过，在那个年代里，这样的评价往往都是冲着从内地跑出来的农民来说的。而且事实上，1944年民主党的党魁们挑选杜鲁门担当罗斯福竞选的搭档，而抛弃颇负盛名的华莱士和贝尔斯纳，其着眼点就在于他可以帮助得到中西部，以及南方各个州的选票。[1]所以，说杜鲁门是一位来自于美国中西部的农民，一点也没有贬低的含义。相反，正是提醒人们注意回到美国当时的社会背景当中去。

有人评论杜鲁门与罗斯福的差别，那就是罗斯福在做什么事以前就知道了有什么后果，而杜鲁门更少考虑自己的所作所为对他的重新当选产生什么影响。

1945 年 11 月，美国驻华大使帕特里克·赫尔利回国述职，在与总统会面时告诉总统说中国形势已恢复正常，他不久便会回到中国去。可是仅过了一个小时，他在新闻俱乐部发表演说时，却突然宣布他要辞去大使职务，原因是国务院同中国共产党站在一边。杜鲁门从白宫自动接收机上扯下黄色的新闻稿，怒气冲冲地闯进内阁会议上，大叫道："看这个狗杂种是怎么对我的！"

杜鲁门刚当了总统不久，他的女儿玛格丽特以职业演唱家身份举办首次演出。《华盛顿邮报》音乐评论家保罗·休姆撰文说，总统的女儿"唱得不太好"，"很多时候声音不清"，"对她所唱的曲调几乎完全表达不出来"。白宫收到《华盛顿邮报》后没有几分钟，总统的信就发送到音乐评论人手上：

> 我刚看完你对玛格丽特音乐会的蹩脚评论。……看来你是个事业很不如意的老头。……我希望有朝一日会遇上你。到时，小心你的鼻梁会断，你将要用很多鲜牛排来贴你淤黑的眼睛，说不定下面还要带个护身带。

信的下面还郑重其事地署上他的大名：H. S. 杜鲁门。玛格丽特对此感到羞愧。她对报界说，"我绝对肯定我父亲不会使用这样的语言的"。接着，就含泪跑回楼上去。休姆在他的第二篇音乐评论里，

1　"杜鲁门 1944 年之所以被放在选票上成为民主党副总统候选人，其主要原因是为了照顾南部和大城市的老板们。"西德尼·M.米尔奇斯 迈克尔·尼尔森：《美国总统制起源与发展（1776-2007 年）》，华东师范大学出版社，2008年，第 307 页。

一开头就说："假如我斗胆发表意见的话……"于是，杜鲁门又低声下气地承认："我感情脆弱，有时控制不了自己。"

杜鲁门是仓促间当上总统的。新一届政府就职还不到 3 个月，罗斯福就突然去世了。总统从不向副总统通报情况。也许显得苛刻一点的是，在担任副总统以后的将近 3 个月里，杜鲁门只见过总统 2 次面，且都还属于公共场合。一次是 1 月 20 日的就职典礼上，一次是 3 月 1 日，总统从雅尔塔回来给国会通报三大国首脑会议的情况。杜鲁门曾经告诉他的女儿，罗斯福"从未与我表示信任地谈过战争，或外交事务，或他对战后和平的想法"。（戴维·麦卡洛：《杜鲁门传》上册，世界知识出版社，1997 年，第 389 页）

有如他突然出现就任总统一样，他也不按照政府运作的程序出场。4 月 16 日，星期一，这是新任总统要向国会发表的第一次演说。新总统从通道上走下来，全场起立热烈鼓掌。他径直走上讲台，打开一本黑颜色的活页大笔记本，却忘记了国会召开的会议都会有主持人，特别是总统在国会发表讲话，都要由众议长主持和介绍。新总统已急不可耐，马上就要开讲。"等等，哈里，让我把您介绍一下吧。"众议长也紧张得来不及改口，仍然使用总统以前担任议员时的称呼。可是打劫都忘了，播向全国的实况线路已经开通，众议长的话通过麦克风已传到了全国。

5 月 7 日，西线的德军签字向美英联军投降。8 日，内阁会议结束以后，对外经济管理局局长利欧·克劳利和代理国务卿约瑟夫·格鲁来到白宫，他们手里拿着一道有关租借法案的重要命令，说已有杜鲁门总统批准但没有经他们签署，内容是授权他们在德国投降时采取联合行动以削减租借物资的供应量。杜鲁门觉得这很好：一旦德国退出战争，就应当减少租借物资。"我拿起笔，也没看命令的文本，就签了个字。"（《杜鲁门回忆录》上册，第 157-158 页）

暴风雨差不多马上就来了。这一命令所运用的语言是有问题的，克劳利也按照字面的解释去做，下令禁止一切运往俄国和欧洲的物资，甚至还要求一些已经开往途中的船只调转船头开回美国港口卸货。英国和俄国抱怨声最为强烈。以至斯大林后来对霍普金斯说，他们本来打算为了战争期间对苏联的租借援助而向美国表示适当的感谢，但现在竟然这样地中断了，因此就使得他们不可能那么做了。（《罗斯福与霍普金斯》下册，第 563 页）欧洲其他国家的政府也都埋怨终止得太突然了。杜鲁门只好又撤销了这项命令。

一次内阁会议上，商务部长华莱士婉转而又尖锐地训斥杜鲁门，当总统的怎么能不知道现存的原子弹还有几枚？而他竟回答说自己确实不想知道有多少枚。华莱士则坚定地说："总统先生，你应当知道。"杜鲁门又不无掩饰地应答说："我大体上还是知道的。"（《杜鲁门传》下册，第 522 页）

韩国总统朴槿惠因为给她的闺蜜转发了演讲稿，竟然成了一系列丑闻的开端。杜鲁门总统却是把什么公务都要写信告诉他的母亲、妻子、女儿和妹妹。有的时候，他还要征求他们的意见，看正待处理的国家事务究竟怎样做才好。有一次杜鲁门离家对她母亲吻别，母亲叮嘱儿子说："要做个好人，又要有点刚强劲儿。"（《1932-1972 年美国实录》第二册，第 524-525 页）

由于仓促上位，人们大都看到了不利的一些方面。其实，特殊的境遇下，还是存在许多对新总统特别有利的因素。

首先，那还是战争的年代。将近 1 亿 3000 万人口的美国人民曾经先后把 1000 万子弟送到国外的战场上。在这样的情况下，总统突然去世。那是所有美国人民的灾难。所以，每一个人都知道必须团结。其次，虽然人们并不熟悉杜鲁门，但是，他是按照宪法设定的程序担任总统的。美国宪法之优越就在于，在这一历史关头上，人们别无选择。既没有竞争，也没有争议。大敌当前，大家必须支持这个人。支持这个人，也就是支持他们自己。再其次，罗斯福 1945 年担任总统，是再一、再二地突破了美国的政治传统。之所以发生这样的情况，一方面是由于战争年代，特殊的境遇。另一方面，也在于罗斯福的政治主张得到了绝大多数美国人民的信任，而杜鲁门是以罗斯福的副总统的身份就任总统的，它意味着他是罗斯福遗产的合法继承人，从而得到了拥护罗斯福的人民的支持。再其次，罗斯福连续担任12 年的总统，共和党被压制得喘不过气来，民主党内的那些被称之为保守派而对罗斯福不满的人们也不是一个少数，他们也都会以比罗斯福更容易地方式接受杜鲁门。另外，可能还有生物社会学的因素，即经历的时间过于漫长，即使罗斯福的政治智慧有如汹涌不断的喷泉，人们的审美神经也经受了长期的狂轰乱炸。"我听腻了东部口音。"这是一位印第安纳州的普通妇女写给杜鲁门的信。——没有更为复杂的政治因素，纯粹由于是一张新鲜的面孔，人们也愿意接受杜鲁门。

杜鲁门有清晨走步的习惯。当罗斯福夫人尚来不及从白宫搬出来，而他还未住进白宫的日子里。一次清晨走在大街上，后面有几位特工保卫跟随，一辆出租车经过他的身边放慢了速度，司机从车窗探出头来："哈里，你好。我们支持你！"

不只是一般的老百姓，国会里的议员们也都表现了空前的一致。就是那次不等介绍就要发表讲话的国会演讲，15 分钟赢得了 17 次掌声。议员们接受采访时说，"会议厅里很少听到这样突发的掌声。参议员、国会议员、老朋友们希望他以一种他们以前未曾感觉到的方式取得成功。……即使那些想和他斗的人也都认为得先帮他站稳脚跟。""我们知道突然接手这样一项工作时的感受，并知道哈里·杜鲁门是最先帮助我们的一个人。"（《杜鲁门传》上册，第 390-391 页）

总之，杜鲁门担任总统职务不只有困难的一面，而且也有"先天性优越"的一面。美国这艘大船就是在这样的情景下，只见新船长两只手紧握住方向舵，双眼专注地盯着正前方，继续驶向大海。

现在的人们以为，美国具有反苏的传统。其实不是这样。美国是在 18 世纪的中后期才独立的。在此以前，它是英国的殖民地，经济政治都依附于英国本土。现在的中国和美国正在打贸易战，作为殖民地的北美早在开拓时期就和宗主国英国打上了。从英国本土来到北美，他们的商品只有销往英国。后来有了发展，要销往欧洲，但宗主国有一个规定，北美的商品必须先到达英国，然后才许可销往欧洲。

北美的商品有一定的税收，但来自英国本土的资本在北美市场上却很少有甚至根本就没有税收。读者知道的北美的独立是有波士顿倾倒茶叶的事件引起的，那就是因为北美的茶叶商需要交税，而英国本土的东印度公司的茶也在北美可以不上税。北美人不满这种不平等的政策，拥到停留在波士顿港口里的东印度的商船，将3条船上342箱茶叶倾倒在海湾里。但是，由于两国地理位置相距甚远，受到地缘政治与经济发展水平的限制，从那个年代到第二次世界大战爆发，美国与俄罗斯的经济与文化往来相对较少，之间既谈不上友好，也不存在有恶。即使有一部分美国人对苏联怀有恶感，那主要还是受到以英国为主的欧洲国家的影响，因为在近代历史上，英、法、俄等欧洲大国总是在争夺霸权，它们之间才有永远扯不完的恩怨情仇。如果阅读丘吉尔与罗斯福、杜鲁门之间的往来信件，总是可以看出丘吉尔对苏联、对斯大林永远保持着抵触致信，并且总是主动地在影响着美国总统。但是，即使说欧洲大陆各个民族之间的恩怨，也都不会保持长久。国际关系上又一条法则，即没有永远的朋友，也没有永远的敌人。美国早年与英国，二战期间又与德国、与日本都有过几年的战争，现在都是最好的朋友，而与俄国从未发生过战争，如何能有敌对的传统？

但是，经过第二次世界大战，美国与苏联却结下了深厚的友谊。尤其对于苏联来说，美国给苏联提供了大批的飞机、大炮、坦克和更多的轻型武器，以及石油、钢铁、粮食等等战略物资。想一想在苏联最为困难的时候，美国先后支援了超过100亿美元的物资，苏联人民怎么能不感恩戴德？更何况，斯大林还有战后希望得到美国帮助进一步发展经济的想法。所以，斯大林在战争后期以及刚刚结束战争的那一段时间里，对于美国的所作所为，还是尽可能地采取忍让的态度，并不希望得罪杜鲁门。

我们这样说，并不是说战争期间美苏之间没有产生过矛盾和纠纷。事实上，无论国家政治层面还是军事层面上，都有过摩擦。德黑兰会议以前，斯大林对美英迟迟不开辟第二战场，一直存在极大的牢骚。还有，战争期间，马歇尔曾经给斯大林通报了一份军事情报。独立按照所提供的情报部署军事力量，结果使得红军遭受很大的损失。斯大林十分生气，给马歇尔发了一份措辞尖锐的无线电报。当艾森豪威尔应邀访问苏联的时候，斯大林诚恳地托付艾森豪威尔，要他向马歇尔转达他的歉意。因为尽管那是一份假情报，但斯大林相信马歇尔还是出于好意。（《艾森豪威尔回忆录》第一册，第 532 页）还有，从 2 月份雅尔塔会议以后到罗斯福去世，英、美两国与苏联在两个问题上闹过较大的纠纷，一个是在波兰问题上的争吵，一个是由德军代表向英美投降引起斯大林的抗议。

先说波兰问题。

战后的历史学家和研究冷战的学者都没有弄清楚波兰问题的本质，所以就不能理解英、美和苏联在波兰问题上分歧的实质。他们只看见三大国的争论与争吵了，但却不看波兰问题的历史发展与走向，所以在历史的描述与分析中受相关当事人义正辞严的语言所误导，以为双方争论的实质是在捍卫各自的信仰，从而进一步夸大和渲染了三大国分歧与争吵的意识形态层面的重要性、原则性，最终给予了虚假的意识形态以过高的历史地位与作用。

波兰问题的本质是以波兰和德意志、俄罗斯三个大民族为主的中欧及东欧各民族发展中的历史纠缠。

由于波兰处于历史纠缠的中心，所以先说波兰。前面曾经介绍，波兰人的祖先从 10 世纪 11 世纪开始在中欧开拓发展，后成为中欧至东欧地区幅员强大的帝国。17 世纪中后期至 18 世纪末，却又遭到周围瑞典、普鲁士、奥地利和俄罗斯四个大国的 4 次兼并和瓜分，其中 1772 年那次瓜分，波澜就失去了 1400 万总人口中的 500 万。（《波兰史》，第 120 页）1795 年，最后一次被奥地利、普鲁士和俄罗斯瓜分以后，波兰已经亡国，不存在了。历史总是在作弄人。波兰是一个大国，它不是一下子被武力征服而灭亡的。它被兼并与瓜分的历史蔓延了 100 多年。当它被周围的大国欺凌的时候，从外貌上看它并非一定比欺凌它的国家弱小。被最后瓜分以前，贵族和知识阶层广泛地争论流行于法国和其他西欧国家的一句名言："我愿自由而有危险，但不愿安宁而受奴役。"（《波兰史》，第 123 页）它反映了许多有闲人在社会危难时期逃避责任而向往与追求的一种人生观。说明波兰的贵族和上层的多数已经对于国家的命运麻木不仁，安于在俄罗斯女皇叶卡捷琳娜的异族统治而又能享受一个安逸自由的生活。18 世纪后期，波兰被三次瓜分，都是由女皇叶卡捷琳娜大帝一手操作的。传说她在波兰贵族中不止一位情人，其中波兰的最后一位国王斯坦尼斯拉夫·波尼亚托夫斯基既是女皇的傀儡，又是她的情人。波兰在这位多情的国王手里被他的情人拿走以后，国王终于沦为没有国的国王。波尼亚托夫斯基的晚年居住在俄国的陪都圣彼得堡，推想该是由他的俄国情人抚养了。1807 年和 1809 年，拿破仑以原来普鲁士和奥地利占有的原波兰的部分领土为主，设置了一个华沙公国，唤醒了波兰民族复兴的希望。要知道，当年的波兰-立陶宛联邦共和国时代，那可是西面靠近易北河，东面包括了立陶宛、白俄罗斯和乌克兰的强盛国家。所以，从遭受欺凌的时候开始，在连续几个世纪的波兰人的心目里，一直都有一个回到他们祖先曾经强盛时代的梦想。所以，波兰人一旦有了那怕是一次十分渺茫的机会，都要勾画那张深藏心灵里的宏伟蓝图。1919 年至 1920 年，在沙皇的统治下经过了大约一个世纪的华沙公国的版图以后，弱小的，并且纯粹是依靠英、法大国的道义支撑的波兰，利用德国战败与俄国布尔什维克革命政权尚不稳固，扩充了东西两边的国土，为自己再次覆没埋下了祸根。

　　暂且放下波兰，再说德国人。当波兰人从 17 世纪中期的鼎盛时期逐渐衰落的时候，它的西部紧邻的日耳曼民族却得到了较快的发展。所以，18 世纪波兰前后被瓜分过三次，其中第一次瓜分奥地利得到加里西亚的一部分和小波兰的南部，大约 265 万人口；普鲁士获得出了但泽以外的所谓皇家普鲁士（小波兰），月 58 万人口。第二次瓜分普世接着拿走了但泽、托伦和与波兰南部接壤的被称之为大波兰的一大片土地，大约 100 万人口。第三次瓜分普鲁士得到华沙及其周围的大片土地，100 万居民；奥地利得到小波兰的剩余地方和克拉科夫，月 150 万人口。当波兰遭遇第二次瓜分的时候，法国已经爆发革命。波兰亡国后 10 多年，波兰民族遇上了它的历史上的第一位上帝拿破仑。1807 年和 1809 年，拿破仑先后从普普鲁士和奥地利原来分割波兰的土地上拿出一块设置了华沙公国，普鲁士和奥地利的日耳曼人当然有理由认为那是分割了它们的领土。拿破仑失败后，由于波兰人遇到他们第二为上帝亚历山大，虽然华沙公国被肢解，其西部土地成为波兹南公国受普鲁士管辖，在克拉科夫设立了中立的克拉科夫共和国，但华沙公国的核心区域总算得以保存。波兰人在一开始把沙皇当作救世主也不是没有道理，因为如果不是他的保护，波兰在欧洲同盟打败拿破仑的时候，就已经面临再次覆没的可能。所以，在那个特殊的境遇下，波兰人愿意躲进沙皇的卵翼下，而不愿意再次回到普鲁士和奥地利。日耳曼人之所以没有坚持拿回昔日属于他们的东西，是由于还不敢挑战沙皇。一旦实力达到可以挑战沙俄的程度，日耳曼民族就有了积极的行动。第一次世界大战以后，德国战败。胜利的协约国用赔款和分割土地惩罚德国：从西面割让土地给法国，北面割让土地给丹麦，东面割让了更多的土地给波兰。刚刚依靠大国的道义支持而从俄国人的统治下得到独立但经济政治亦然脆弱的波兰，也能从普鲁士和奥地利那里得到了那么多的土地。德国人显然认为是对他们的不公。希特勒在 30 年代能够得到德国人民的支持，把那么露骨的侵略方针和政策贯彻得顺风顺水，在很大程度上是由于攫取周边的土地，特别是要收回波兰从他们那里拿走的土地，顺应了德意志民族的复仇心理。

再说俄国。俄罗斯从波兰得到的最多。1667 年，俄罗斯从波兰拿走了靠近莫斯科的斯摩棱斯克和杰斯纳河流域的大片土地。1772-1795 年，俄罗斯人和日耳曼人三次瓜分波兰，其中第一次瓜分，俄罗斯从波兰拿走了德维纳河和第聂伯河之间、由白俄罗斯人和拉托维尼亚人居住的那部分立陶宛，人口约 130 万。1793 年，第二次瓜分，俄罗斯鲸吞了立陶宛和西乌克兰的大部分领土，人口大约 300 万。1795 年，第三次瓜分波兰，俄罗斯得到立陶宛和白俄罗斯的其余部分，人口大约 120 万。（尼古拉·梁赞诺夫斯基：《俄罗斯史》第七版，上海人民出版社，2007 年，第 251-252 页）波兰人的最初的复兴梦是寄托在拿破仑的身上。由于拿破仑进犯俄国的失败，紧跟拿破仑的波兰人再次面临沦陷的境地。由于俄国在反拿破仑战争中的决定性作用，更重要的是维也纳会议期间，华沙公国就在沙皇的军事占领之下，所以，亚历山大大帝的方案决定了波兰人的命运。华沙公国只是被肢解，西部失去了受普鲁士管辖的波兹南公国和接受中立的克拉科夫，波兰的核心地区得以保留，但华沙公国改为波兰王国，沙皇兼任波兰国王，波兰接受沙皇的统治。日耳曼人显然对这个方案不满意。如果按照参加反对拿破仑欧洲同盟的普鲁士和奥地利的意见，打败了拿破仑和跟随拿破仑的波兰人，普鲁士和奥地利就应该得到拿破仑和波兰人早年从他们那里拿走的东西。但是，这时候不只是俄国人占有主动权，而且还最有实力。这是由亚历山大大帝提出的方案，当然得利的是沙皇亚历山大。如果否定波兰的存在，那么，华沙公国来自于哪个国家的土地，就应该再归还那个国家。这样，就与俄罗斯没有一毛的关系。而承认华沙公国的现实，给普鲁士和奥地利些微的安慰，尽管没有把其据为己有，但能把波兰的核心部分置于自己的统治之下，这是当年把波兰瓜分完毕以后，俄国沙皇又终于能够踏着波兰民族的身体再向西跨越的最大限度了。波兰人在又一次必须接受别人摆布的情况下，总算被保全了性命。像牧师弗朗西斯科·热兹耶斯奇当年反驳愿意王国而享受异族人统治下的自由人生那样，绝大多数的波兰人满意于这样的结果。"因为一个存活下来的国家，无论它的政府受到什么程度的压迫，仍然有机会改革；但是一个失去了自由的国家就会失去一切。"（《波兰史》，第 123 页）所以，维也纳会议以后，波兰人曾经像崇拜拿破仑那样，把复兴的希望寄托在沙皇的身上。当不切实际的幻想随着时间的推移而遭到破灭以后，波兰人举行了无数次的根本就是无望的起义、暗杀和恐怖主义行动。第一次世界大战中，沙皇俄国本属于协约国，但由于早在一战还在进行时因为列宁的革命而放弃了与德国交战的东部战线，特别是苏维埃又以相当有利于德国的条件签订了和约。所以，俄国（此时称俄罗斯社会主义苏维埃联邦共和国）并未参加巴黎和会。《凡尔赛和约》为波兰所划的东部边界即寇松线，大约维持了波兰王国与沙皇俄国时期的乌克兰和白俄罗斯边界。但是，波兰人对于俄罗斯人吃进波兰大片大片的土地却从未吐出一点点很不甘心，一战后波兰的英雄毕苏茨基们心里的那个波兰是包括立陶宛、白俄罗斯和乌克兰在内的波兰-立陶宛共和国。所以，1919 年至 1920 年，波兰人趁着苏维埃政权脆弱而无力应对的时候，向其发动攻势，一度占领了包括基辅和明克斯以东的乌克兰和白俄罗斯大片土地。前面介绍斯大林的时候，曾经对此有所叙述。经过几次拉锯战之后，1920 年 10 月，波兰又从华沙附近把红军逼到了寇松线以东的地方。1921 年 3 月，波兰迫使苏维埃俄国与之签订了《里加协定》，波苏边界维持在波兰人所占领的地方。因为战场上的失败，布尔什维克认为那是一个屈辱的条约。

虽然波兰人一直为自己辩解，说第一次世界大战后"波兰的西部边界与民族语言上的分界线大致吻合（也大致与波兰被瓜分前的边境线吻合），但东部的情况则大不同，在那里，战略上的考虑是极为重要的。"（《波兰史》，第 223 页）国际关系是相关的民族国家实力的反映。自从被瓜分以后，波兰的几次复兴与所谓的独立，都不是依靠自己的发展而获得的。它一直生存在大国的卵翼之下，依靠大国的慈悲与施舍，依靠大国道义的担保才得以独立和生存。所以，当它趁着东西两边的大国的暂时疲软而得以扩张以后，它一直就过着提心吊胆的生活。随着两次世界大战期间德国与苏联的迅速复苏和强大，波兰的危机一天天在逼近。

第一次世界大战的结果是德国赔款割地。希特勒一上台就打着为有限空间的日耳曼民族寻求出路的旗号。从东方获得"生存空间"，这是最能激起民族主义与爱国心的政治口号、执政纲领及路线。希特勒理所当然地得到了日耳曼人的狂热支持和拥护。1939 年 8 月 23日，德国与苏联签订互不侵犯条约及瓜分波兰的秘密附属的议定书。按照该秘密议定书，德国将占领寇松线以西的波兰领土，那是拿破仑以前属于普鲁士和奥地利的土地。苏联将占领寇松线以东的波兰领土，那是波兰依据《里加协定》得到苏俄的土地。

9 月 1 日，希特勒不宣而战，用 52 个师的兵力从西面突击波兰。8 日，德国第十集团军已深入华沙市郊。9 月 17 日，苏联红军越过波兰东部边界，向西推进，几乎没有遭遇到多大的抵抗，就到达了寇松线。9 月 30 日，德军攻陷华沙，波兰全面沦陷。9 月 28 日，根据斯大林的建议，苏联与德国外长在莫斯科会晤，进一步修改了 8 月 23 日的协议，德军与苏军据此再次瓜分了波兰。德苏协议以后 5 个星期，德国把原波兰西部的几个省直接并入德国，在与苏军之间的原波兰土地，则设置了直属他领导的总督辖区。而苏联则把占领的全部土地分为西乌克兰和西白俄罗斯并入苏联的版图。至此为止，日耳曼、俄罗斯和波兰之间，前两个民族基本上合伙兼并与瓜分了后者。

当 1939 年 8 月 23 日斯大林与德国签署"互不侵犯条约"的时候，也料到了希特勒迟早会破坏这个协定。由于穿过波兰"取得对苏联辽阔领土和巨大资源的控制，是希特勒先后一切侵略行动的终极目标，因为只有这样他才可能实现的他的野心，把德国建成一个像美国那样规模的超级大国。"（《第二次世界大战全史》第 3 册，第 505 页）1941 年 6 月 22 日，德国对苏联发动突然袭击，侵略苏联国土。德军迅猛穿越波兰，兵临莫斯科城下。原来苏联侵占波兰的土地，与苏联欧洲部分的绝大多数领土，都置于德军占领之下。俄罗斯与波兰都属于受德国侵略的国家，波兰、俄罗斯和日耳曼三个民族关系发生了改变，前两个民族终于站在一条战线上抵抗后者。

以上是丘吉尔、罗斯福与斯大林讨论波兰问题以前，波兰与德意志、俄罗斯三个相关民族之间的"爱恨情仇"，我将其表述为历史的纠缠。

那么，丘吉尔、罗斯福与斯大林的争论和纠纷是如何引起的呢？如果用一句话来回答，那不过是对波兰人与俄罗斯人纠缠的误读。所不同的是，以上是历史的纠缠，而现在所要讨论的问题是现实的纠缠。波兰人与俄罗斯人的现实纠纷，当代的纠缠，而英、美两国政府却硬是要掺和进来，予以干涉与协调。不过，由于战争规律以及决定民族关系的那些社会因素的作用，尽管每一步都走得那么勉强，但美国和英国最终都还是跟着斯大林的步伐，承认了苏联红军所创造出来的波兰现实与新的波苏关系。如此而已。

1939 年 9 月，由于德国和苏联已经瓜分了波兰，波兰国家对于德国和苏联来说，已经不存在了。但是，波兰政府在华沙沦陷前逃离，准备经罗马尼亚流亡法国。后因德国施压，被罗马尼亚政府软禁起来。在此期间，逃亡法国的波兰人拿出一份总统授权的文书，前议长瓦迪斯瓦夫·拉奇基耶维奇据此继任波兰总统。9 月 30 日，流亡政府一经在波兰驻法国使馆宣布成立，就得到英、法，以及美国等西方国家的承认。法国沦陷后，波兰流亡政府又辗转到英国伦敦。战争期间，流亡政府一直是一面鲜亮的旗帜。它作为盟国所承认的合法政府，活跃在国际舞台上；它动员流亡于全世界的波兰民族，领导了包括国内的地下抗战武装和反德国统治的抵抗组织。

由于苏联的入侵和流亡政府与原波兰政府的法统渊源，波兰流亡政府与苏联本没有关系。但是，德国入侵苏联以后，苏联与波兰、英国等西方国家就站在了同一条抵抗德军的战线上。特别是有着两亿多人口的苏联在斯大林的领导下，成为抗击德国的主力军。英、美和苏联结成同盟关系以后，丘吉尔向波兰流亡政府施加压力，要求其与苏联签订了"西科尔斯基–马伊斯基协议"，恢复了外交关系。但是，1943 年 4 月，德国在卡廷森林发现 4000 具波兰军官的尸体，伦敦流亡政府要求国际红十字会调查，认为是苏联政府所犯罪行，引发苏联不满，从而中断了两国关系。（《波兰史》，第 258 页）

1944 年 8 月 1 日，当苏联红军逼近华沙的时候（苏联政府的说法还有 500 多公里），接受流亡政府领导的地下组织"国家军"想抢在红军以前控制华沙，贸然发动了武装起义。起义者原以为德军已经濒临溃散，只需登高一呼，华沙唾手可得。不想，起义遇到德军的疯狂反扑。德国的精锐部队开进华沙，而苏联红军挺进到距离波兰不远的维斯瓦河后却暂停了军事行动。起义者坚持了 2 个月，10 月 2 日向德军投降。波兰流亡政府与苏联的积怨更深。华沙以外的一些"国家军"和其他武装力量，在苏联红军占领波兰之后转入地下。"有些人对占领该地的红军抱敌对态度，那是很自然的"。（《第二次世界大战全史》第 9 卷，第 237 页）

当希特勒向苏联发动侵略战争的时候，苏联占领的原波兰地区以及德军占领区的一些波兰人，随着苏联红军撤退到苏联境内。苏联卫国战争期间，流亡苏联的波兰人组成波兰军同红军一起上前线，抗击德军。1944 年 1 月，红军与波兰军进入波兰境内。随着红军的西进，波兰后方日益扩大。军事武装的胜利，是建立在强大而稳定后方的基础之上的。这是斯大林的一条重要军事思想。所以，在波兰建立政权的问题被提到了日程。如果伦敦的流亡政府有着与苏联友好的关系，也许苏联建立波兰国内的政权可以与其联起手来。无奈这个流亡政府与二战以前的传承关系，以及战争中由于卡廷事件和华沙起义，使得它与苏联政府之间本就横隔着许多障碍。特别是随着红军 7月越过了寇松线，苏联把寇松线以东的原波兰领土直接按照苏联领土处理，又成为流亡政府根本就不能跨过的鸿沟。

伦敦的波兰人从本质上讲乃是一批极具爱国心的知识分子。由于家国泯灭而流亡海外，过着仰人鼻息的生活，更形成了他们极为敏感的民族主义情绪。虽然说参加了政府的工作，但那并非真正执掌国家行政，所以没有从政经验，也不会从政治着眼处理问题。这一批人听说英、美等同盟国家愿意战后的波兰西部跨越奥得河，把边界推到德国的领土上，一个个喜笑颜开。而对于英、美、苏三大国达成的东部以寇松线为边界的共识，却暴跳如雷，发表"政府声明"，严正抗议。按照他们的说法，里加条约是神圣不可侵犯的，是没有讨论余地的。所以，他们只愿意在波兰的全部主权得到尊重和不"干涉内政的"的条件下，与苏联恢复外交关系。

问题在于战争有着它的特殊规律性。当苏联红军解放华沙以后，德军的颓势几乎一夜间坍塌，仅只用了 3 周，全波兰解放。波兰已经成为苏联红军进军德国的大后方。"军事上的一条原则，即任何军队的统帅只要力所能及，就不会允许潜在的敌对部队在它的后方保持着它的组织"。(《第二次世界大战全史》第 9 册，第 165 页）随着红军的推进，苏联军事当局要求一切波兰军事武装公开身份，改组改编，统一接受红军的领导。流亡政府在国内的势力不断被压缩，影响变小。这是一方面。另一方面，读者已经知道，斯大林认为，稳定的后方是立于不败之地的基础。所以，波兰随着苏联红军的解放，当伦敦流亡政府因拒绝接受寇松线却只能发送抗议照会的时候，波兰国内的形势则发生着日新月异的变化。1944 年 5 月，红军开始在占领的波兰地区建立起"全国人民代表会议"。7 月，全国人民代表会议任命了一个波兰民族解放委员会，作为国家临时行政当局。同时，苏联将随同红军进入波兰的波兰军和波兰国内的"人民军"合并，组成统一的"波兰军"。这就意味着，波兰临时行政当局不仅具有了政府的架构，而且拥有了国家的武装，具有了国家的雏形。7 月 26 日，苏联政府同该委员会签订了一项军事协定并互换了外交代表。1944 年 12 月至 1945 年 1 月，波兰"临时政府"经过一系列的具有法律效力的活动，在卢布林将民族解放委员会改为"波兰共和国临时全国政府"。

由于英、美两国政府肩负着波兰流亡政府的道义责任，所以，丘吉尔和罗斯福一直向斯大林呼吁，要求苏联在波兰放慢步伐，协调斯大林与流亡政府的关系，以免形成英美等盟国承认一个波兰政府，苏联再承认另外一个波兰政府。但是，1945 年 1 月 5 日，苏联还是单独发布声明，苏联最高苏维埃主席团决定承认波兰共和国临时政府，并互换大使。1 月 17 日，斯大林宣布苏联红军和波兰第一军一起解放了华沙。18 日，波兰共和国临时全国政府迁入华沙，开始在全国行使国家职权。(《第二次世界大战全史》第 9 册，第 174-175、209-212 页）

这也就是雅尔塔会议，以及雅尔塔会议以后，包括杜鲁门继任总统以后，英、美、苏三巨头在波兰问题上争论与争吵的主要问题。按照丘吉尔的说法，雅尔塔会议的 8 次全体会议中，至少有 7 次讨论到波兰，在英国的记录中，关于这个问题在丘吉尔、罗斯福和斯大林、之间交换意见，约有 1.8 万字。(《第二次世界大战回忆录》第六卷，第 329 页) 但是，如果我们再作具体分析，却不难发现他们在有关波兰的一些关键性的问题上，却是一致的。第一，三大国都同意建立一个自由、独立和强大的波兰。第二，战后波兰的边界，即西部以奥得河、东部为寇松线，认识是一致的。第三，波兰临时政府应该包括波兰各党派，战后应该由全民投票自由选举政府，是没有多少分歧的。甚至第四，波兰应该是一个与苏联友好的国家，其政府必须对苏联持友好的态度，也都得到英、美两国政府赞同的。

希望有一个自由、独立和强大的波兰，对于英国和美国来说，似乎是极为明显的道理，苏联怎么会有这样的愿望，该是虚假的吧？我们且听斯大林怎样说。在那个时代里，人们普遍把德国当作战争的根源，即使德国被打败了，再过 20 多年还会报复。所以，从战略上考虑，斯大林把波兰比喻为横跨在德国与俄罗斯之间的走廊。他说：

> 在过去三十年里，我们的德国敌人曾两次跨过这个走廊。这是因为波兰是个弱国。波兰强大起来，既符合俄国的利益，也符合波兰的利益。波兰能够用自己的军队把那个走廊封闭起来，这也是符合它自己和我们的利益的。这个走廊不能由俄国机械地从外面封闭。它只能由波兰从里面去封闭。波兰必须是自由、独立而强大的，这一点十分必要……
> (《罗斯福传》，第 644-645 页)

应该说，斯大林的这个道理是很客观、坦率的。

也许读者以为，丘吉尔和罗斯福同意把寇松线以东的原波兰领土划归苏联，是出于无奈和勉强，是违心的。其实并不是这样。丘吉尔是 1940 年 5 月临危受命，担任首相的。1939 年苏联红军以"保护乌克兰和白俄罗斯同胞"为借口侵入波兰，接着将波兰领土划归到苏联版图。9 月 19 日，即苏联入侵第三天，英国政府发表声明，说英国政府"根据苏联政府提出的理由"，不能认为苏联对波兰的进攻"是有理的"。（汤因比《第二次世界大战全史》第 3 册，第 52 页）当俄国在占领的土地上举行选举，以及经乌克兰和白俄罗斯国民议会表决将这两个地区并入苏联的时候。10 月 26 日，英国外交事务大臣哈利法克斯在上院发言中说，如何判断俄国人占领一部分波兰领土时，有两点必须考虑到，第一，要不是德国人开了不宣而侵入波兰的先例，俄国人决不会采取这样的行动；第二，"苏联政府的行动，是要把俄国边界推向实际上就是凡尔赛会议时……寇松勋爵所建议的边界"。（汤因比《第二次世界大战全史》第 3 册，第 42 页脚注①）所以，当波兰政府向德国和苏联政府提出抗议的时候，英法政府却没有和波兰政府联合起来抗议 1921 年被波兰勒索取得的土地回到苏联手中。但是，它们同意支持波兰政府对西部领土的主张，声明 1939 年 10 月 8 日德国的命令不能取消波兰对其西部各省的权利。（《第二次世界大战全史》第 3 册，第 56 页）请读者注意，我把引文中"勒索"这个词用黑体标出，是要突出西方历史学家使用这个词语的含义。

以上是丘吉尔之前的英国政府的态度，那个时候还没有发生德国轰炸英国本土，也没有发生德国侵犯苏联，那还是苏联与德国站在一边的时候，英国政府反对德国跨越边界却认为苏联拿走寇松线以东的波兰土地也有它的道理。

当希特勒把苏联推到了英国一边以后，丘吉尔在他的前任立场上又向前跨了一大步。1944 年 2 月 22 日，当时的苏联红军已经把德军从自己的国土上压缩退回到波兰的领土上，丘吉尔在下院对议员们说，英国从来没有向波兰保证过一条具体的边界，而且英国关于什么是公平边界的观点，在 1919 年提出寇松线时可能已经表明了。他说，虽然领土问题应该战后去解决，但是由于俄国人的进展，在所有反希特勒的力量之间达成一项临时协议，已成为必不可少的了。丘吉尔还说，他虽然对波兰人深表同情，但也理解俄国人的观点。俄国人有权要求得到保证，不再遭受德国的侵略，而这一点，他们除了有自己的力量可以依靠以外，还有英国的全力支持和"联合国家的赞同"。他还说，因为拟议中波兰将从西部得到补偿，所以不能认为俄国的要

求"超出了公平合理的范围"。(《第二次世界大战全史》第 9 册，第 166 页）

斯大林也主张波兰是一个包括各个党派在内的联合政府，并同意自由选举？且看斯大林怎么说。在雅尔塔会议上，那时的苏德战场已经跨过波兰，几乎全在德国的国土上进行。斯大林对罗斯福和丘吉尔说："波兰政府不是选举出来的，这是一个不能令人满意的事情。有一个自由选举出来的政府更好，但是直到现在由于战争之故不容许这样做。然而有可能举行选举的日子已经临近。"罗斯福提问："要多少时间才有可能进行选举？"斯大林回答："在一个月以内，除非前线有什么重大的挫折，不过那是未必会有的。"第二天，2 月 9 日下午，苏联外交部长莫洛托夫提出一个"比较接近于美国草案的建议"，波兰政府将"在更广泛的民主基础上进行改组，包括波兰国内和国外的民主领袖在内"。卢布林政府一旦改组，就要保证尽快举行自由选举。(《第二次世界大战回忆录》第六卷，第 340 页）

想一想那还是战争期间，三大国都希望赢得战争，而作为苏联红军后方的波兰必须是由一个与苏联友好的政府执政，已经是不言而喻的了。雅尔塔会议以后，丘吉尔对英国议员们说："波兰人掌握着他们自己的前途，只有一个限制，那就是，他们必须协同它们的盟国真诚地奉行对俄友好的政策……"(《第二次世界大战全史》第 9 册，第 230 页）波兰与苏联友好，是苏联红军赢得战争的一个重要条件。这是一方面。另一方面，罗斯福还有一个战后与英国、苏联一起携起手来建立世界和平新秩序的设想。所以，对于罗斯福和丘吉尔来说，不会再有别的选择。

那么，英、美为什么要和苏联争吵呢？这是一个伪问题。波兰解放了，伦敦有一个受到自战争以来就受到英、美支持的波兰流亡政府，随着波兰局势的发展国内又成立了一个受到苏联支持的并且正在施政的波兰政府。政治规律要求一个国家只要一个政府。应该选择哪一个政府？国外的，国内的？这似乎是一个矛盾，一个问题，一个实实在在的难题。但是，如果仔细分析，就不难发现，它本不是问题，至少不是横隔在英、美和苏联之间的客观与必然的问题，因为丘吉尔就多次说：

> 如果伦敦的波兰政府早就采纳英国的建议，就不会有卢布林委员会。甚至 10 月间，米科拉伊奇克本来还是可以从莫斯科去卢布林当新政府的总理的。

米科拉伊奇克原始伦敦的波兰流亡政府的总理。丘吉尔这段话是说，如果流亡政府按照英国政府的建议去做，波兰就只有一个由流亡政府总理担任首脑的政府，那当然就没有英、美和苏联之间的争吵了。

原来，早在 1944 年 1 月苏联红军进入波兰边界的时候，5 日，流亡政府向盟国发出照会，强调波兰的领土范围，以及不可摧毁的独立权利。11 日，苏联政府答复波兰的照会，则明确提出苏联人的波兰方案。苏联政府说，1939 年公民投票已经表达了人民的愿望，而且苏联宪法已经明确规定了苏波边界。照会还强调说，这是对"1921 年里加条约所容忍的不公正"的纠正。米科拉伊奇克寻求丘吉尔的帮助，丘吉尔则建议波兰政府接受寇松线。他再寻求美国的帮助，美国也婉转地说，美国大致同意英国政府的意见。但是，波兰流亡政府强硬地拒绝三大国的意见。

7 月，苏联越过了寇松线。这意味着苏联人所认可的波兰领土也接近解放了。丘吉尔意识到，在波兰的领土上建立波兰政权已经是一个迫在眉睫的问题了。所以，他反复告诉在伦敦的波兰人："自由和独立是一个比其边界更为重要的问题"。（《第二次世界大战全史》第 9 册，第 228 页）这是一句政治家的语言。如果直白地说：一个现实的国家政权远比争论边界问题更重要。所以，当华沙起义失败以后，10 月，丘吉尔给米科拉伊奇克拍去电报，再次要他接受苏联人的寇松线，并去莫斯科与苏联人、与卢布林的波兰人磋商成立波兰政府。他甚至生气地对米科拉伊奇克说："假如一月份您听从我们的衷告，并接受寇松边界线，你们本来不会再和这些可恶的卢布林波兰人打交道。"(《最后一百天》，第 56 页）丘吉尔之所以那样说，是因为那个时候还没有出现波兰的政权问题，更没有卢布林政府。但是，即使卢布林政府产生以后，由于苏联所扶植的波兰人里面，也还是没有任何人会有米科拉伊奇克那样有声望的人，所以，丘吉尔才说，假使米科拉伊奇克听从英国政府的建议，很可能已经"当新政府的总理"了。

以上是英国人的认识，即如果波兰流亡政府听从英国政府的建议，本就不会发生这个问题。言外之意，这不是一个必然发生的问题。我们再看美国人的观点。杜鲁门上任后，派遣霍普金斯作为他的特使，到莫斯科与斯大林沟通。霍普金斯说："波兰问题本身的重要性比不上这样的事实：它已成为我们是否有能力同苏联解决问题的一种象征。"他说："我们在波兰既没有特殊利益，也没有特别看中任何特定类型的政府。我们将承认为波兰人民所向往的，同时又是同苏联友好的任何一个政府。"(《罗斯福与霍普金斯》下册，第 566 页）在与斯大林的会见中，"霍普金斯小心地把英国的政策同他自己政府的政策，特别是两国在波兰问题上的政策区别开来。"(《第二次世界大战全史》第 9 册，第 245 页）可见，美国人把波兰问题仅仅当作一个"象征"，并且美国政府与英国政府在这个问题上还持有不同的政策，都说明波兰问题对于英国、美国来说，并不属于十分现实的、真实的问题，至少不属于横隔在它们与苏联之间的不可逾越的从而必须以冷战方式处理的必然性问题。

除了波兰问题以外，当时的美、英与苏联之间还为另外一件事情争吵。

1945 年 2 月，苏联红军在东线已经进入德国境内，先头部队逼近奥得河。西线美英等盟军已经夺取了原来德军所占领的全部西欧地区，艾森豪威尔正在指挥盟军向德国境内的莱茵河进军。德军的失败已成定局。在这样的形势下，西线的德军通过中立国瑞士谋求投降。期间，苏军的情报报告德军企图与英、美单独媾和。按照丘吉尔的解释，西线的德军要向美英投降，而不愿意向苏军投降，是由于反感苏联的专制制度，而英美联军与德军代表在瑞士所发生的两次接触，目的是要验明的军代表的身份。

根据 1942 年 1 月 2 日签署的《联合国家宣言》，同盟国家中"各国政府保证继续同共同的敌人或任何一个敌人作战，决不单独媾和"。（《第二次世界大战全史》第 5 册，第 123 页）所以，美、英在苏联没有参加的情况下，就不应该单独与德国接触，任何政府与德国的政治谈判都不应该发生。第二，1943 年 1 月卡萨布兰卡会议上，罗斯福提出"无条件投降"。（《第二次世界大战全史》第 5 册，第 342 页）如果发生战场上的军事投降，那是军事指挥官当机立断的军事行为，而与政府无关。所以，美、英政府在苏联没有参与情况下与德国接触，至少是欠妥当的。第三，欧洲战场上，东西线的军事力量分布本来就不平衡，其中东线的苏联红军抗击着德军三分之二以上的兵力。即使按照丘吉尔的分析，也存在着假使西线德军与盟国实现媾和，必然将兵力撤到东线与苏军做更激烈的搏斗。所以，斯大林有理由对这一问题持敏感反映。当然，最后，无论丘吉尔、罗斯福，还是斯大林，都没有从民族国家关系问题上看待这个问题。德军一直谋求向英、美投降，而没有提出向苏军提出投降，是因为德国和苏联共存于同一区域，有着历史以来的利害冲突，特别是二战以来的德国与苏联的战争，那该是德意志民族与苏联所承载的大俄罗斯民族之间历史的矛盾与冲突的延续，丘吉尔总是从意识形态上解构历史是有问题的。

对于我们来说，重要的是必须看到这一时期罗斯福的战略眼光与战后的世界蓝图。早在 1943 年德黑兰会议上，罗斯福就已经向斯大林提出通过建立联合国机构实现世界和平发展的构想。罗斯福所构想的联合国机构分为三个层次，第一个层次是一个由所有的联合国家所组成的联合国大会，讨论世界问题和提出解决问题的建议。第二个层次的机构是由苏联、美国、英国和中国，以及两个欧洲国家的代表和世界其他几个地区的各推选出来的一个代表，总计 10 个国家的代表所组成。应该是类似于现在的联合国安理会，属于执行性质的委员会组织，处理一切类似于经济、粮食、卫生等之类的非军事性质问题。第三个层次的组织是由苏联、美国、英国和中国"四个警察"组成，有权处理任何威胁和平或任何意外紧急的事情。罗斯福认为，将来的世界和平有可能来自于两方面的威胁，一种是小的，由小国的革命或者内战引起，有时也可能在相邻的小国之间发生的战争。这一类可以采取隔离的办法，通过封锁有限的边界和强行禁运，相当于现在所说的制裁得以解决。另一种是大的威胁，可能来自大国所发动的侵略战争，这可以由 4 个警察国家威胁、警告，甚至直接的轰炸和入侵。(《罗斯福与霍普金斯》下册，第 432-433、434 页）

在罗斯福向斯大林所介绍的情况中，没有论及到如果发生发动侵略的大国是"四个警察"中的任何一个或者两个、三个大国该怎么办。不排除罗斯福从来没有想过三大国会出问题。但依据霍普金斯有一天对其他国家的外长说："总统认为，世界和平的基本因素，是俄国、大不列颠和美国三强国要用不会引起其中任何一国武装起来反对其他两国的方式制定出这种控制的问题。"(《第二次世界大战全史》第 5 册，第 440 页）这就是说，罗斯福要尽可能避免在三强国中出现两个国家孤立某一强国的局面，至少他不会用两个国家来反对另一个国家。在一般情况下，这当然是告诉苏联，美国不会联合英国反对苏联。当然，既然是国家间关系，就不可能没有矛盾和纠纷。譬如很多人就认为罗斯福在波兰问题上就对斯大林甚为不满。根据哈里曼的说法，在罗斯福去世前 11 天发给斯大林的电报，就对其颇有不满。罗斯福说：

> 我必须直截了当地告诉你，任何使华沙现政权稍稍改头换面一下就继续存在下去的解决办法，都是不能接受的，而且将使美国人民认为雅尔塔协定已经失败了。(《哈里曼回忆录》，第 40 页；翻译文字略有不同的丘吉尔《第二次世界大战回忆录》第六卷附录，第 620-621 页）

但是，由于罗斯福心中有通过战争凝结的三大强国所奠定的维持世界和平的蓝图，他就不会以为苏联会发动战争。所以，他一直设法消弭英国和苏联可能的矛盾和纠纷。

如果阅读丘吉尔的回忆录，就能发现，他与罗斯福在对待苏联和斯大林的问题上，还是有很大差别的。丘吉尔虽然对斯大林有相当多的赞许，但基调总还是对俄罗斯民族和苏联共产主义意识形态心存隔阂与隔膜。但是，因为英帝国的颓势，它需要处处把美国推在前面。所以，几乎所有与苏联发生分歧和争吵的问题，都不难发现英、美这一方起头的总是丘吉尔。当然对于苏联来说也是一样。当苏联与英、美发生争执时，斯大林总是把主要的矛头对着英国人，对着丘吉尔。一方面，这也许是斯大林的策略。另一方面，尽管英国与俄国分别处在欧洲大陆的最西端和最东段，但相对于美国来说，历史以来的共同欧洲的事务所结下的恩仇。而罗斯福则有所不同，它在许多问题上超脱多了。即使无法超脱的问题，但处理起来也表现出与丘吉尔明显地不同。美、英两国与所谓西线的德军接触引起斯大林的不满和抗议，一直到罗斯福逝世的那一天，还在做两方面的熄火工作。我们将丘吉尔和罗斯福的 3 封电报抄录于下，它们都是来自于丘吉尔的回忆录。

4 月 11 日，丘吉尔给罗斯福的电报说：

> 我觉得我们所能从他们得到的大概是以此为度了，的确这也是近于他们所能做到的道歉。不过，在考虑英国政府作出任何答复之前，务请示知你对此事的处理意见，以便你我两方保持步调一致。

丘吉尔认为他所得到的苏联的"道歉"，是指 4 月 7 日，斯大林给丘吉尔的电报。另外，从中可以看出，丘吉尔总是拉上罗斯福对付斯大林。第二天，也即罗斯福去世的那一天，罗斯福给丘吉尔的回电说：

> 我想把一般性的苏联问题尽量缩小，因为这类问题，不是以这种形式就是以那种形式，几乎天天都在发生，然而大

多数都得像伯尔尼会议那样得到解决。

但是我们务必坚定，至今为止我们所走的途径是正确的。

罗斯福所说的伯尔尼会议，就是美英与德军代表在瑞士的接触与谈判。重要的是，我们可以知道，罗斯福没有像丘吉尔那样把与斯大林的矛盾与纠纷当作多么大的问题去对待，相反，他认为这是相互交往中每日都可能出现的小事情。为此，第二，他要求把这类问题尽可能地缩小。第三，他要求像"伯尔尼会议"那样，务必坚持《联合国家宣言》和卡萨布兰卡会议所确定基本原则，不要损害盟国的团结。

同一天，即去世的那一天，罗斯福给斯大林的电报说：

> 感谢你对苏联在伯尔尼事件上的观点作了坦率的解释，这件事现已似乎成为陈迹，也未发生任何效果。
>
> 无论如何，不应该有互相怀疑，今后此类性质的小误会也不宜发生。我深信你我两军会师德国，并肩全力联合进攻之日，将士纳粹军队分崩离析之时。

据另外的一个版本说，当罗斯福要求哈里曼把他的电报转给斯大林的时候，哈里曼还曾建议把电报里的"小误会"的小字去掉，遭到了罗斯福的拒绝。（《杜鲁门传》上册，第404页）可见，罗斯福总是淡化与斯大林的误解，要把矛盾和纠纷尽可能地缩小，化解矛盾，甚至是希望没有矛盾。或者用一种时尚的话说，罗斯福希望和斯大林"团结一致向前看"。

这该是罗斯福留给杜鲁门的一份重要政治遗产，可惜他的继承人没有读懂。

以上是杜鲁门就任前美、英与苏联争吵情况，笔者之所以说杜鲁门没有"读懂"罗斯福的政治遗产，是由于罗斯福去世以前并没有给他交代过什么，再加上杜鲁门并不是罗斯福新政时期所搜罗的老班底，他不是那个时代里美国民主党的自由主义者，凭着悟性也许可以

领会罗斯福主义的精神。杜鲁门与罗斯福的交集并不很多。1944 年
7 月，罗斯福竞选连任已经到了如火如荼的程度，究竟挑选谁作为罗
斯福的副总统与其联袂参加全国大选，罗斯福还在说："我不大认识
杜鲁门。"（《杜鲁门传》上册，第 315 页）也就是在这个时候的民主
党代表大会上，杜鲁门并没有思想准备而成了副总统候选人。但是到
罗斯福去世，他与罗斯福也没有见过几次面，更没有所谓的推心置腹
地交谈过。虽然杜鲁门是一位循规蹈矩的人，他并没有要改变罗斯福
执政方针的念头。杜鲁门曾经对人说，他并不是被人民选出来的，而
罗斯福是被选出来的，所以他有责任贯彻罗斯福的政策。（《哈里曼回
忆录》，第 53 页）这句话对于中国的读者来说，就需要加个注解。因
为罗斯福竞选时向选民提出了他的执政纲领，他的竞选连任意味着
他的执政纲领、路线和政策得到了人民的认同，那么，总统执政就是
履行契约。杜鲁门未曾经过选举而接任总统，所以没有权利抛开罗斯
福另搞一套，而必须继续执行罗斯福的政策，继续履行和兑现罗斯福
竞选时向选民承诺的东西。

　　但是，在这方面，他有没有别的选择，只是尽可能地通过阅读罗
斯福遗留的文献来领会罗斯福。遗憾的是，杜鲁门就任总统不几天，
在与苏联的关系上，就没有读懂罗斯福如何对待斯大林，从而开始在
对苏问题上有了些微的偏离。

　　按照罗斯福和丘吉尔、斯大林三巨头在雅尔塔会议上的确定，
1945 年 4 月 25 日将在旧金山召开联合国大会。这是标志联合国建立
的第一次大会，被邀请国家的外交部长将参加会议。但是，由于发生
了英、美与德军接触谈判的事件，以及围绕波兰问题的争吵，苏联却
准备让副外长维辛斯基参加旧金山会议。罗斯福去世后，斯大林会见
美国大使哈里曼表达对美国人民的深切慰问，后者根据杜鲁门的意
愿，趁机向斯大林提出应该派莫洛托夫而不是维辛斯基参加联合国
大会。斯大林不顾莫洛托夫当场反对而立即迎合了美国政府的要
求。（《杜鲁门回忆录》上册，第 77 页；《哈里曼回忆录》，第 41 页）
一方面，苏联是联合国主要的发起国家。另一方面，自 1933 年建立

外交关系以来，这是苏联外交部长第一次访问美国。所以，美国总统需要单独并且隆重接见莫洛托夫。

而在此之时，苏联与英、美两国有关波兰问题争论相当激烈。此事分歧的焦点集中在如何履行雅尔塔会议的协议。按照雅尔塔商定，波兰政府应该尽快由国内外的民主派别的代表组成，并且尽快实现美国所要求的全国公民的自由选举。但是，雅尔塔会议以后，波兰在这方面一点都没有进展。在英美两国政府看来，雅尔塔会议已就此达成共识，下来就是执行了。是苏联故意拖延拒绝执行。其实并非如此。雅尔塔会议的协议用"国内外民主领袖"掩盖了分歧，从而歌词对他有着不同的解释。在英、美来说，，二战本来就是因波兰问题爆发的，英美所支持的伦敦流亡政府一直代表波兰活跃在国际舞台上，譬如 1942 年 1 月 2 日的《联合国家宣言》就是由流亡政府代表波兰签字的。所以，伦敦流亡政府中的领导人无疑应该是雅尔塔协议所说的国外民主领袖，当然有权参加国内的波兰政府。而苏联则认为流亡政府一直到现在还持反苏的立场，所以连同波兰临时政府抵制流亡政府的代表参加国内的政府。所以，雅尔塔会议上提出用脸和团结政府取代华沙临时政府的工作一点也没有进展，更谈不上自由选举了。

另外，流亡政府和华沙临时政府分别要求自己代表波兰参加联合国大会。伦敦流亡政府遭到苏联的激烈反对，英、美两国政府当然不敢承认它。但他们页不承认华沙临时政府，说它只是一个小集团，代表不了波兰人民。为此，英、美两国政府决定波兰的名额空缺，旧金山会议不邀请波兰参加联合国大会。但莫洛托夫认为受到苏联支持的卢布林政府已经是一个合法政府，有权参加旧金山会议。莫洛托夫到达美国以后，23 日上午的美、英、苏三国外长会议再次为此发生争吵，结果不欢而散。

为准备会见莫洛托夫，杜鲁门做了较多的功课。首先是阅读雅尔塔会议资料，以及美国驻苏联大使馆的往来电报。20 日，总统又接见了回国述职的驻苏大使哈里曼。结束谈话时，总统对哈里曼说："在与苏联打交道中，我准备采取坚定的态度。" 23 日下午，杜鲁门又召集了有国务卿斯退丁纽斯、陆军部长史汀生、海军部长福莱斯特尔、总统参谋长李海海军上将、陆军参谋长马歇尔、海军作战部长金海军上将以及美国住苏大使哈里曼等人参加的会议。杜鲁门对他的外交顾问们说，我们和苏联的（雅尔塔）协定，迄今为止，只是一种单行道，这种现象不能再继续下去了。如果苏联在旧金山会议上纠缠波兰问题，"那让他们见鬼去吧"！（《马歇尔传》，第 606 页）然后，顾问们发言。

老资格的史汀生首先发表看法。史汀生是共和党政治家。在罗斯福担任总统以前，就曾担任过陆军部长、国务卿。1940 年，罗斯福第三次蝉联总统，请史汀生担任陆军部长。史汀生说，他对波兰问题上与俄国的困难是完全生疏的，但他感到重要的是要找出俄国人的目的是什么？他说，在重大军事问题上，苏联政府是遵守信用的，美国的军事当局在这一点上都已经习惯于信赖他们了。事实上，他说，他们所做的往往比他们所保证的还好。因此，他觉得重要的是：在有关这些接壤的国家问题上应该找出他们的动机是什么，以及在他们认为对苏联极其重要的地区内他们的独立和民主的观念是什么。

显然，史汀生是从相关的民族关系立场看待苏联的波兰政策的。他说，第一次世界大战以前，波兰基本上是受俄国控制的，这一事实无疑影响了他们的观点。所以，他说，如果不充分了解俄国人对待波兰问题多么认真，我们就可能有陷入深渊的巨大危险。史汀生还说，他愿意知道俄国在波兰问题上的强硬态度究竟会有多么强烈，"因事关他们自己的安全，也许比我们更现实"。

海军部长福莱斯特尔说，波兰问题不是孤立的，苏联企图统治邻国，而忽视盟国的愿望。他说，如果俄国的态度顽固不化，我们就必须和它摊牌。与其将来摊牌，不如现在就摊牌。李海海军上将发言说，他离开雅尔塔的时候就有一种印象，那就是俄国人根本就不想让一个自由政府在波兰执政。他认为，与俄国决裂是一个严重的事件。但是，美国政府应该告诉他们，美国支持一个自由和独立的政府。可能是会议上出现分歧，杜鲁门让国务卿斯退丁纽斯宣读了雅尔塔会议上有关波兰问题的那一部分，即"现今在波兰行使职权的临时政府，应该在更广大的基础上改组，以容纳波兰国内外的民主领袖。这个新政府因此应该成为波兰全国统一临时政府"，以及"这个全国统一的波兰临时政府应当保证：尽速根据普遍选举与无记名投票方式举行自由的和不受限制的选举"。雅尔塔会议以后，波兰尚未能实现国内外民主领袖参加的政府，自由选举就更无从提起了。

马歇尔接着发言。他拒绝从政治上看问题。马歇尔认为，从纯军事的观点上看，太平洋战争离不开苏联的参加。他说，俄国人有权拖延参加远东的战争，直到美国人"干完了所有的脏活"再参加战争。所以，他同意史汀生的说法，与俄国决裂的危险是很严重的问题。史汀生再次说，俄国人在波兰问题上不会让步。他似乎认为波兰的自由选举并不那么重要。他说，我们必须了解，在美国以外，除了英国，只有极少数国家懂得自由选举；掌权的党派总是操纵选举。

会议上明显形成对立的两种意见，只有史汀生和马歇尔两人是一种观点，以海军部长福莱斯特尔、李海海军上将、国务卿斯退丁纽斯、哈里曼等多数人，又是一种观点。"会议结束时已很清楚，美国现在与俄国人打交道的基调变了。杜鲁门说他将采纳多数人的意见。"（《杜鲁门传》上册，第 407 页）

杜鲁门与莫洛托夫的会见发生了激烈的争吵。可能受前一天斯大林与波兰政府签署的友好条约的刺激，美国总统交给苏联外长一个照会，要他立即转交斯大林。美国照会进一步指责苏联政府没有履行雅尔塔会议上的承诺。杜鲁门用尖刻与激烈的言辞对待这位仅次于斯大林地位的苏联领导人："在波兰问题上已经获致协议，现在只是等苏联政府履行罢了。"莫洛托夫愤怒地对杜鲁门说："我一生中从来没有人对我这样说话！"（《杜鲁门回忆录》上卷，第 78、83-90 页；《马歇尔传》，第 606-607 页）

"美国现在与俄国人打交道的基调变了"，"在与苏联打交道中，我准备采取坚定的态度。"——这是杜鲁门与苏联关系所迈出的最初一步。

在向读者交代杜鲁门离开罗斯福开辟的航线出现第二次偏差以前，因英、美两国政府与苏联关系因波兰而争吵，期间经历了从僵局，甚至几近破裂的程度，到波兰问题得到圆满解决，而三大国也达成协议，愿意坐在一起商谈。所以，我们还需要暂时回到波兰问题上。

英、美、苏三国都以为，雅尔塔会议已经在波兰问题上达成共识。其实，他们在会议上沟通的还是不彻底，三国外长用相当含混的语言掩盖了分歧。因为分歧仍然存在，会议之后各自用自己理解的含义要求贯彻会议精神，造成由莫洛托夫和美国驻苏大使、英国驻苏大使所组成的莫斯科委员会争吵不休，使得波兰问题一点也得不到进展。

从表面上看，莫斯科委员会的分歧是对于邀请参加"波兰全国统一临时政府"的人员意见不统一，但根子还是由于英、美两国政府承认一个波兰流亡政府，否认华沙临时政府。而苏联则支持华沙临时政府，抵制反对和仇视它的伦敦流亡政府。丘吉尔串通罗斯福坚持一个观点，即华沙的临时政府只是一个小集团，代表不了波兰人民，所以，新的波兰全国统一临时政府将是一个新建立的政权，与它没有渊源关系。我们前面引述哈里曼转述罗斯福对斯大林的不满，就说"任何使华沙现政权稍稍改头换面一下就存在下去的解决办法，都是不能接受的"。几乎同一时期，丘吉尔也给斯大林发送了语调更为激烈的电报。从3月下旬开始至7月5日，丘吉尔、罗斯福，以及后来的杜鲁门，与斯大林唇枪舌弹，历经了许多个回合。

不过，必须承认，还是斯大林善于捕捉问题的实质。从4月7日斯大林回复罗斯福和丘吉尔的电报开始，他反复阐明，雅尔塔协议的精神实质就在于它是建立在肯定而不是否定华沙临时政府基础上的。所以，被莫斯科委员会邀请参加新政府的人都必须是同意雅尔塔协议，同意波兰和苏联以寇松线为边界，以及保证与苏联政府友好。斯大林说："苏联政府坚持这样的主张，这是因为苏联士兵为了解放波兰而流了不少血，并且由于过去的三十年间，敌人曾经两次利用波兰来侵犯俄国。"（丘吉尔《第二次世界大战回忆录》第六卷，第385

页）这是波兰问题的精髓所在。

罗斯福去世以后，杜鲁门则加重了英、美与苏联的分歧。莫洛托夫在美国的时候，表现在杜鲁门与莫洛托夫的之间，以及莫洛托夫和美国国务卿、英国外务大臣三人之间的争吵，其实背后仍是丘吉尔、杜鲁门与斯大林的斗争。而问题的要害的是，苏联红军占领这波兰，华沙临时政府正在波兰执政，所以，苏联并不理睬英、美两国政府怎样争吵，仍在向前推进与波兰的关系。1945 年 4 月 21 日，也即莫洛托夫到达华盛顿的前一天，斯大林和波兰临时政府总理在莫斯科签订了"苏波友好互助和战后合作条约"，这意味着苏联单方面推进波兰政局向着有利于临时政府的方向发展，或者有如杜鲁门说雅尔塔协议只是"一种单行道"。4 月 23 日，杜鲁门会见莫洛托夫时，要其立即给斯大林转交一份照会。24 日，丘吉尔也向斯大林发送一封电报，说他已经看到了总统由莫洛托夫转交的电报，"对于总统上述电报我们表示一致同意"。斯大林则指责英、美两国离开了雅尔塔的立场。斯大林说：

> 在那里，我们三人，包括罗斯福总统在内，在进行讨论时，都认定目前事实上正在波兰行使职权的波兰临时政府，得到大多数波兰人民的信任和拥护，应当是一个新的改组政府的全国统一的政府的核心——换句话说，它的主要部分。（《第二次世界大战回忆录》第六卷，第 425 页）

4 月 29 日，丘吉尔又给斯大林发送了一封语句更为激烈的长文电报。斯大林也以长文回应，电报的最后一段话说：

> 从你的电报中看出，你不准备把波兰临时政府作为将来全国统一政府的基础，你也不准备让它在那个政府里占有理所应得的地位。我必须坦白地说，这样一种态度排除了达成一致同意解决波兰问题的可能性。（《第二次世界大战回忆录》第六卷，底 31 页）

这段话讲得十分明白、坦荡，即现在的华沙临时政府是下一步扩大的中央政府的基础，扩大的政府只能在现在执政的临时政府的基础上扩展。这一点没有谈判的余地。斯大林还把这份电报的副本抄送给了杜鲁门总统。三大国在波兰问题上陷入僵局。但是，问题还在于斯大林掌握着波兰问题的主动权，而英国和美国都只是站在波兰国内局势以外，愈是拖延，波兰临时政府在国内的地位愈是牢固。5月4日，丘吉尔指示他的在旧金山参加联合国大会的外务大臣，要求与美国、苏联协商召开三国首脑会议。

即使这样，斯大林仍在国际舆论上持主动进攻的姿态。5月11日，他在回答《泰晤士报》记者的访谈时说，雅尔塔宣言是解决波兰问题的基础，下一步的波兰民族团结政府必须遵循的三个基本条件分别是，第一，必须承认波兰临时政府是新政权的核心；第二，新产生的波兰政府必须是与苏联友好的；第三，波兰政府的重建必须由同波兰人民保持联系的波兰人士参加。后一个条件是强调现任的波兰临时政府大都是德国占领期间留在波兰境内坚持与德军斗争的波兰人，而隐含伦敦的流亡政府中的许多人远离了波兰与德国的战场，现在是否有资格参与波兰的中央政府？这一条又回应了第一条，即参加中央政府的人选必须主要来自于现在正在波兰国内从事反对德军斗争的人。

作为反对德日同一条战线的盟国，斯大林所提出的这些原则，英、美两国政府都不可能反对。为了缓和美苏关系，另外也是军方的督促，希望斯大林履行承诺出兵远东打击日军，5月25日，杜鲁门派遣霍布金斯作为他的特使访问了苏联。战争期间，霍普金斯曾作为罗斯福的特使访问莫斯科，与斯大林结下了良好的个人关系。访问期间，两人举行了多次十分坦率与友好的谈话。关于波兰问题，斯大林向霍布金斯表达了这样一些观点。

斯大林说，苏联竟然希望有一个友好的波兰，这也许显得有点奇怪，但是它已经为美国人所认可，而且连丘吉尔也在多次讲话中所承认。在过去25年里，德国人曾经两度假道波兰入侵俄国。英国人和美国人都没有经历过像德国人的那样入侵，那是非常可怕的经历，其结果是不容易忘掉的。他说，德国人的入侵不是战争，而是像匈奴人的侵犯那样。德国所以有可能做到这点，是因为波兰曾被看作是环绕苏联的封锁线的一部分，而过去欧洲的政策就是主张波兰政府必须是敌视俄国的。在这些情况下，要么波兰太软弱不能抵抗德国，要么就让德国人通过。这样，波兰就曾经作为一个袭击俄国之用的走廊而被德国所使用。他说，波兰的软弱和敌视，也曾经是苏联容易被侵犯与攻破的一个重要根源。因此，苏联希望波兰又强又友好，这关系到俄国的重大利益。

关于如何对待雅尔塔协议，斯大林说，雅尔塔会议上达成一致，目前的华沙政府应予以重建，对于任何具有常识性的人都可以理解，这意味着现在的政府应成为新政府的基础。不可能对此还有别的理解。谈到苏联在波兰问题上的单方面行动，斯大林说，不错，俄国曾采取这样的单方面行动，但他们是被迫这样做的。苏联政府曾经承认华沙政府，并且是在其他的盟国都没有承认该政府的时候就同它缔结了一个条约。这就是被别人所指的单方面行动。之所以这样做，是因为苏联军队在波兰境内，而它不可能等待盟国达成关于波兰的协议以后。对德国战争的逻辑要求苏联军队的后方获有保障，而卢布林委员会一直都对红军有重大帮助。正是因为这个理由，苏联才采取了单方面行动。他说，在外国建立苏联政府是违反苏联政策的，因为这显得是占领，会为当地居民所怨恨。正是为了这个原因，某种波兰政府必须在波兰建立，而这只能由帮助过红军的那部分人来完成。他说，他愿意着重地说，采取这些步骤决没有想要把俄国的盟国排除在外或加以排斥的意思。

斯大林说，苏联没有干涉波兰内政的意图，波兰不会被"苏维埃化"，它将同捷克、比利时和荷兰一样，生活在议会制度下面，而任何想要把波兰纳入到苏联轨道的谈论都是愚蠢的。他说，甚至连波兰的一些共产党员都反对苏联制度，因为波兰人民不想要集体农庄或其他方面的苏联制度。在这方面波兰领导人是对的，因为苏联制度是不可输出的——它必须在一系列条件的基础之上由内部发展起来，而波兰并不具备这些条件。斯大林说，苏联所希望的是一个不向德国开放的波兰，仅仅因为这一点，波兰就必须是强大的、民主的。

斯大林再次向美国提出波兰新政府的组成和构想。他说，在未来的有 18 个或者 20 个部长的波兰政府中，有 4 名应由英美两国政府提名的波兰人担任。双方最后同意由 12 名波兰人与莫斯科委员会一起协商，其中来自伦敦（流亡政府以外）3 名，华沙临时政府以外的波兰国内 5 名，华沙临时政府的领导人 4 名。当霍普金斯离开莫斯科以后不久，6 月 17 日，莫斯科协商终于打破僵局，重新启动。不久，以莫洛托夫和两国大使组成的莫斯科委员会也退居幕后，让聚在一起的波兰人自己商讨。6 月 23 日，波兰人宣布他们已经就联合政府达成协议。"正如俄国人所一直坚持的，临时政府仍保持着它的基本结构"。6 月 28 日，参加莫斯科会谈的波兰人飞抵华沙，宣布新的民族团结临时政府组成，在 21 个部长中，16 人由原来的临时政府成员担任，来自伦敦的非流亡政府 3 人，以及临时政府以外的波兰国内 2 人。7 月，新的波兰民族团结临时政府做出保证说，将遵循雅尔塔协议举行自由选举。7 月 5 日，英、美两国政府正式抛弃了伦敦流亡政府，宣布承认波兰民族团结政府并与其互换大使。（《罗斯福与霍布金斯》下册，第 560、567-569 页；《第二次世界大战全史》第 9 册，第 245、248、251、253 页）虽然波兰问题并没有完全解决，譬如有关它的西部边界苏联提出以奥得河和西尼斯河而与英美领过政府仍有分歧，但三大强国从雅尔塔会议以前在波兰问题上激烈争吵的帷幕总算落下。

尽管美国人和英国人都把打破与斯大林的僵局的功劳记在霍普金斯的头上，认为斯大林屈服于美国和英国的压力而回到了谈判桌上，譬如霍普金斯就给杜鲁门汇报说"看来斯大林似乎准备回到并履行克里米亚（雅尔塔）的决定，而且允许波兰人派出一个代表小组来莫斯科同委员会协商"。（《罗斯福与霍普金斯》下册，第 578 页）但事实恰好相反。我们知道，雅尔塔会议以后的争吵实质是各自对协议的理解与解释。而波兰问题得以解决，正是由于英美政府接受了斯大林对雅尔塔协议的解释，服从并迁就了斯大林的关于解决波兰问题的几项原则。第一，新建立的波兰政府必须以原来的华沙临时政府或者英美两国所说的卢布林政府为基础。第二，英、美两国政府所推荐的波兰人选必须声明同意雅尔塔协议，并且接受寇松线。第三，参加新政府的人必须声明与苏联政府友好。第四，新政府必须排除那些强烈反对苏联的伦敦流亡政府的人。

波兰问题至此还有一个尾巴没有解决，英国和美国直到这年7月召开的波茨坦会议上，仍然不愿意承认斯大林提出的波兰的西部边界。但是，在此之前的3月，苏联红军已经占领了奥得河以东的德国国土，那里的大多数德国人在此之前已经随着德军的西撤逃向西部德国更为核心的地区，而从寇松线以东划归到苏联国土上的波兰人则填补了他们的位置。苏联继续采取"单方面行动"，让波兰人在奥得河-西尼斯河以东原德国的领土上建立了波兰人的政府。这样，华沙政府的统治事实上已经是从寇松线以西到奥得河-西尼斯河以东的全部土地。尽管波茨坦会议上英国和美国都提出了异议，表示波兰西部的边界必须在将来和会上才能解决，但是，有如从卢布林政权开始的波兰政府一样，虽然说奥得河-西尼斯河几个世纪以来都属于德意志人的土地，但那里的现实是波兰人的政权统治着波兰人占多数的社会。而根据三大国早期的商定，苏联红军占领包括柏林在内的德国东部地区。所以，波德边界事实上是在苏联红军的占领区以内由苏联和后来的德意志民主共和国（东德）、波兰三个国家决定的。当然，最终解决的方案也还是体现了斯大林的意志。历史之所以这样发展和走向，就在于二战中的欧洲战争虽然牵涉到英国、美国等欧洲边缘，以及欧洲以外的一些国家，但它本质上还是欧洲相关民族之间的战争，是资本主义时代早期的民族国家发生与发展的规律在起作用。

笔者曾经说过，15世纪以来的世界近代史，是资本主义民族国家诞生与发展的历史。其中19世纪初拿破仑战争以后至20世纪初的第一次世界大战，期间约一个世纪，是西欧以外的欧洲中部和东欧的民族国家形成与诞生的阶段。不过，即使我们这样说，也不是说民族国家以经形成，就已经完美无缺，成熟了，定型了。事实上，民族国家作为历史发展的产物，产生以后还有一个或长或短的成长与发展的阶段，在此期间各民族国家之间还处在磨合期，难免发生这样那样的纠纷与冲突。从这个视角看待 20 世界的两次世界大战，后一次战争不过是以德国为首的国家对于巴黎和会的决定不满而试图颠覆巴黎和会，要毁灭前一次战争中所产生的一些民族国家，从而可以视之为前一次战争的继续。

因为已经比较多地分析了二次世界大战，我们想在这里对战争的定义及性质做更深刻一点的分析。如果把战争定义为最为宽泛的人类群体性的厮杀与搏斗的话，那么，由于人类属于群居的动物，群体性的争斗就不是新事物，而是伴随人类早期历史就已经发生的现象。如果推而广之，它甚至是在人类转变成为现代人以前，作为灵长类动物时期的野兽阶段，也都发生过的自然现象。不过，一直到国家文明产生以前，一方面是因为人类在地球上的分布还极为稀少，自然资源丰富，不同人群之间的纠纷与争斗的几率都相对很低。另一方面，人类的早期阶段是以血缘为纽带组成的聚集社会，呈现自然分布的特征，可以动员参战的人数就只能是很有限的。所以，人类早期阶段的战争数量相对要少，规模也不大。大约 5000 年至 3000 年以前，随着国家文明在欧、亚、非古代大陆相继产生，财富积累的速度也加快了。尤其国家不再是以血缘关系为纽带的地方性组织，而是以地区划分和财产差别为基础的社会形态。人类第一次突破了地方性的局限。国家的动员能力相对提高了，国家与国家之间，以及国家与相对于国家文明那个层次的种族或古老民族之间的征战也就越来越多了。从这个方面来说，战争其实是国家文明的产物，是文明国家之间，或者文明国家与虽然还未发展到国家文明的阶段但同样已经有了悠久历史的古老民族之间的长期争斗。

尽管说战争是国家文明的产物，但是，资本主义时代的战争与传统时期还是有所不同的。资本主义以前的战争是发生于自然经济基础上的，财富的表现形式也是直接的自然物。战争的目的往往是为了争夺自然资源譬如土地、森林、草地或者湖泊，或只是为了掠夺别人手中的财富。请读者注意，为了不使问题过于复杂，我们暂且把国家内部的不同阶级和集团之间的具有派生性质的战争撇在一边，专门讨论国家文明层面的战争。而包括国家文明在内的传统时代是建立在自然经济基础上的，各个民族都以相对封闭的状态分布于适合其生存的地理空间里，如果有较大的种群或古老民族或者因为自然条件恶化，或者由于人口的迅速膨胀而发生资源危机，遇到与周边民族占有自然资源的冲突，基本上都是通过战争予以解决的。由于国家文明是以剥削与被剥削、统治压迫与被统治被压迫的经济制度为前提的，所以，除了直接掠夺物质财富以外，有时候发动战争的目的就是为了掠夺人口与获得劳动力。特别是在国家文明的较高阶段上，较强大的民族往往还是通过征服与同化异民族而获得发展的。

但是，资本主义开始改变着一切。与封闭的自然经济有所不同，资本主义是建立在商品交换的基础上的。商品是资本主义财富的表现形式。商品是劳动的结晶，只有劳动才创造财富，创造价值。因为劳动所凝结的价值成了财富的唯一形式，所以，资本主义事实上就是一种可以容纳越来越多劳动的、无限开放的经济形态。学习历史的读者都知道，西欧各国在 17 至 8 世纪，曾经发生过一个思想启蒙的运动，人们在这里突然发现了人，发现了人的价值。紧跟着它而来的是人性的解放，提倡自由和平等，要求人权，等等。按照启蒙思想及其理论观点，所有的人、所有的民族，都是自由而平等的。为什么这个时期产生出这样的理论？就是因为资本主义在这些国家已经有了几百年的发展了，资本的发展已经开始改变了过去见物不见人、重物不重人的传统，要求人们改变漠视人、无视人的历史。这其实是资本的愿望和要求。因为作为社会财富的商品价值是由人的劳动创造的，它只有量的差别，而无质的区分。这样，资本的自我增值作为一种本能与冲动，没有边界，永不满足。因为崇尚劳动，崇尚劳动价值，所以改变排斥人、排斥异民族的传统，而开始接纳和拥抱所有的人、所有的民族。从这个意义来说，资本的本性是要和平、要秩序的。战争是自然经济的产物，建立在商品交换基础上的资本主义是不要战争的。

如果是这样，那么，资本主义以来数不清的战争，甚至还发生了历史以来规模最为宏大的两次世界战争，又都该如何解释呢？

这只能从资本主义的历史过程去理解。

8. 历史处在自然经济迈向资本主义的过渡时期

15 世纪以来，资本主义在全世界的发展是从西欧的几个民族国家开始的。虽然说是西欧的几个民族国家，但就整个欧洲和全世界来说，其实是几个人口数量不多，面积也不很大的小国家。读者如果愿意，用偏安一隅和弹丸之地来形容它们，都不算过分。在人类历史发生重大转变的这一起点时刻，无论欧洲和还是世界其他地方的各个民族，都还处在传统的自然经济的不同发展的阶段上。其中中国与印度虽说都是古文明国家，但两者在经济制度与文化传统上都是不一样的。欧洲似乎历经了十分相同与相近的历史过程，至少从现象看，各民族都经过了漫长的中世纪的教会统治，但中部和东部也有极大差别的。至于其他的地区，美洲和大洋洲等新大陆上的、南太平洋岛屿上的土著民，以及非洲的各个部落及部族，虽说是生活在简单地适应自然条件的原始阶段上，但因自然条件的千差万别也都过着各自决然不同的原始生活方式。

资本主义就是在这样的基础上向全世界扩展与发展的。马克思曾经总结资本主义发生与发展的逻辑：

资本、土地所有制、雇佣劳动；国家、对外贸易、世界市场。（《马克思恩格斯选集》中文第一版第二卷，第 81 页。着重号是马克思原来标识的）

前 3 个逻辑范畴可以理解为构成资本主义生产方式的基本条件，当资本在自然经济形态中自然发生与发展，经过数百数千年孕育和成长，终于打破了把农民束缚在土地上的封建制的个体经济的羁绊以后，就获得了充分发展所要求的土地与劳动力两个基本的资本要素市场。资本、土地与劳动力 3 个自由市场的形成，是判别资本主义的基本条件。当资本主义在一个民族共同体内完成自然经济向资本主义生产方式的转变或变革以后，资本主义的民族国家就形成了，出现了。所以，前面 3 个范畴既可以看作是几个西欧国家内部所历经的资本主义萌芽与发展的历史，也可以看作西欧以外的其他古老民族接受资本主义以后资本冲击传统经济而必将发生的变革，——变革以后的民族共同体由于或多或少地实行了资本主义从而也就转变成为"或多或少摆脱了中世纪杂质""或多或少地由于每个国度的特殊的历史发展而改变了形态""或多或少发展了"资本主义的民族国家。

马克思所总结的后 3 个范畴，既可以看作每一个形成的民族国家必然会发生的对外贸易，从而所参与的世界市场，也可以看作是资本主义在全世界发展与扩张的逻辑。作为后一项内容，它是自 15 世纪以来资本主义在全世界的扩张与发展的历史。从 500 多年前西欧出现第一批民族国家的对外贸易开始，资本与其他各民族、各民族国家的交流与发展，其实就是世界市场的建构、发展与成熟的过程。特别是二战以后的关贸协定和世界贸易组织，虽然还有个别的民族共同体未能参与，而参与其中的民族国家或经济共同体之间的贸易摩擦不断，但是，因为它基本上囊括了世界所有的民族国家的所有对外贸易，从而完全有理由说它已经基本上构成了一个统一的世界市场。如果分析这个世界市场体系，国家、对外贸易、世界市场，就是它运作的基本逻辑和范畴。——民族国家是世界市场组织的基本单位，由各个民族国家发生的对外贸易把全世界连成了一体，构成了统一的世界市场。

既然是逻辑，那么，马克思就自然过滤了一个一个具体的历史情节。当然不只是逻辑，就连人们记录、传播的历史，甚至理解的历史，都可以有选择地跨越历史，割断历史。但是，历史的发展却是不可能跨越的、断裂的，或者被割断的。读者可以试想一下，当资本主义在个别西欧国家开始出现的时候，一方面，作为一项经济制度，它一定还是不成熟、不完善的。另一方面，世界其他地方的各古老民族，还处在资本主义前的不同文明的阶段上，与西欧资本主义民族国家的交流与融合自然存在各种障碍。特别是当世界还没有统一的交易规则的时候，当西欧国家的资本走出国门的时候，民族矛盾和贸易摩擦就都是难免的。当然，因为资本主义生产力明显地优越于以前各自然经济形态，所以各个民族对资本主义经济都具有一种自然的亲和力，这是资本能够在全世界迅速扩张与发展的根本原因。但是，读者可以设想以下，非常多的矛盾和摩擦都是如何解决的？当然不能说都是经过战争，大量以和平协商的方式得到解决反而不被历史所记录，这也是事实。但确实也有相当多的一部分导致了战争。想一想已经 20 世纪、21 世纪了，资本主义已经有了 500 多年的历史了，政治学家们还在用弱肉强食和丛林法则解释国际关系与国际政治，为大国的军国主义和穷兵黩武张目，那么，在资本主义早期历史里，在其向全世界扩展与发展的阶段里，运用传统时代里人们惯常使用的武力和战争就在所难免了。这也是自 15 世纪以来，老牌的资本主义即帝国主义和殖民主义极其野蛮地对待落后民族，使得资本主义在全世界发展的历史成为一部西方民族残酷地侵略与压迫落后民族的血腥历史的原因。

但是，构造世界市场体系必不可少的民族国家与贸易规则，也正是在资本主义以来的包括战争在内的民族矛盾和民族摩擦中产生的、形成的。民族国家与早期的国家文明有所不同，它是实行资本主义生产的民族共同体，是资本主义的产物。早期建立在自然经济基础的文明国家，譬如中国和印度那一类历史悠久的古文明国家，是建立在自然经济基础之上的封建国家，与资本主义是风马牛不相及的。西欧资本主义民族国家形成以后，因为资本的对外贸易的要求，当然包括西欧国家之间的商品贸易，这是资本主义规则得以规范和扩大的第一步。但是本文不把它当作讨论的对象，而是将关注点放在那些仍然处在自然经济阶段上的各个民族，由于西欧各资本主义国家与其他仍处在自然经济形态的民族发生关系，使得资本主义在这些文明国度里或多或少地发展了。在资本主义发展的历史中，西欧以外的民族国家大致是以这样两种方式产生的，一种是以古代国家文明形态存在的民族，有如中国、日本、俄罗斯，尽管它原来并不具有资本主义性质，但因为西方国家已经把它们当作与自己具有一样性质的民族国家对待，与发生关系，运用资本主义原则与规则交涉相关的事宜，从而使其具有了民族国家的地位与形式。第二类是那些尚不能构成统一的经济共同体的民族，或者虽然是经济共同体，却被西方国家使用武力直接占领而成为殖民地，当资本主义发展到一定程度后独立成为民族国家。总之，随着资本主义在全世界的发展，一系列民族国家产生了。这是资本主义发展至今的一项重大成果。

资本主义的另外一项重大成果就是初步形成了一个具有统一的交易规则的世界市场。毋庸置言，早期西欧的民族国家的资本主义制度还不完善，特别是西欧以外的其他地区的各民族都还属于传统的自然经济。当资本主义与传统的自然经济发生碰撞的时候，无疑容易发生矛盾和纠纷。回顾历史，西欧国家之间的战争，海外殖民与新大陆原住民的战争，与欧洲、非洲和亚洲的古老民族，以及古文明国家之间的战争，除了经济利益与文化的冲突以外，还因为缺少相同的包括商品交换规则在内的各种社会制度与规则。资本主义制度也就是在这些民族矛盾和纠纷，以及战争中得以成熟和完善的。因为矛盾与摩擦，甚至战争以后，其结局往往还是谈判与沟通，即使那些战争最终以胜利者占领的方式强制推行的胜利者的规则，其结果也都可以归结到更多的共同体、更广泛的人群实行了相同的商品经济制度与规则。所以，资本主义早期阶段里，由于民族矛盾和经济制度的差异，战争还是一个常见的社会现象。当经过相当多的包括战争在内的各种纠纷和摩擦以后，越来越多的民族国家经过许多次的谈判和协商，终于形成了大家都可以接受的规则以后，各民族国家之间的冲突就越来越少了，战争也成为人类历史上极为少见的现象。所以，将来迟早有一天，人们要把战争当作古董来谈论了。

如果把二战期间波兰、德国和苏联之间的战争，放在 600 年以来的资本主义在全世界的发展过程中，从民族国家的产生与世界市场的形成的角度来看问题，也就变得容易理解了。第一次世界大战以及大战后的巴黎和会，曾经对波兰、德国，以及波兰与俄罗斯（苏联）的边界有所决议。但是，各个民族之间还存在许多的隐患和问题。譬如按照《凡尔赛和约》，德国作为战败国，西部、北部和东部，分别都被割掉许多领土，引起德国的强烈不满。波兰作为一个刚从沙皇的铁蹄下独立的弱小国家，却借着法国、英国等协约国的支持，乘苏维埃新生政权危机四伏，无力反击的情况下，用强力夺取了西乌克兰和西白俄罗斯。这都是导致二战爆发的很重要的原因。

先说德国。由于协约国对德国过于苛刻的割地赔款的做法，使得德国民族在两次大战期间的前半期生活在不平与抱怨中，后期则处于积极的备战状态里。希特勒能够成功，其实也没有什么诀窍，那就是民族主义。30 年代，希特勒将德国的民族主义利用到了极致，煽动起德国民族的极端主义情绪。希特勒及其纳粹党贩卖反动的血统论和种族优劣论，把日耳曼民族列为人类最高贵的血统，天生的主宰民族和领导民族，而欧洲其他各民族如英格兰、法兰西，以及乌克兰人、高加索人和大俄罗斯人，都是"次等民族"。至于犹太人，则是最堕落的民族。因为日耳曼人的高贵，希特勒就要整合日耳曼人，在欧洲建立"大德意志""大德国"，独霸和统治欧洲。纳粹鼓吹"德国的概念"不再受"地图上标明的任何边界"的约束，"要把那些德国人居住的、过去属于德国的、或者经济上是德国所不可缺少的国家以统一"。（汤因比《第二次世界大战全史》第 4 册，第 57、62 页）

1939 年 9 月，德军侵占波兰以后，希特勒先把波兰西部的省份直接并入到德国的版图，而将与苏联瓜分后的波兰其他地区设置为总督辖区。希特勒的助手希姆莱对他手下的警察说，对付波兰人"就得有那股蛮劲，……枪毙几千名波兰的头面人物"。又一次，希捷克的保护长官冯·牛赖特签署布告，处决了 7 名大学生。希特勒所任命的波兰总督弗朗克则讥笑说："如果要我下令，每枪毙 7 名波兰人，就得到处张贴告示，那么，波兰的森林还不够用来造纸供这些告示用。"

举世周知希特勒是以怎样惨无人道的方法屠杀犹太人的。据德国保安处的官员说，波兰有 400 万的犹太人死在各灭绝营里。1941 年 12 月 16 日，弗朗克说，总督辖区大约有 350 万犹太人。1944 年 1 月 25 日，他对德国新闻界说："目前，我们总督辖区大概还有 10 万名犹太人。"

由于大肆征兵，德国的劳动力极为短缺。1939 年占领波兰后，占领当局一开始还采取招募的方法网络身强力壮的波兰人。接着，使用强制点的手段。再下来，弗朗克直接拦街兜捕了。到 1942 年 12 月，总督辖区为德国提供了 94 万名工人。（汤因比《第二次世界大战全史》第 4 册，第 735 页脚注②，746 页脚注②、③，736 页）1942 年，戈林告诉了弗朗克德国粮食严重短缺的情况，并要求他在原来供应的基础上再增加 50 万吨谷物。弗朗克对部属说："在饥饿降临德国人民的头上以前，各占领区及其人民将先挨饿。"1942 年 8 月，他下达指示说，戈林下达的任务必须"在牺牲外族居民的情况下"完成，"这项工作必须冷酷无情、毫无同情心地完成"。

希特勒派到乌克兰的德国专员埃里希·科赫在一次讲演中公开说：

> 我将从这个国家榨出最后一点东西来。我不是来这里散播幸福的。我是到这里来帮助元首的……。我们是主宰民族，必须始终记住这一点，即最卑贱的德国工人在种族上和生物学上都比这里的居民贵重一千倍。（汤因比《第二次世界大战全史》第 4 册，第 844 页）

历史已经进入到资本主义时代，民族的独立和解放是世界的潮流。但是，希特勒却逆潮流而动，煽动起极端的民族主义情绪，用武力侵犯欧洲国家，妄图建立一个由德国人统治欧洲各民族的"大德国"。希特勒不只是想实行民族统治和民族压迫，而且用灭绝人性的方法消灭数百万的无辜平民。所以，希特勒的德国不可能不失败。

接着讲俄罗斯人。提起 1917 年十月革命所建立的苏维埃俄国，以及由列宁和斯大林先后主政的红色政权，人们首先认为它是由布尔什维克建立的一个决然不同于资本主义社会形态的新型国家。按照苏联人自己的解释，他们是依据马克思的学说，在苏联建立了比资本主义还要高级的社会主义社会。我们且不做太多的评论，仅指出以下三点，就足以说明这个观念是如何的荒唐与荒谬。第一，按照马克思在经济学手稿和《资本论》里的许多处极为明确的观点，社会主义和共产主义是在资本主义先进生产力的基础上产生的，是在资本主义社会内部形成的，俄国没有经过资本主义，如何就能跳跃到比资本主义更为高级的社会形态里？第二，按照马克思有关生产力与生产关系、经济基础与上层建筑的唯物史观，苏联不过是延续革命前的俄罗斯继续引进和实行西方的先进生产力，从事与西方资本主义国家相同的资本主义生产方式，那么，西方国家是资本主义，苏联布尔什维克如何在相同的生产力基础上就创造出高于资本主义的社会形态来了呢？社会发展的进程究竟是不以人们的主观意志为转移的客观过程，还是可以经过人们的主观创造而凭空制作的？第三，按照马克思的人类历史三阶段学说，资本主义是一个历经数千年甚至更长的时期才足以发展的大形态，俄罗斯是从沙皇时代的农奴社会起步接受西方资本主义的落后国家，除了资本主义以外，继承沙皇遗产的苏维埃还能有什么别的前途？

所以，我们且先不要用马克思主义意识形态把苏联布尔什维克理想化，相反，要把其放到特定的历史阶段里。他们只是一批俄罗斯的民族主义者。如果更确切点说，是一批由列宁和斯大林的马克思主义所武装的、极为激进的大俄罗斯民族主义者。特别是斯大林，列宁晚年曾将他称之为"俄罗斯化了的异族人"，是比一般的大俄罗斯人更具有沙文主义精神的大俄罗斯人。斯大林是列宁所培养和扶植的接班人，而且是作为布尔什维克派别里的民族主义理论家所培养的。所以，列宁晚年对斯大林的评价是极为正确而深刻的，即斯大林是具有大俄罗斯沙文主义精神的布尔什维克。从这个角度认识斯大林和苏联，苏德战争爆发后在卡廷森林残害 8000 名波兰人的事件，有如希特勒残害犹太人、日本人残害亚洲各民族和残害美英战俘，虽然其事件的性质和程度有所不同，但终归都可以解释了。

不过，与德国和波兰比较而言，俄罗斯民族有幸所遇到的斯大林不仅是一位久经考验的军事家，而且是一位深刻领会马克思民族理论的思想家。所以，在雅尔塔会议上，当丘吉尔发言说："大不列颠在波兰问题上没有任何物质上的利害关系。我们所以拔剑而起帮助波兰抗击希特勒的野蛮进攻，唯一理由是为了荣誉……"(《第二次世界大战回忆录》第六卷，第 331 页）斯大林则接着说，英国政府感觉到波兰对她是一个荣誉问题。但对俄国人来说，它既是荣誉问题，又是安全问题。"说它是荣誉问题，因为他们要向波兰算一算旧账，这是必须清算的"。(汤因比《第二次世界大战全史》第 9 册，第 215 页）引号中的这句话，与丘吉尔回忆录中引用斯大林的话有所不同，它明确无误地道出了作为大俄罗斯民族主义者的斯大林，与波兰民族之间的历史及纠缠。第一，波兰在第一次世界大战前就属于俄罗斯统治下的次一级民族。第二，1921 年 3 月，波兰与苏维埃签署《里加协定》，用武力割取了西乌克兰和西白俄罗斯。那是城下之盟，是布尔什维克人的耻辱，所以必须清算与清洗。

在苏波边界上的坚持，充分体现了一位十足的俄罗斯民族主义者的不懈追求。斯大林对丘吉尔和罗斯福说，寇松线并不是俄国人提出来的，而是英国外交大臣寇松和法国外长克雷孟梭，及美国代表在巴黎和会上划定的，俄国人并没有被邀请参加那次会议。寇松线被接受下来，是违背俄国人的意志的，它没有人种学资料的根据。列宁不同意这条分界线。他不愿意把亚伟斯托克的省市划归波兰。俄国已经从列宁的立场后退了，而现在有些人要俄国所得到的比寇松和克雷孟梭承诺的更少。这对我们来说是可耻的。(《第二次世界大战回忆录》第六卷，第 332 页）所以，作为盟国盟友，丘吉尔和罗斯福不可能不同意寇松线。

不过，斯大林也不是极为简单的民族主义者。由于俄罗斯特殊的自然地理条件，再加上沙皇政府连续几个世纪的经营，大俄罗斯是一个极为复杂的多民族国家。现在的历史学家和政治学家深受冷战思维的影响，对斯大林有着极为深刻的成见和偏见。事实上，如果阅读历史的文献，包括二战期间于斯大林交往的美国政府和军方领袖，当时都有着极好的印象，是俄罗斯民族当之无愧的卓越领袖。二战的核心地区是德国与波兰、俄罗斯三个民族的历史纠缠，而战争的结局是斯大林赢得胜利，都是符合历史必然性的。俄国最终选择了列宁和斯大林，在很大程度上是因为他们都比较深刻地领会了时代赋予民族问题的基本精髓。特别是斯大林，虽然他是经过列宁才理解了马克思的民族自决理论的，但是，在某些方面，我们不得不说，斯大林对于民族问题的认识，比列宁还要深刻。就波兰问题来说，1920 年的苏波战役中，当布尔什维克中的大俄罗斯主义思潮泛滥，中央政治局提出占领华沙、向欧洲进军的口号的时候，列宁不仅没有出来反对，而且显然是站在这一立场上批评斯大林的。尽管斯大林是从军事战略的角度提出问题，但他关于前线与后方关系的认识，明显是以马克思的民族理论为基础的。所以，当时只有斯大林反对苏联红军深入到波兰腹部作战，甚至公开批评攻取华沙的中央决定。如果 1920 年 8 月，按照斯大林的战略计划，红军守住寇松线而不再向西挺进，可能就不会有波兰的反击和《里加条约》，也没有二战初期苏联与德国的"友好条约"，以及瓜分波兰。二战的历史就要改写了。

不过，也是由于有马克思的民族理论的基础，斯大林的头脑里就有德国、波兰和苏联（俄罗斯）三个民族国家的蓝图，所以对于二战的应对大都是比较正确的，甚至在苏波边界和德波边界问题上，还是有节制的。譬如，英美的历史学家评论 1939 年 8 月、9 月，苏联与德国两次合谋瓜分波兰的事件时说：

> 从民族学上说，9 月 28 日的分界线比 8 月 23 日的分界线合理一些。又有大片纯粹或者主要由波兰人居住的地区（包括约有 300 万波兰居民的卢布林省）归于德国，而差不多所有白俄罗斯人或乌克兰人占多数的地区还是归于俄

国。第二次分界线——第一次也是这样——与波兰人在居民中占多数的那些地区的东边界线（即寇松线）有显然的不同，不同之处在于，修改后的分界线，仍然把纳雷夫河上游左岸以东波兰人居住的地区划给了俄国。按照英国的估计，俄国占有寇松线以西的土地，约有 8000 平方公里。（汤因比《第二次世界大战全史》第 3 册，第 48 页）

历史学家所批评的 8000 平方公里，正是雅尔塔会议上斯大林答应以寇松线为基准而在某些地区做出有利于波兰溢出 80 至 100 公里的原因。

总之，从民族问题出发，就足以理解苏德战争的结局了。

9. 民族国家，美苏争执的波兰问题

波兰也是欧洲较大的民族之一。但是，从 18 世纪以来，它几乎一直处在多灾多难的状态里。19 世纪以前，它被瓜分了三次。拿破仑设置了华沙公国，但接着就又经历了维也纳会议的分割，沙皇俄国的统治，以及 1939 年被德国和苏联瓜分、德军和苏联红军的先后占领。正如马克思所评论的那样，波兰民族对奴役他们的人进行了长期不断的英勇斗争，从而证明了它具有民族独立和民族自决的历史权利。(《马克思恩格斯全集》中文版第一版第 18 卷，第 630 页) 由于资本主义是从西欧向东部逐渐扩展的，波兰地处俄罗斯的西部，有着接受资本主义的优越条件，从总体上来说，波兰的确要比俄罗斯先进，文化程度也要高一些。但是，由于没有赢得独立，或者偶尔获得独立的时间过于短暂，都使得它难以作为一个强大民族屹立在欧洲。而经济政治的不成熟不发展，又决定了民族的认知水平的低下，在周围大国的统治与压迫下，一方面，波兰缺乏独立的资本主义民族国家才具备的比较成熟的政治理论与政治精英集团，缺少比较成熟的民族运动。另一方面，面对强大的异民族的残酷压迫，也缺乏通常的资本主义国家里足以在长期的革命中得到磨练与成长的革命领袖，缺少比较成熟的政党引领民众选择正确的道路渡过历史大潮。所以，即使偶尔出现历史机遇，波兰民族也都不能抓住它。

第一次世界大战后，波兰的独立获得了一个难得的国际环境。一方面，战后以英国和法国为首的协约国，都一致同意美国总统威尔逊的"重建独立的拥有出海口的波兰，以国际条约保证其政治经济独立和领土完整"，在巴黎和会上按照历史传统和民族分布，为"独立的"波兰划定了一条比较合理的波德边界、波苏（俄）边界。另一方面，列宁早在战争期间就明确论述过波兰应该尽早从俄罗斯分离的原则，十月革命以后也主张波兰的分离与独立。所以，按照协约国提出的寇松线，基本上是波兰与乌克兰、白俄罗斯的历史边界，新独立的波兰与苏联基本上不会有大的分歧。但是，一直处于异民族压迫下的波兰人犹如已经破落了好几代的贵族后代，志大才疏，一味要恢复先祖盛业。所以，连自身独立的条件都不具备的波兰人，竟然越过寇松线而获得了少有波兰人居住的西乌克兰和西白俄罗斯的大片土地，与东部迟早要强盛的苏联结下了梁子，从而为再次被瓜分埋下了隐患。

另外一次是二战期间流亡政府与苏联的关系。战争不仅分裂了波兰的领土，而且分裂了波兰人民。二战期间，波兰人分别依附于德国、英国和美国、苏联三种势力。随着战争局势的发展，这三种力量的大小以及关系也发生着变化。依附于德国的势力随着德国的统治而消长，这自不必说了。在德军入侵苏联以前，反抗德国的波兰人民则几乎都是站在流亡伦敦的波兰政府一边，而站在苏联一边的力量只是极少数左翼共产党人。1941 年 6 月 22 日，德军入侵苏联以后，英美把苏联当作反击德国的主要同盟，丘吉尔要求波兰流亡政府与苏联建立外交关系。由于地缘政治的因素，流亡苏联的波兰人也开始有了增长。

毫无疑问，直至苏德战争重新进展到波兰境内以前，伦敦流亡政府都是海内外波兰人的一面旗帜。活跃于国际舞台的流亡政府在战时也的确起到了揭露德国罪行，以及鼓舞波兰人民斗志和动员波兰人民反抗侵略的领导作用。但是，流亡伦敦的波兰人都是一批目光短浅的民族激进分子，而不是成熟的政治家。所以，他们一概都不懂得远离自己国土而与人民分离的所谓政府，充其量也不过是一面旗帜，一个象征，一种精神。尽管说人民对它寄托有期望，但那毕竟是需要未来证明的事情，聪明点的人都该懂得，流亡政府之所以能够活跃于国际舞台，全靠英美两国政府的扶植与提携。遗憾的是，波兰的流亡者有如南唐李后主所说，"梦里不知身是客"，竟然以一贯之地以为自己就是波兰的合法政府了。

　　随着苏联红军反攻进入波兰境内，伦敦流亡政府得到仅有的一次历史机遇，那就是尽快改善与苏联政府的关系，以英美两国政府为中介让苏联政府接受它，然后回到波兰，完成战前战后波兰政府的衔接，从而证明战争期间伦敦流亡政府的合法性。但是，流亡伦敦的波兰人除了沉浸在历史中的波兰帝国而在那里愤世嫉俗以外，什么都不干，也什么都不懂。首先，他们不懂得波兰这次亡国究竟意味着什么，所以不知道面对强大的德国侵略者，如果仅靠波兰自己的力量根本不可能得到解放与复兴。其次，他们不懂得欧洲战局的形势及走向，所以不知道波兰其实又面临一次与 130 年前拿破仑彻底失败时几乎完全相同的场景，俄罗斯人不仅击败了入侵者，而且还沿着入侵者西来的路线，一路追击，直捣侵略者的老巢，从而作为侵略者通道的波兰将再次作为战利品落在了俄罗斯人的手里。与维也纳会议惊人地相似，波兰的命运将完全由俄国人来做决定，包括强大的英美在内的西面盟国几乎对他们没有什么实质性的帮助。再其次，那是一批逃亡到海外的知识分子，没有实际执政的经验，所以并不懂得政治的实质，却在那里一味地纠缠于对于他们根本就没有实际意义的波苏边界，无论丘吉尔如何苦口婆心地向他们提出忠告，说"波兰的自由和独立是一个比边界更为重要的问题"，他们就是不理解。（《第二次世界大战全史》第 9 册，第 228 页）丘吉尔这句话说白了，就是对于政治家来说，与其争论那个对于他们来说根本就没有实际意义的边界问题，不如先回到波兰取得实际的统治。最后，由于没有实际执政的经验，也不懂得搞政治除了原则以外，还要善于妥协。至于国际政治，因为国家之间少了许多直接制约的条件，纯粹变成了国家实力的较量，那更是一门高深的有关妥协的艺术。丘吉尔说："伦敦的波兰人战后控制波兰的唯一希望，那就是就寇松边界线达成一项妥协。"（《最后一百天》，第 57 页）但是，伦敦的波兰人坚决拒绝妥协。随着时间的蔓延，苏联红军所支持的波兰人在国内实施行政权的条件日益稳固。英美两国政府压制苏联的目的本想让他们所支持的流亡伦敦的波兰人回到波兰执政，不想扶不起的波兰人始终也不愿意向苏联人低头，可作为盟国无论英国还是美国都不可能不同意斯大林"希望有一个友好的波兰"的要求，[1]更不可能的站在伦敦的波兰人一边反对苏联政府。无可奈何花落去。英美两国政府只得抛弃伦敦的流亡者，承认了稍作改变的华沙政府。

总结二战期间波兰、德国和苏联三个国家之间的战争，那是几个世纪以来的相关民族的历史纠缠，又是资本主义有所发展以后 3 个民族国家早期阶段的相互纠纷、摩擦与磨合。笔者这个观点当然不是无原则地模糊战争的正义与非正义的原则和界线。其实，即使说历史纠纷难以评判，那也并非没有原则，没有是非曲直。各民族之间的历史恩怨难以评说，是因为其中存在一个民族的立场问题。站在各自不同的民族立场上，就自然发生了随着立场而产生的原则与是非的界限。但是，除了随着民族立场而存在的原则性和是非界限以外，毕竟客观上还存在 3 个标准，一个是历史发生时的社会标准，一个是历史发展的标准，一个是道德标准。

所谓历史发生时的社会标准，是指该历史事件发生时的社会标准，它要求人们把特定的历史事件放到特定的历史背景中去评判。所谓历史发展的标准，是根据已经发展了的历史去评论与审判早前历史所发生的事件，因为经过一定的历史阶段，不仅人们已经能够用相对超脱的态度评判历史事件，而且因为历史的发展使得人们可以看清事件如何才符合历史的逻辑。所谓道德标准，那就是相对超脱于具体的民族、具体的社会阶段与历史时段，从人性的角度审视与审判。我说这三项标准是客观的，是由于事实上有一个客观的东西把这 3 个

---

1 雅尔塔会议结束以后，丘吉尔在下院辩论会上说："波兰人掌握着他们自己的前途，只有一个限制，那就是，他们必须协同他们的盟国真诚地奉行对俄友好的政策……"汤因比：《第二次世界大战全史》第 9 册《欧洲的重组》，上海译文出版社，2015 年，第 230 页。1945 年 5 月 26 日，斯大林在与美国总统杜鲁门的特使霍普金斯会谈时说，英国保守党人是不愿意看到有一个对苏联友好的波兰的。霍普金斯则说："美国渴望有一个对苏联友好的波兰，而且实际上渴望看到沿着苏联所有的边界，都是友好国家。"舍伍德：《罗斯福与霍普金斯》下册，商务印书馆，1980 年，第 555 页。

标准串在了一起。那是什么？是社会发展的过程。

人类历史是客观的还是主观的，社会过程是必然的还是偶然的？这该是一个无需争论的问题。资本主义在全世界的发展，几乎所有的民族都以拥抱的姿态接受它，一系列民族国家的产生，都证明了人类历史的客观性，以及历史的发展是以偶然性为必然性开辟道路而前行的。所以，每个历史时代的社会标准、历史的逻辑、人性及道德标准，都因为社会发展过程是客观的从而决定了以上 3 个标准的客观性。

按照这样的认识与标准，评判二战期间的波兰、德国和苏联三个民族之间的战争，希特的德国侵略波兰和苏联等欧洲国家，企图建立由德意志民族统治、剥削和压迫波兰、苏联和其他欧洲民族的大德意志国家，是不符合资本主义发展和产生民族国家的时代要求，其奋斗目标不仅是一种过时的历史形态，而且它建立死亡营对犹太民族的迫害已经不只是民族的压迫与统治，而是人性的集体沦丧与泯灭。所以，希特勒极端的民族主义必然地把德国民族引领到失败的道路上。

如果我们把斯大林的苏联放置到特定的时代背景下，发现布尔什维克也只是一批民族主义者。这样，二战期间的许多现象也就都是可以理解的了。卡廷事件不只是对波兰民族的犯罪，而且够得上反人类罪。由于没有发现这方面的详细资料，我们只可以原则性地评说。但是，笔者发现历史有斯大林对苏联红军在占领区抢掠和强奸妇女所持态度的历史记述。根据南斯拉夫共产党领导人杰拉斯的材料，苏联红军进入南斯拉夫境内以后，发生了 121 起强奸案例（其中 111 起强奸后杀人事件），1204 起抢劫并杀人事件。要知道，南斯拉夫并非像波兰等其他东欧国家，全境都是由红军所解放的。苏联红军只是配合南斯拉夫解放力量，所以占领了该国的部分地方。当南斯拉夫党和国家领导人善意地向住南红军最高指挥官通报情况的时候，红军最高指挥官反而向南方提出强烈抗议。接着，在一次莫斯科接待南斯拉夫党政代表团的宴会上，斯大林非常激动地向客人诉说，红军在战争中经受的痛苦和他们在被破坏的国土上连续作战几千公里时所遇到的骇人听闻的苦难。斯大林泪流满面地喊道：

> 这样的军队却受到了杰拉斯的辱骂！这完全出乎我的意料之外！我是如此热情地接待了他！我们的军队为了你们不惜流血牺牲！杰拉斯本人是作家，可是他是否了解什么叫人的痛苦和人的感情？难道他能了解一个经过几千公里的浴血战斗的战士的心吗？如果这样的战士和妇女逛一逛，或者拿走了某一件小东西，这又算得了什么呢？（《同斯大林的谈话》，第 68、73 页）

从斯大林的这个态度，这样的表现，就可以明白苏联红军占领德国以后，在德国发生的大量抢掠和强奸妇女的案件，以及苏联红军何以在中国东北发生大量的抢掠和强奸事件。所以，斯大林也仅只是那个时代的俄罗斯民族主义者，当然有他那个时代的局限性。但是，斯大林有幸领导一个将近 2 亿人口的大国家，而这个大俄罗斯帝国也有幸有一个比较理解资本主义民族关系的斯大林。一次，斯大林招待杰拉斯的宴会上，后者向斯大林请教"人民"和"民族"的区别。莫洛托夫认为这是一个概念。斯大林说：

> 不对，瞎说！这是不同的概念。
>
> 民族，这是大家所知道的概念：是具有某种特征的资本主义制度的产物；而人民是特定民族的劳动人民，也就是说，有着共同语言、文化和传统的劳动者。（《同斯大林的谈话》，第 123 页）

民族，民族国家，具有资本主义的特质，表明斯大林对时代有着深刻的把握。这其实是斯大林能够战胜希特勒的重要原因。所以，与希特勒不同，斯大林只是想保护自己的大俄罗斯，而懂得不能也不应该统治其他民族。当苏联红军占领了以德国中部分界的欧洲东部以后，斯大林遵循各个民族自然分布的事实，严格建立了由各民族实行统治的民族国家。——在战争这一政治最高形式的作用下，也许斯大林的民族主义过于严厉了。据历史学家的资料，截止 1947 年 7 月 1

日，德国领土上所收容的来自于奥得河-西尼斯河以东的德国人达到950万，或者是1050万。相应有400到500万来自寇松线以东的波兰人又向西迁移填补了德国人的位置。我们很难评价成百上千万的人民流离失所是战争的结果还是民族国家产生的规律的使然，但是，由于战后美苏冷战意识形态的影响，国际主流社会跟着美国政府极力诋毁斯大林的成就，所以主流的历史学并没有客观评价与反映斯大林遵循民族主义原则的历史事实。

斯大林作为俄罗斯民族的代表，当然总是要争取民族利益的最大化。所以，斯大林战后的本意是要建立起一个环绕苏联周围的一系列民族国家，以缓冲德国及日本再次复兴后将可能侵犯苏联的危险程度。也许，从资本主义民族国家应该相互平等的原则来衡量，斯大林在处理苏联和围绕它的卫星国家的关系方面做得是很不够的。——不过，那种平等关系是建立在商品贸易关系基础上的，而苏联与它的卫星国本来就不是建立在资本主义商品经济发展的基础上，相反，它是商品经济不发达的产物。所以，围绕它的经济落后的民族国家也就没有权力要求平等——但是，苏联红军已经摆脱了把军事占领当作统治与奴役的历史传统，尽可能地按照平等的民族国家的原则处理问题，它还是比较符合资本主义发展要求的。这也是为什么仅只经过了40多年，能够发生东欧和苏联的剧变，从而东欧及原苏联各民族进一步走上自由与独立发展道路的重要原因。

最后再说波兰。正如马克思所说，波兰民族一直与奴役他们的人进行斗争，从而证明它具有民族独立和民族自决的历史权利。但是，由于波兰在历史期间很少有机会获得独立和掌握自己命运的机会，所以，一直到二战结束，波兰的这一历史权利无论拿破仑的华沙公国，沙皇亚利山大的波兰王国，还是斯大林的"由曾经帮助过苏联红军的波兰人建立的波兰政府"，（《罗斯福与霍普金斯》下册，第568页）都是通过异民族的专制者的恩赐来实现的。波兰人的这一历史状况一方面反映了未能独立和掌握自己命运的波兰民族的脆弱与悲惨状况，另一方面反映了波兰民族发展的不成熟。

因为属于弱者，波兰历史上总是以悲情的面目示人。但是作为成长中的民族，其实还有相当多的方面的不成熟。一战以后，出于制约德国和俄罗斯的需要，英国和法国等协约国借助战胜国的地位，承认了波兰独立的地位。但是，波兰人却越过协约国为他们划定的寇松线侵占了西乌克兰和西白俄罗斯。还有，从上个世纪60年代以来，国际社会特别是犹太人问题的研究领域，对波兰人在战争期间德国纳粹迫害犹太人过程中的作用，从漠视、不作为到帮凶，以及直接的残害，都有论有据地做了许多的揭露。特别是波兰籍美国学者杨·格罗斯的几本著作《邻人》（2001年）、《恐惧》（2006年）、《掘金者》（2011年），分别揭露了波兰人对犹太人的屠杀和迫害，其手段之野蛮、残忍，一点都不逊于纳粹。2015年，该作者甚至提出一个观点，说"波兰人杀的犹太人比德国人还多"。（汪舒明：《奥斯维辛，两个创伤民族的悲情碰撞》，《文汇报》2018年5月11日《文汇学人》第13-15版）虽然格罗斯和犹太研究者自60年代以来的这些有关波兰人与犹太人的关系史的研究结果不断得到波兰政府的否认和抗议，但是，它们却是符合历史逻辑的。——犹太人经过数千年的排斥与迫害，波兰能够成为犹太人相对多的集聚地方之一，除了中世纪以后东欧逐渐成为可以垦殖的经济区域以外，波兰最近几个世纪被周围强国反复瓜分与占领，作为异民族的统治，终归是欧洲各国中政府统治相对薄弱的地方。不过即使这样，可以设想一下，对于天主教势力仍然十分强大的波兰民族来说，波兰至少不会是犹太教的避难所，所以，波兰人与犹太民族的相处不可能是融洽的。而波兰作为这块土地上的主人和占据主流成分的民族，在排斥犹太人传统的几个世纪里，无论起因于自然资源和财富的争夺，还是宗教信仰的争论，总之发生波兰人对犹太人的排斥和迫害，就都是很自然的事情。历史研究当然不是为了翻旧账，不是要重新点燃民族的仇恨。但它必须揭示历史本来的面目，因为只有真实的历史才能给人们提供真实的养分。波兰与犹太民族的关系史，以及波兰与德国人、苏联人的关系史，都是欧洲各民族成长过程中的民族及民族国家关系史。

我们在这里插入较大的篇幅介绍波兰、德国和苏联三个民族之间的历史纠缠，不仅是因为波兰问题被战后历史学家和研究冷战问题的学者当作苏美发生冷战的原因，而且还因为它是二战的起因与核心问题。所以，倘使我们不捋清这一历史问题，就无法理解冷战的实质是被美国的利益集团虚拟的一种意识形态。在现实的世界中，美国与苏联就没有发生对抗和对立的客观条件。所以，它原本就不是一个问题。这样，读者很自然地就可以理解笔者的基本观点，即杜鲁门离开了罗斯福的航线而把美国引领到一个弯路上。另外，我们的研究是讨论二战以后人类历史走向的，如果不懂得波兰问题，就不理解二战和二战以后世界历史的必然结局，从而也不能理解为什么要说美国行走在弯路上，以及为什么会走到弯路上？

我们再回到杜鲁门。杜鲁门接任总统职务后 10 天左右，由于接待苏联外交部长莫洛托夫，而采取强硬的立场，其实是对罗斯福要建构一个与苏联、英国结盟管理世界的大战略未能充分地认识，尤其是在建构这一新的国际秩序中要对苏联持友好态度的外交路线和政策未能理解而有所偏差。请读者注意，我所用的词语是偏差，而不是离开。因为战后历史的突然变化是随着罗斯福的突然去世和战争骤然结束，美国战时所形成的强大军工集团迅速控制局面，从而扭转了历史的走向。但在杜鲁门接待莫洛托夫的时候，无论欧洲战场，还是亚洲及太平洋战争，都还在激烈进行着。所以，尽管杜鲁门在接待莫洛托夫中采用了比较生硬的态度，但并不代表他的执政路线已经形成。相反，他还是愿意和斯大林友好相处。他主动委派霍普金斯作为他的特使访问斯大林，以及主动建议召开波茨坦会议，都说明与 1947 年 3 月提出"杜鲁门主义"以后的做法是不一样的。

尽管杜鲁门的回忆录是在 1954 年撰写的，那时他不仅已经卸任总统职务，而且由他一手炮制的冷战局面已经形成。所以，杜鲁门回头撰述历史的时候，总是自觉不自觉地用冷战思维描述过去。但是，即使这样，我们还是不难从他所提供的材料里发现，战后的结局本不该走向美苏对抗。譬如，他交代召开波茨坦会议的目的时说：

我去波茨坦有很多原因，但是，在我的思想里，最迫切的是要得到斯大林个人重申俄国参加对日作战的决心，这是我们的军事领袖最急于要得到的一件事。我在会议的最初几天就从斯大林口中得到这种保证。（《杜鲁门回忆录》上册，第 374 页）

国际政治是一门交易与妥协的艺术。既然美国的最大的目的已经达到了，那么，波茨坦会议就不是他在回忆录里描述的到处都是剑拔弩张，都是紧张。相反，从杜鲁门给她的母亲和姐姐的两封信来看，会议的气氛相当友好和融洽。7 月 23 日，杜鲁门写道：

亲爱的妈妈和玛丽：

你们 16 日的来信在昨天收到了。今天早晨又收到了你们在 17 日和 19 日的来信。这使我感到无限的喜悦。我想，无线电广播电台将会很好地向你们报到有关我们的行动的。

会议从 17 日以来每天都在进行。许多的事情已经完成了，还有很多应该要完成的事还没有做出行动。但是，我们仍有时间把大部分事情用和平会议的方式去解决。

前天晚上，斯大林举行了国宴，这次宴会开得很成功。宴会开始是鱼子酱和伏特加酒，接着是西瓜和香槟酒，还有熏鱼、鲜鱼肉、鹿肉、鸡肉和鸭肉，席间还有多种多样的素菜。每隔五分钟敬一次酒，一直喝到最后二十五分钟。我吃得很少，饮酒也不多，但这确实是愉快而有趣的宴会。

当我在这儿同斯大林和丘吉尔饮宴的时候，我想要告诉你们一位来自非拉德尔菲亚市，名叫李斯特的年轻军曹演奏的钢琴，和一个来自首都管弦乐队的青年表演的小提琴。他们是我国最优秀的艺术家，他们演奏得非常精彩。斯大林也派人回莫斯科带来了他的两位最优秀的钢琴家和两位女提琴家。他们的演奏也极为精彩。他们演奏了肖邦、李斯特、柴可夫斯基及其他人的作品。我向斯大林和艺术家们

祝贺他们的表演才能……这是一个非常吸引人的宴会……（《杜鲁门回忆录》上册，第 326-327 页）

几天以后，杜鲁门又给母亲和姐姐写信说：

亲爱的妈妈和玛丽：

我们在这里又度过了一个星期了。我仍然在这荒凉的乡间等待着一位新的英国首相的到来。我们希望此刻就完事大吉，但还有一些琐碎的事情有待收尾，我们必须再次开会来解决它……

……

我们在这里过得很愉快。祝你们俩人好。我希望近几天离开这里，也许在下星期二或星期三。

向你们俩致以问候。（《杜鲁门回忆录》上册，第 356 页）

所以，波茨坦会议期间，虽然德军已经投降，欧洲战争已经结束，但亚洲与太平洋战争还在进行。杜鲁门和军事领袖的目标很明确，那就是为了赢得战争。因为赢得战争的目标简单、明确，反而不容易发生方向路线性的错误。即使某些行为举措失当，充其量也只可以说偶尔偏离航线，但不属于走进弯路。战后不久，杜鲁门就离开了罗斯福设定的航道及航线，把美国这艘巨型舰船驶进了弯道。[2]

要说杜鲁门离开了罗斯福的正确航道而驶进了弯道，那就先必须说明罗斯福的航路及航线是什么。所谓罗斯福的航道或航线，就是在罗斯福的理念指导下的美国发展道路，它体现在罗斯福执政后所推行的一系列内政与外交的路线和政策里面。不过，因为罗斯福执政其间发生了战争，而战争又是政治的最高表现形式，所以，罗斯福的执政理念及其内政外交路线和政策的基本精神，则又都集中体现在

2　罗斯福所率领的那一拨政治与军事领袖，也都是将战时的美国比喻为大海航行中的舰船，而罗斯福就是那个为他们掌舵的船长。譬如国务卿赫尔在为罗斯福 1944 年参加大选辩护说：："总统觉得局势困难，我们仿佛在汪洋大海之中，他是掌着舵。所以他应该对着普遍的要求让步，再度参加竞选。"《赫尔回忆录》，上海申报馆印行，民国三十七年，第 127 页。

大战前夕所发表的《大西洋宪章》里。1941 年 8 月 14 日，美国参战以前，罗斯福即以与英国首相丘吉尔联合声明的形式，向世界昭告自己的意图。

美利坚合众国总统和代表联合王国陛下的首相丘吉尔，经过会商，认为把他们两个国家政策上若干共同原则（对更好的未来世界的希望即以此为基础）在此时向世界宣布，是合适的。

第一、他们两个国家不寻求任何领土的或其它方面的扩张；

第二、他们不希望看见发生任何与有关人民自由表达的意志不相符合的领土变更；

第三、他们尊重所有民族选择他们愿意生活于其下的政府形式之权利；他们希望看到曾经被武力剥夺其主权及自治权的民族，重新获得主权与自治；

第四、他们要在尊重他们现有的义务下，努力促使所有国家，不分大小，战胜者或战败者，都有机会在同等条件下，为了实现它们经济的繁荣，参加世界贸易和获得世界的原料；

第五、他们希望促成所有国家在经济领域内最充分的合作，以促进所有国家的劳动水平、经济进步和社会保障；

第六、在纳粹暴政被最後消灭之後，他们希望建立和平，使所有国家能够在它们境内安然自存，并保障所有地方的所有人在免于恐惧和不虞匮乏的自由中，安度他们的一生；

第七、这样的和平将使所有人能够在公海上不受阻碍地自由地航行；

第八、他们相信，世界上所有国家，为了现实的和精神上的理由，必须放弃使用武力。如果那些在国境外从事或可能以侵略相威胁的国家继续使用陆海空武器装备，则未来的和平将无法维持；所以他们相信，在一个更普遍和更持久的全面安全体系建立之前，解除这些国家的武装是必要的。同样，他们会协助和鼓励一切其它可行的措施，来减轻爱好和平的人民在军备上的沉重负担。

如果现在对照罗斯福与丘吉尔的八条，美国已经在弯道上航行了70多年，可以列举事例说明它完全违背了大西洋宪章的基本精神。但是从战后起点来说，杜鲁门最先违背的是第一、第八条。而这两条问题的核心，则是美国把战争期间的军事目标长期化和永固化，用武装力量控制全世界。美国战后的历史与所作所为，让人们有理由相信，当年美国参战的目的就是为了寻求扩张，为了实现世界霸权，获得全世界。这显然是与罗斯福的本意相违背的。

让我们重温一下罗斯福的观点。欧洲战争结束前 2 个月，雅尔塔会议上，罗斯福认为，为了彻底打败希特勒，盟军虽然需要占领德国，但是，最多两年，美军必须撤回本国。(《最后一百天》，第 105-106 页）在太平洋战场上，对于日本，罗斯福主张"加强对日本本土进行轰炸。除非绝对必要，他不希望直接攻入日本本土"。(威廉·李海：《我在现场》，华夏出版社，1988 年，第 331 页；《马歇尔传》，第 587 页）

但是，罗斯福的观念与军人们不一致。战时罗斯福的参谋长李海海军上将说：

> 罗斯福有一个他曾同我商量过多次而又十分欣赏的设想，就是把一些世界要地统统置于联合国的控制之下。对此，我从未表示过赞同，并一贯主张，任何战略要地，如果认为其对美国的安全有重要意义，则应置于美国主权的控制之下。

> 罗斯福的理由则是，美国绝不通过战争谋求领土。我们付出了极大的人员伤亡代价才夺取了日本托管诸岛的战略要地，但在这一问题上，他的观点也是如此。这是他的一项一贯的原则。罗斯福认为，如果把托管地置于联合国的控制

之下，美国同样可以获得其安全保护。但我认为他的观点是错误的。时至今日，我仍确信无疑。(《我在现场》，第 337-338 页)

可见，至少对于李海海军上将和其他军事领袖来说，打仗的目的就是为了控制那些对美国有战略意义的目标。我们在前面曾经引述过，1945 年 10 月 26 日内阁会议上，海军作战部部长福莱斯特尔和陆军部长派特逊也都对杜鲁门说，大规模的复员计划势必损害美国已经在世界各地所形成的战略地位。(《杜鲁门回忆录》上册，第 495-496 页)

斯大林有一个观点，自古以来的军人都不会主动退出他已经占领的土地。所以，按照《大西洋宪章》和罗斯福雅尔塔会议上对斯大林和丘吉尔所讲的话，当打败了德军和日军以后，美国是不会在国外驻军的。因为回归和平的生活，随着战士大量复员，军队也将大规模地缩小。但是，美国军方不同意。如果罗斯福还活着，这不是问题。因为罗斯福确实在统帅军事武装，能够独立决策，而杜鲁门则是自觉不自觉地跟着军事领袖们的步伐走的，譬如内阁会议本来是检查复员计划的，可是当军方说复员计划损害了美国战略地位以后，杜鲁门就马上附和说："就我个人来看，我们所实行的计划已不再是复员计划，而是在瓦解我们的军队。"1946 年 1 月 8 日，杜鲁门发表声明说：

> 对于那些仍在等待儿子的父母和那些热切地盼望见到丈夫和父亲的妻子和孩子们，我是寄以同情的。我也知道，许多年轻人渴望继续受教育或回到他们的工作岗位上去。但是，作为美国总统，我的最高职责是整个国家的安全与幸福。作为一个占世界领导地位的国家，我们有义务为世界的未来和平建立一个巩固的基础。美国的未来正如战争时期一样，是处在危险之中的。(《杜鲁门回忆录》上册，第 495-496 页)

　　不难看出，杜鲁门不仅自觉不自觉地跟着军事领袖走，而且还制造依据要保持强大的军队。一个是美国要做领袖，是"占世界领导地位的国家"。一个是"美国的未来正如战争时期一样"仍然"处在危险之中"。美国是战时同盟国家的中流砥柱，甚至可以说确实起到了领导的作用。但是，笔者至今尚未发现罗斯福曾经向人们表达过美国要做世界领袖，充当领导角色的话语。相反，罗斯福的理念是国家不分大小，它们都居于平等的地位。至于杜鲁门的第二点，那简直是荒唐的。世界各国人民在战争中付出了极大的牺牲，终于打败了德意日法西斯，现在同盟国家已经赢得了战争，杜鲁门却说美国的未来仍然像战争时期一样处在危险中。也就是在这样的理由下，杜鲁门跟在军事领袖的后面，堂而皇之地离开了罗斯福用战争所捍卫的航道。

　　按照时间顺序，我们简单做个梳理。1945 年 4 月 12 日，当杜鲁门就任总统的时候，军事领袖告诉他，至少 6 个月以内，德国还不会被打败，日本在一年半之内也不会被打败。（《杜鲁门回忆录》上册，第 21 页）不想，4 天以后，4 月 16 日，苏联红军发动攻克柏林的战役。27 日，红军占领柏林中心市区。30 日，希特勒自杀。5 月 2 日，红军全部攻陷柏林。7 日、9 日，德军分别在西线、东线向盟军投降。欧洲战争骤然结束。由于事发突然，军方在一开始还是服从常识，安排从欧洲撤军和复员。

　　军事领袖的意志是从 3 个月以后的日本投降开始的。8 月 15 日，日本天皇及其政府向美国、英国、中国和苏联发出照会，表示愿意接受《波茨坦公告》，放下武器并执行该公告中的各项投降条款。笔者在以前有关美国占领日本的国际法批判的文章中指出，美国等同盟国家这一时期所对应的日本是一个主权国家，而且更重要的是，美国占领日本后的基本政策还是依靠天皇及其政府实行统治，这就说明，如果单是为了执行《波茨坦公告》，既然是通过天皇及其政府实现投降条款，那就没有必要去占领日本。更何况，马歇尔五星上将和李海海军五星上将等军事领袖都清楚地知道，罗斯福本来是尽可能地避免占领日本本土的。但是，美国还是以盟军名义全面占领了日本。

再看如何控制东亚、东南亚及太平洋。随着日本投降，美军接收了除了香港以外的几乎所有东南亚地区。中国大陆本来是由蒋介石的国民政府接收的，但是，由于战时国民政府退守大西南，日本投降后东部立即陷入政府与深入前线的共产党部队的争夺当中。蒋介石急于从苏联红军手上接收东北，请美国政府帮忙，把长江以南的政府军迅速运送到东北区。这样，美军合法地进驻到中国东部沿海的几个大城市。

至于太平洋，那是美军顺理成章地从日本手上接收过来的。第一次世界大战以后，日本通过国际联盟合法接收了德国在太平洋诸岛上的殖民地，控制了西太平洋和西南太平洋。美国参战以后，通过艰苦的战斗，逐步夺得了日本在太平洋上的各个战略要地。40 年代后期，以及到了 1951 年旧金山会上，美国还以联合国托管的名义统治原日本占领的太平洋地区。另外，南朝鲜最初是通过接受日本投降占领的。后来，是以朝鲜战争的名义，接着占领南韩和台湾的。上个世纪 70 年代初期，出于与中国大陆建交的需要，美军退出了台湾地区。这是美军在亚太地区的态势，即在东南亚保留军事基地，实际占领了日本、南朝鲜、琉球群岛，以及西太平洋和西南太平洋各岛屿，太平洋已经成为美国的内陆湖。

美军在欧洲的驻军有点周折。战争结束后，美军除了占领德国、奥地利和意大利以外，欧洲其他地方的驻军开始大规模复员。美国军事领袖最先反悔从欧洲仓促撤军。1947 年马歇尔计划以后，随着美国与苏联日益激烈的争吵，美国制造苏联威胁论，增加了西欧本来就存在的对俄国（苏联）的恐惧。经过连续几个财政年度的马歇尔计划运作，为美军重返欧洲铺垫工作完成。1949 年，美国与主要西欧国家共同签署北大西洋公约，美军堂而皇之地返回欧洲。根据上个世纪 70 年代的资料，美国陆军有三分之一的兵力部署在欧洲。（《大美百科全书》第 27 卷，第 447 页）

读者可以返回到前面介绍美国国防部的内容，美国的战区和陆、海、空军事基地，已经遍及全世界，人们有理由说整个世界是在美国的控制之下。《大西洋宪章》说："如果那些在国境外从事或可能以侵略相威胁的国家继续使用陆海空武器装备，则未来的和平将无法维持"。罗斯福绝对没有有想到，战后美国成为那个在境外从事和继续使用战争武器的国家。

10. 民主党总统杜鲁门推行的行反民主政治

　　人类历史经过时间的打磨与沉淀，被历史学家整理以后再展示给人看，往往是一条向上的、进步的直线。但是，真实发生的历史却是曲折的，有时候还难免会有反复与倒退。罗斯福代表民主党竞选蝉联 4 届总统任期，连续 12 年执政推行新政以及对新政各项政策的延续与肯定，压得共和党喘不过气来。由于 30 年代新政和 40 年代以来的战争，罗斯福在民众里积累了极大的声望，特别是当罗斯福离世的时候战争仍在进行，一切社会矛盾都被掩盖着。不过事实上，共和党与民主党内以南部和中西部为主的保守派已经联起手来对抗罗斯福了。1944 年选举，民主党党魁选择罗斯福根本就不熟悉的杜鲁门为竞选伙伴，就是为了拉拢南部和中西部民主党保守分子的票。不过，民主党真的要为这一举措付出惨重代价。当杜鲁门上位担任总统以后，共和党与南部的民主党迅速接成了联盟。1946 年的中期选举，不仅共和党在国会中赢得胜利，而且在南部以外的 32 个州中夺得 25 个州的州长职位。(《一九〇〇年以来的美国史》中册，第 405 页)参院中 18 个有权力的委员会主席都是来自于南部各州，而参院的临时议长、众院议长和两党领袖都是共和党与南部民主党联盟的人。(《1932-1972 年美国实录》第二册，第 675-676 页)

　　由于罗斯福加强政府干预的政策直接危害了大企业和垄断组织的利益，从罗斯福新政时期开始，保守势力一直抨击新政是俄国共产主义，把罗斯福和共产党联系在一起。1936 年选举时，美国富豪为反对罗斯福连任举行聚会，有人发表演说攻击"罗斯福的新政充满了共产主义俄国的臭味"。共和党总统候选人、堪萨斯州州长艾尔弗雷德·兰登还含沙射影地说，罗斯福就是"共产党"。1936 年 10 月 31 日，罗斯福发表了一篇富有战斗性的演说，把矛头直指"垄断性企业，金融垄断组织，投机倒把的奸商，没良心的银行老板……有组织的大财团"。他说："在美国历史上，这几股势力紧紧抱成一团，反对一个总统候选人，这还是第一次。他们大家都恨我，我欢迎嘛！"罗斯福联系第一届任期说："我希望得到的评价是，我首任总统时，那些自私自利、权欲的势力遇到了势均力敌的对手。"讲那番话是为下面做铺垫："我还希望人家有这样的意见：到我连任总统的时候，这些势力会遇到的是克敌制胜的强手。"（《1932-1972 年美国实录》第一册，第 200、205、206-207 页）

可惜的是，罗斯福第二任期即将结束时，战争临近，罗斯福不得不与反对他的政敌握手言和，团结一切民族力量，赢得战争。事实上，由于政府给予军工生产丰厚的利润，各大资本都以极为积极的态度投入到战争。战争也以极大的力量推动各大资本的融合。经过战争以后，美国工商业企业的联合，企业与银行金融业的融合，以及区域间经济联系的程度都更高了。罗斯福所领导的战争实际上是在为他的敌人奠定基础，壮大力量。如果说战前罗斯福新政的反对派们攻击罗斯福为共产主义、共产党，那不过是一个似是而非的问题，因为在盖洛普的民意测验中，一直具有很高的比例，说明民意中的威望很高。但是，对于什么是共产党人，意见却并不一致，有的人指的是苏联的间谍，另外一些人指的是缴纳党费的美国共产党党员，而对于罗斯福和罗斯福的政敌来说，共产主义则是一个含混的词语，指的是一切社会改革的主张和倾向。（《1932-1972 年美国实录》第二册，第 695页）

但是，也就是包括罗斯福在内有时也会谴责的共产主义，以及共产党和共产党的所谓间谍，在战后被共和党与民主党共同指责与攻击的对象，被告的愈演愈烈，似乎成了比战时对付欧洲战场上的德军和太平洋战争中的日军还要强大的敌人。读者必须知道，一方面，各国政府的使节以及相关机构都在不同程度上了解和收集有关国家的情况及信息，合法与非法、间谍与非间谍人员，其界线往往是模糊的。另一方面，战时苏联与美国是关系密切的盟友，特别是美国的援助对于苏联十分重要，斯大林不可能允许苏联特工在美国实行有损于两国关系的活动。事实上，因为信奉社会主义革命是全世界所有国家的无产者共同革命的观点，列宁在十月革命后不久即组建了共产国际，战时害怕共产国际中的各国共产党继续有针对本国政府的对抗活动，斯大林已经解散了共产国际。所以，即使苏联在美国有间谍活动，也都是有如美国在其他的国家开展搜集情报活动那样，把它们限制在极小的范围和很低的程度。所以，战后美国掀起的反共反苏活动及思潮，完全是美国国内阶级关系与以两党政治制度自然发展的结果。

美国是一个对公民个人权利予以较高尊重的国家，所以，国会历来对于政府干预公民权利的活动予以较高的警惕。但是，战争临近的时候，国会则开始赋予联邦调查局以特殊的权利。1939 年 8 月 21 日，国会通过哈奇法案，确立政府雇员参加以推翻美国政府宪法形式为目的的政党为非法。根据这一法案，调查的责任属于联邦调查局。

从 1940 年开始，罗斯福总统下令由联邦调查局、海军情报局和陆军情报处成立一个战略情报组织，负责对有关颠覆、间谍和破坏活动等方面的调查。

1942 年，罗斯福总统发布一项战时指令，授权文官委员会有权停止忠诚受到合理怀疑的任何人在政府工作。

1943 年 2 月 5 日，罗斯福总统颁布 9300 号行政命令，由联邦政府各部组成的五人调查委员会，对被控参加颠覆活动的雇员实行调查及其他行动。这个行政命令把联邦调查局插手政府各个机构实行调查的活动合法化了。（《杜鲁门回忆录》下册，第第 344、347 页）

美国是一个宗教自由的国家。宪法赋予了公民信仰自由的特别权力。所以，自历史以来，文官委员会遵循美国的传统，是不准许调查雇员或者未来雇员的政治及宗教的主张。但是，战争中已经突破了这道界线。太平洋战争爆发以后，美国总统曾颁布 9066 号行政命令，授权陆军部建立军事区，把日裔美国公民集中和监视居住。也许，战时这些做法是必要的，至少是可以理解的。不过即使如此，除了经过过分渲染的宣传和解构以外，历史并不认为战时政府通过联邦调查局和军方侵犯公民自由权有任何必要。

历史学家能够从战时联邦调查局和战略情报局对美国公民的监督和调查的大量案例中筛选出来的一个案例，不过是一件很有正义的《美亚》事件。《美亚》是由部分美国共产党所编辑的一份有关美国在亚洲，特别是远东政策的学术杂志。1945 年 3 月 1 日，即战争结束的前戏，战略情报局的官员突然搜查该杂志的办公室，并搜出一些外交和军事文件。根据历史学家的记述，联邦调查局接管了这个案子，并在该杂志编辑菲力普·杰非和他的同事，以及苏联和中国共产党的官员中建立了密切的联系。(《一九〇〇年以来的美国史》中册，第 415-416 页）

一方面，以往的历史学家都是不加证明地把共产党等同于从事颠覆活动的刑事犯罪分子。另一方面，政府为了垄断公共事务的决策权，它们可以随意确定它们的文字材料或信息为保密或机密。所以，历史学家站在冷战的立场上，往往把这一事件当作《美亚》杂志从事颠覆美国的证据。但《美亚》持有政府或军方的文件，并不等于其从事颠覆活动。美国共产党是美国合法的政党组织。美国共产党员也是美国合法的公民，享有美国一切公民都应有的言论和信仰自由的权利。所以，美国共产党党员所主办的《美亚》杂志，即使从事旨在影响美国政府远东政策决策的活动，也是正当的、合法的，应该受到法律保护的。

以上都是战时的情况，我们很难设想罗斯福会把战时联邦调查局和战略情报局随意监视、调查和搜查公民的法律继续执行下去。但是，杜鲁门在共和党和民主党内保守派联手攻击罗斯福执政路线和政策的时候，竟以更为极端的面目出现，甚至把共产主义和共产党当作比战争期间德、意、日法西斯主义还要危险的战争行为，所以要在联邦政府内予以清洗。

1946 年 11 月 25 日，杜鲁门颁布第 9806 号行政命令，设立总统临时雇员忠诚委员会。该委员会认为，美国需要制定某种计划打击政府内部的破坏活动，并建议联邦政府各部和各机构制定自己的审查忠诚的程序，以使在政府任职的所有人员都要经过忠诚调查。而对于现在任职的政府雇员，其姓名都要与联邦调查局的卷宗核对，其实就是把政府雇员都交付给连当调查局予以监视。

1947 年 3 月 21 日，杜鲁门颁布第 9835 号行政命令，成立一个由总统任命的审查委员会，进一步加紧了防范颠覆性渗透的措施。根据该行政命令，总统下设忠诚审查委员会，联邦政府各部及政府机构内设立机构内的忠诚委员会，全国各地也相应设立了区的忠诚委员会。杜鲁门打破党派界限认命了保守派共和党人赛思•理查逊为委员会主任。

杜鲁门亲自发动并导演的忠诚调查基本上形成联邦政府的一项制度以后，就将其实质性活动转到了反苏反共的轨道上。1948 年，美国政府获得一份起诉书，指控 11 位共产党领导人违犯 1940 年史密斯法，阴谋以暴力推翻美国政府。从而开始把忠诚调查引向反共运动。（《一九〇〇年以来的美国史》中册，第 420 页）联邦政府为此案做了充分准备，并有联邦调查局特工人员和前共产党领导人的证言作起诉证明。1949 年，初审与复审都以 11 位共产党人有罪而结束。1951 年 6 月 4 日，联邦最高法院以 6 票对 2 票确认 11 位共产党领导人有罪。但是，最高法院不是维持联邦政府控告、法庭初审与复审所确定的密谋用武力推翻政府，而是密谋教唆或鼓吹革命。首席法官文森代表多数法官所写的判决此说，根据"明确而现实的危险"原则，确认美国政府证明共产党威胁的严重程度以足够定罪，从而彻底撕毁了遮盖在美国联邦法院身上的那块维护宪法和保护公民言论与信仰自由的招牌。接着，司法部又控告 40 位共产党领袖触犯史密斯法，并予以监禁。

实际上，战后美国能走上反苏反共的道路上，是与以杜鲁门为总统的政府行政分支带头，国会与法院三驾马车共同引领分不开的。在杜鲁门政府诉共产党案件中，我们不仅看到了法院和联邦最高法院的表现，而且在后面的一系列介绍中，读者还可以看到法官们更多地更积极的反对共产主义信仰和迫害共产党的恶劣表现。不过，由于法院在国家结构中的地位决定了法官是在被动的活动中积极表现的话，那么，国会则是与总统竞相推动美国朝着弯路奔跑的。

1947 年年底到 1948 年年初，国会先是借审查国务院的拨款而插手国务院的安全调查，接着，到 1949 年，国会开始在各种拨款法案内附加条款，授权各部门首长可以根据安全的理由辞退雇员，而且不允许被辞退者上诉。在联邦政府中，国务院和国防部首先执行国会授予的这一特别权力。该法案授权一个部长在安全案例中，可以任意辞退一位雇员，而不需要提出任何"安全"以外的理由和说法。

1950 年 9 月 23 日，国会通过了"麦卡伦国内安全法"，俗称颠覆活动管制法案。该法要求共产主义组织要想司法部登记备案，并必须提供其成员名单和财务报告。该法案还规定，禁止发给共产党员护照，禁止国防工厂雇佣共产党党员，战时必须拘禁共产党，设立一个跨越共和党和民主党的颠覆活动管制委员会，以协助揭露这样的组织。(《一九〇〇年以来的美国史》中册，第 420-421 页) 国会在和平时期里通过这样野蛮侵犯人权的法案，以至连杜鲁门都说：

> 这个法案给政府官员很大的权力，使他们可以为难我们的一切公民，使他们不能享受言论自由的权利。政府对于自由发表意见加以窒息，是朝极权主义迈进了一大步。(《杜鲁门回忆录》下册，第 355 页)

总统对国会的法案提出批评归批评，当国会再次通过它成为法律以后，杜鲁门则宣布成立美国颠覆活动控制委员会，并将理查逊转任为主席。忠诚调查活动与清洗共产党的活动不只发生在联邦政府所雇用的公务员身上，而且波及社会各界。著名物理学家居里夫人的女儿艾琳·居里到纽约参加科学会议就被拘留了在埃利斯岛过了一夜，因为有匿名电话说她是敌特。国会议员帕纳尔·托马斯在杂志上发表了一篇题为《我们原子弹工厂里的赤色分子》的文章，含沙射影地说科学都可能是危害国家安全的嫌疑分子。一个时期以来，联邦政府几乎无法聘请到年轻的核物理学家。美苏医学协会出版《苏联医学评论》，订阅者要求杂志出版人用白纸包裹邮寄。(《1932-1972 年美国实录》第二册，第 708 页)

实业界和教育界也都被卷入。有一家企业保管政府的文件，花了 300 万元买了许多保险箱。大学里要求教师进行忠诚宣誓，其中加利福尼亚大学参加宣誓的就有 11000 人。洛杉矶加利福尼亚大学有 157 名教师因为拒绝宣誓，而遭到解聘。各地教师宣誓忠诚活动，通常都由学校董事会主席、教师协会主席或警察局长主持。还有一些地方，美国退伍军人团和对外战争退伍军人协会的军官们，还要研究各个学校的教材，看其中是否有鼓动颠覆活动的内容。

文化娱乐业界的忠诚活动更为出色。在纽约，3 个前联邦调查局的特工人员，在美国电台艺术家联合会中的反共分子的怂恿下，写了一本名为《反击》的小册子，把国会各个委员会的档案里出现过的 151 名演员、导演、作家等演艺人员的名字都罗列出来。这本书在各广播公司的经理中传播开来，不仅将这些书中有名的人都解雇掉，而且在雇用新人的时候还要重新核对他们名字。后来，这 3 个人又出版了一本《红色渠道》。这是一本更厚的，罗列有可疑亲友关系的演员和播音员的人名录。人们把它叫做"黑名单"。从此以后，娱乐界被弄得胆战心惊。

自后 10 多年里，黑名单成了笼罩在娱乐界的一个巨大阴影。演艺公司是靠舆论为业的，反对共产主义，爱国及对国家的忠诚，就成了它们存在的生命线。公司经理们对于那些稍有疑问的明星，大都采取"零容忍"的态度。有的时候，他们明知道被列入到黑名单的那些人，往往都是因为他们的竞争者的嫉妒，而根本就与忠诚问题无关。但是，老板们可管不了这么多。琼·米尔是全国广播公司的最受欢迎的联播节目的主播，因为名字列入到《红色渠道》，公司立即撕毁合同，当天就把她赶了出去。广播公司的发言人也直言不讳，他说，米尔小姐并不是共产党。她对国家是忠诚的，而且一贯如此。她所以被解雇，是因为有人造她的谣。不幸的是，她引起了不同的意见。而这些意见总会使出广告费的公司害怕，使公众骚动，从而对演出也是会有损害的。从那时起，"有不同意见"就几乎成了"不忠诚"的同义语，它同样能够毁灭一个人的前途。再发展下来，人们对这类问题几乎全都接受了，认为即使不属于"忠诚"问题，也还是有问题，因为"无风不起浪"嘛。（《1932-1972年实录》第二册，第707-710页）

说到风，那常常成为人类灾祸的根源。除了"无风不起浪"，还有"捕风捉影"。这都是战后美国发生反动思潮的几个十分重要的特点。不过，所有引起"风浪"的案件，几乎都与共产主义、共产党沾点边。试举几个典型的案例。

尤利乌斯·罗伯特·奥本海默是美国杰出的核物理学家。1942年8月，美国研制原子弹的"曼哈顿计划"之初，奥本海默即被任命为首席科学家。连杜鲁门也说："在制造原子弹的成就上的功劳，奥本海默比任何人都大。"（《杜鲁门回忆录》上卷，第382页）所以，奥本海默被称之为"原子弹之父"，战后担任美国原子能委员会总顾问委员会的主席。但是，原子弹的成功也激起了奥本海默作为一位科学家的良心谴责。当原子弹在广岛和长崎爆炸以后，奥本海默说："无论是指责、讽刺或赞扬，都不能使物理学家摆脱本能的内疚，因为他们知道，他们的这种知识本来不应当拿出来使用。"所以，奥本海默希望通过联合国实行原子能的国际控制和和平利用，主张与包括苏联在内的各大国交流核科学情报以达成相关协议。因为已经有了原子弹的先例，奥本海默特别反对美国研制氢弹。为此，他长期生活在被指控对苏联友好，以及联邦政府反复予以忠诚调查的影子里面。

奥本海默被彻底从"指控-调查"的生活怪圈里解脱出来，是从一次最大的迫害开始的。1953年12月2日，国防部长向艾森豪威尔总统报告，他和原子能委员会主席同时收到由联邦调查局局长胡佛转来的一份指控奥本海默的报告，指控者是杜鲁门总统时期的国会原子能联席委员会办公室主任、律师出身的威廉·博登。当艾森豪威尔获悉麦卡锡参议员手头也有一份相同的报告后，遂通知国务卿、国防部长、国防动员局局长、原子能委员会主席、中央情报局局长等，要求他们在全面调查期间不要让奥本海默接触到任何敏感的或机密的情报。同时，艾森豪威尔给司法部长下达了调查奥本海默的指令。艾森豪威尔在那天的日记里写道：

> 若干年以来，（政府）对这一份（安全）情报，或至少是其中的绝大部分，曾经常地、反复地进行审查和研究，而总的结论一直没有任何证据足以说明奥本海默博士本人有不忠诚的情况。不过，这并不意味着他不可能不是一个危害国家安全的人物。（376-377）

这可是美国总统所说的话。这段话表述了一个悖论，一个荒唐的悖论。经过多年来长期的、反复对奥本海默的审查和研究，总的结论说明奥本海默没有不忠诚的情况。但是，这都不意味着他不是一个危害国家安全的危险人物！所有的美国人都陷在这一荒诞的氛围与背景里。这句话可以对任何人，包括美国总统在内，都适合。"没有任何证据足以说明艾森豪威尔总统本人有不忠诚的情况。但是，这都不意味着他不是一个危害国家安全的危险人物"。所以，昨天完全是因为害怕不可知的未来发生问题，所以必须决定继续对奥本海默实行新一轮的有关忠诚问题的审查。

由于奥本海默与原子能委员会有职务上的联系，根据该委员会的安全条例，联邦政府首先吊销了他的安全证书。这意味着暂时解除了奥本海默的国家公职，不再履行原子能委员会总顾问职务的职能。同时展开对其调查。新的调查结束后得到了3000页的审查材料，奥本海默出席了由40个证人参加的陪审员复审委员会的机密听审。艾森豪威尔总统指定了一个由政府以外的、北卡大学校长为组长的3人委员会，主持了该次听证会。历时几周的审查，最终以二比一的票数裁决：奥本海默纵然是一个忠诚的公民，然而他的确是一个危害国家安全的危险人物。3人委员会把这份裁决再交给原子能委员会，该委员会的5人委员会以四比一的票数批准了这一裁决。奥本海默受审查期间，包括爱因斯坦在内的美国科学界和社会舆论，对联邦政府迫害科学家的行为进行了强烈的谴责，但是，这都无法影响总统毅然批准了调查小组和该委员会的裁决。奥本海默的信任证书没有得到恢复。所以，包括美国总统在内的几乎所有美国人都承认对美国无限忠诚的、有着"美国原子弹之父"之称的奥本海默，却因为无法通过忠诚调查而必须远离美国原子能委员会和美国有关原子能的发展事业。

美国反共产主义思潮与政治迫害的另外一个典型案例，是朱利叶斯·罗森堡和艾瑟尔·罗森堡夫妇的苏联间谍案。罗森堡是一位物理学家，在美国原子弹试制中的一个一般性工作岗位上就业。罗森堡夫妇出事，应该是两个人分别在青年时期参加过共产主义青年团的背景。这个案子在美国迅速成为共产主义话题风暴的中心。人们认为，罗森堡夫妇受到的政治迫害，代表了美国政治迫害的疯狂情绪，堪与欧洲中世纪和美国历史上有名的萨勒姆镇"迫害巫师巫女运动"联系起来。

罗森堡夫妇遭受迫害，应该与苏联原子弹试制成功有关。1949 年 1 月，美国的间谍飞机在苏联上空检测到核辐射的痕迹，从而判断苏联原子弹试制成功。美国人也具有常人所具有的自大狂倾向。他们认为，如果苏联独立试制原子弹，应该需要几十年的时间。所以，美国人认为苏联之所以很快取得成功，是窃取了美国的原子弹技术。其实，继美、苏以后，英国、法国、中国、伊朗，以及北朝鲜等许多国家都独立试制成功原子弹，证明在经济条件许可的情况下，制作技术并不是特别困难的事情。另外，制作原子弹又是一个具有严格程序限制的复杂的系统工程，除了极少数掌控总体性工程计划的人以外，处在某个具体环节上的人根本不可能得到所谓的核心技术。

罗森堡夫妇就是在这样的背景下，被指控为苏联提供了原子弹技术情报。指控他们的罪证却是孤证。艾瑟尔的弟弟戴维·格林格拉斯在原子弹试制期间，在洛斯阿拉莫斯国家实验室从事机械师工作。实际上，这一职位的工作是无法得到机密的。但是，根据证词，戴维把原子弹机密情报送给了他的姐姐，而姐姐则打印后交给俄国间谍。

因为即使联邦调查局的探员也得不到真正核心的原子弹机密，所以，当时法庭展示的所谓艾瑟尔打印的机密其实对于苏联来说没有任何价值。支持罗森堡夫妇的人都认为死刑判得过重，甚至根据那些材料都够不上犯罪。庭审期间，白宫和最高法院前不时有游行人群抗议，全世界至少有 24 个国家声援罗森堡夫妇。巴黎有数万人到美国外交机构前示威，伦敦交通被游行堵塞，中央情报局驻爱尔兰情报站受到袭击，各社会主义国家的谴责声势尤为强烈。1953 年 6 月 19 日，最高法院还是对罗森堡夫妇执行了死刑。艾瑟尔的弟弟戴维与检方达成认罪谅解，从而免于死刑的起诉。10 年监狱生活之后，于 1960 年释放，自此之后用假名生活。2001 年，他公开承认当时做了伪证，为了能够保护妻子与孩子，冤枉了姐姐。

上层社会受到美国反动政治迫害的典型，该是战时曾为罗斯福服务的哈利·德克斯特·怀特和阿尔杰·希斯。相同的原因，两个人也都是因为参与设计了与苏联合作的国际社会机构，被认为主张与苏联友好，所以惹上了祸端。

怀特曾经在罗斯福执政时担任财政部部长助理。1941 年美国政府与日本谈判美日首脑会谈细节，怀特提出一个解决美日矛盾的备忘录。当这份备忘录送到罗斯福和国务卿赫尔手上的时候，竟然得到国务院远东司和赫尔本人的赞赏。事实上，那个导致日本与美国谈判破裂的"赫尔十点计划"，就是以怀特的备忘录为基础产生的。(《第二次世界大战全史》③，第 912、913 页）联合国创建期间，怀特作为美国代表对设计布雷顿森林货币体系具有不可替代的贡献。

1944 年 5 月，美国邀请参加筹建联合国的 44 国政府的代表在美国布雷顿森林举行会议，美国财政部助理部长哈里·怀特，凭藉战后美国拥有世界各国黄金储备 75%与强大军事实力而力挫英国代表团团长、经济学家凯恩斯，以美元为世界货币的"怀特计划"成为布雷顿森林会议最后通过决议的蓝本，从而形成以关贸总协定、世界银行与国际货币基金组织为中心的战后世界贸易与金融新格局。1946 年 1 月，杜鲁门总统任命其担任国际货币基金组织美国代表团的团长。

1947 年 4 月，怀特辞去了政府职务。1948 年 8 月，怀特被指控同政府内一个俄国间谍网有联系时，因心脏病发作而死亡。(《艾森豪威尔回忆录》(二)，第 381 页)

希斯，律师出身。1934 年任参议院军需工业调查特别委员会总法律顾问助理，1935 年任司法部特别检察官。1944 年 8 月至 10 月，美、英、苏、中四国外长协商筹建联合国的敦巴顿橡树园会议期间，担任会议执行秘书。1945 年 2 月，陪同罗斯福参加雅尔塔会议。1945 年 4 月，任旧金山联合国国际组织会议秘书长。1946 年 1 月，任联合国大会美国代表团首席顾问。1947 年 2 月，任卡内基国际和平基金会主席。

美国在二战期间为人类做出了巨大的贡献。即使这样，战争胜利也是世界各国人民共同奋战的结果。但是，美国的政客并不把历史看作各民族的历史，他们要把取得胜利的全部功劳都归结于美国。共和党人和民主党内的保守派认为，雅尔塔会议上，罗斯福上当受骗，把过多的利益白送给了斯大林。[1] 所以，国务院应该有一位为美国的牺牲负责的人。希斯参加了那次会议，又是对苏联友好的人。所以，他就成了最佳的人选。

1948 年 8 月，一位承认自己是"为人所不齿的流氓恶棍"的人、《时代周刊》的编辑惠特克·钱伯斯告发希斯在战前就参加了共产党，10 多年前就把大量国务院的文件交给他转给了俄国。希斯获悉到被钱伯斯指控以后，主动要求出席众院非美活动调查委员会的听证会议。虽然说希斯也是律师，但他不属于那种出庭辩论的律师，而是一位上层有教养的谦谦君子。在听证会上，希斯面对钱伯斯突然间拿出来的甚至 10 多年前包括购买物品和纳税的一张张票据及故事细

---

[1]　1948 年 2 月 21 日，马萨诸塞州参议员约翰·肯尼迪就说，在雅尔塔，重病缠身的罗斯福听从了马歇尔将军和其他参谋长的意见，把千岛群岛和其他战略要地给了苏联。威廉·曼彻斯特：《1932-1972 年美国实录》第二册，商务印书馆，1979 年，第 697 页。在后来，当毛泽东把蒋介石感到台湾以后，"美国丢掉了中国！"一类的话语，就更为普遍了。

节，常常瞠目结舌，语无伦次，狼狈无状。希斯是一个人作战，而钱伯斯后面是国会议员和联邦调查局。再加上媒体的推波助澜，那时的美国已经有了电视直播，当钱伯斯和众议院尼克松从大南瓜里拿出缩微胶卷卷，全国的舆情已经一边倒地出现了控告方所想要的结论了。所以，尽管包括杜鲁门总统在内的政府中那些熟悉希斯的人都相信，控告希斯是大选之年，共和党利用希斯案攻击民主党而为自己拉选票。但是，大选过后，民主党执政的司法部还是从国会手里接过案子。12 月 15 日，司法部以希斯犯有伪证罪对其起诉。1949 年 7 月 8 日，第一次审判结束，陪审团中 8 人投了有罪票，4 人投了无罪票。

11 月 17 日，第二次开庭审讯。"美国实录"的作者写道："凡是重要的政治审讯必须和当时的时代背景结合来考虑的。而整个 1949 年和 1950 年 1 月，即第二次审讯结束时，冷战的气氛逐步剧烈起来。在两次审讯期间，蒋介石每天都在中国共产党进攻下节节败退。到第二次审判时，他已经把全部地盘都丢了。在东欧，红军则把民主政府逐个扼杀，西欧正在结成北大西洋公约组织以求自卫。在两次审讯之间，俄国爆炸了第一颗原子弹。而国内，司法部长开列的颠覆组织，逐月增加。现在告发间谍事件已不是新鲜事情，人们不再难以相信。联邦调查局已经用间谍活动最逮捕了国务院雇员朱迪思·科普朗……"（《1932-1972 年美国实录》第二册，第 724-725 页）第二次审判中陪审员取得一致意见，希斯以伪证罪被判服刑 5 年。

希斯当年在国务院工作的时候，艾奇逊在战时先后任助理国务卿和副国务卿。就在希斯被判有罪的那天，已经担任国务卿的艾奇逊回答记者问时说："我想清楚地向你们表明，无论希斯先生或他的律师们是否上诉，无论上诉的后果如何，我都不打算背弃阿尔杰·希斯。"（《1932-1972 年美国实录》第二册，第 727 页）现在，几乎所有的材料都承认，希斯案件是一桩由国会与联邦调查局诬陷的案子。[2]

2　在希斯被宣判有罪后，他的律师不知疲倦地为其上诉，但都遭到拒绝。1957

其实在这里特别有意义的案例，还是在美国战后反动的那段时间里受到了迫害，但并不算很特别突出的谢伟思案。

约翰•S.谢伟思是一位美国外交官，战争期间任驻中国大使馆二等秘书。谢伟思1909年出生于中国成都，父母都是美国传教士。10多岁以后才回到美国接受中学及高等教育。大学毕业以后，考试通过进入美国外交界，最初的工作是从美国驻中国大西南的昆明领事馆办事员做起。但是，谢伟思是一位有心人。他注意对中国社会的调查研究。10多年里，除了昆明、北京、上海、重庆他所任职的机构所在地以外，他还利用大量的时间到四川的中部、中国的西北，以及靠近印度支那的边境地区。所以，他对中国有着很深刻的认识与理解。其实，由于我们已经离开那个时代很久很久，不知道当时的美国国务院与谢伟思有相同认识的人有一大批。《在中国失掉的机会：美国前驻华外交官约翰•S.谢伟思第二次世界大战时期的报告》一书的作者埃谢里克说：

> 第二次世界大战结束了列强争霸或瓜分亚洲大陆的世纪。……与此同时，在亚洲大陆上，民族主义和共产主义革命力量像凤凰一样从战争的灰烬中升起——他们艰苦地赢得的来自农民群众的支持，使其声势壮大；世界大战中帝国主义及其在国内的联合力量的受挫，使民族主义和共产主义革命力量得到加强。当美国决定以其经济和军事实力来遏制这些人民群众的革命时，就开始了亚洲的冷战及其热战副产品——朝鲜和越南战争——的阶段。
>
> 这一过程最明显的表现莫过于中国。蒋介石国民党的

年希斯出版了自己对案件的回忆录《在舆论的法庭里》，身边自己的清白。1973年水门事件以后，前白宫律师约翰·迪安泄露的证词里写道，他听见总统尼克松说过，"打字机是常用的线索……我们在希斯的官司里放了一个"。1988年希斯又出版了一本回忆录，书名叫《一生的回忆》(Recollections of a Life)。4年后，在希斯87岁的时候，他控诉俄罗斯政府，请他们检查自己的情报存档，看看有什么内容能揭露希斯本人。得到的答复是"没有单一的档案"可以证实希斯与苏联情报组织有关系。https://iask.sina.com.cn/b/k50cmOmFd.html。

国民政府一个月一个月地衰落下去。1937-1938 年，日军的进攻把它从在沿海的西方化的开放港口的政治基地赶了出去，国民党不得不去依靠中国内地最反动的集团。这使得国民党不可能争取到贫困的农民的普遍支持，并引起为数不多，但是有影响的受过教育的阶层越来越大的失望。另一方面，共产党人却稳步地扩大他们在北方的陕、甘、宁边区和在日本后方广泛建立的游击根据地的农村中的基础。共产党人创造性地致力于人民抗战的任务，并且利用了有教养的势力和权威的传统社团和机构的瓦解这种有利形势。到战争结束时，他们已经成了中国未来的确定的继承人。

有不少美国人观察和记录了在中国发生的天意授权的这一转移，但是，没有人比国务院中国科的中国通受过更好的训练或更加熟悉情况的了。他们是一批有教养的人，精通语言，了解历史和中国的习惯。对他们很多人来说，中国或是他们的出生地，或是他们的专业工作。其中有几个人的名字是众所周知的，特别是那些在 50 年代经受了约•麦卡锡和他的啦啦队污蔑中伤的人的名字。他们中间有：约翰•卡特•范宣德、奥•艾德蒙•克拉勃、约翰•巴顿•戴维斯、乔治•艾其森、拉蒙德•普•卢登、爱德华•里斯和约翰•斯•谢伟思。所有人都对美国关于中国的专门知识的宝库作出了巨大的贡献。但是，约翰•谢伟思的报告对 40 年代中国国、共两党地区的情况从深度和广度上做了最详尽的论述。（约瑟夫•W. 埃谢里克：《在中国失去了的机会：美国前驻华外交官约翰•S. 谢伟思第二次世界大战时期的报告》，国际文化出版公司，1989 年，第 1-2 页）

埃谢里克这几段话是在他所编辑的《在中国失去了的机会：美国前驻华外交官约翰•S. 谢伟思第二次世界大战时期的报告》一书的序言里说的。这本书产生于 1974 年，美国总统尼克松访华以后约两年。这是一本给美国人读的书。它的主题是第二次世界大战，特别是二战结束前夕，美国的职业外交官就已经给政府提出一种现实主义的对华政策。如果美国政府接受了这一政策建议，那么，到第一位红色中国的总统就不是尼克松，而是艾森豪威尔。如果是那样，战后的亚洲，特别是东亚就不是冷战的局势，也不会有朝鲜和越南战争。

历史当然不可以假设。但是，持有埃谢里克这一种观点的人在美国并不只是一位或几位，而是在尼克松访华前后在美国形成一股热潮。他们的认识也并非没有道理，读者在引文里已经看到，那时在美国国务院的中国科有一批外交家持有者以相同的认识。其实，在中国的美国军人里也有这种看法。比如 1944 年派往延安的"迪克西使团"里的军人们，也都持有这样的认识。由共产党控制的陕甘宁在抗战前属于叛乱地区，国共合作抗战以后，蒋介石的国民政府仍然限制外国人去那里。太平洋战争爆发以后，美国驻华使团就提出委派新闻记者、外交官，以及军事人员访问延安，但都得到了政府的拒绝。但是，共产党在抗战中奇迹般地崛起。随着日本在中国的侵略扩张，蒋介石的国民政府及其军队退守大西南一隅，而中国共产党所领导的八路军、新四军和其他的抗日游击队，除了陕甘宁边区以外，还广泛分布于华北、华东和华南日本人所占领的各大城市周围的广大农村。国、共在中国版图上的分布引起了具有现实主义精神的美国的注意。1944 年，罗斯福致信给蒋介石，要求派军事考察团到延安，遭到拒绝。年中副总统华莱士代表罗斯福访华时，以太平洋战场美军情报的需要为由，才勉强得到了允许。"迪克西"是美国南北战争期间称呼南方叛乱集团的用于，美国人以此称呼派到延安的军事代表团。而代表团的成员里，绝大多数人也都是主张美国政府与中国共产党保持友好关系的。[3]

3　1970 年，战时曾供职于美国军事情报局总部的约翰·K.迈尔伯克，在为迪克西使团第一任团长戴维·包瑞德所写的回忆录《美军观察组在延安》所写的前言中说："然而，为历史所忽视了的是，像迪克西使团的每一个人一样，包瑞德上校也遭遇到了冷战的伤害——他失去了自己服务于军旅所应得的将军星。"D.包瑞德：《美军观察组在延安》，解放军出版社，1984 年，页1。

不只是在中国的美国外交官和军事代表团，美国政府中也不乏这样的认识。美国驻华大使赫尔利 1945 年夏秋之际给总统杜鲁门的电报中说："华莱士副总统于 1944 年从中国回来时告诉罗斯福总统说，中华民国政府很快就要垮台。接着两位美国参议员（布鲁斯特和钱德勒）预言到，只有奇迹才能阻止中国政府的覆灭。这种看法在美国和中国的文职与武职官员中间是非常普遍的。"（《杜鲁门回忆录》下卷，第 76-77 页）

问题还不止这些，其实在罗斯福的政策里，也包含了与中国共产党保持友好关系。1945 年 3 月，罗斯福邀请与中国共产党有着友好关系的新闻记者埃德加·斯诺做过一次长谈。斯诺的记录说：

> 现在，他认识到了代表游击区高效率政府的中国共产党的力量正在日益增长。他正在考虑直接向他们提供援助，帮助他们抗日，作为军事上的权宜之计。
>
> 总统就八路军（共产党如果得到我们的援助后在华北地区能够采取什么具体行动提出了几个问题。他接着说，当我们逼近日本时，我们将运送一些补给品和派联络官至华北沿海地区……
>
> 我问道："情况是不是这样：只要我们承认蒋是唯一的政府，我们只有通过他才能继续运送补给品。我们不能在中国支持两个政府吧？"
>
> 总统果断地把头往后一扬说："这个嘛，我一直在和那里的两个政府合作。我打算一直这样做下去，直到我们能使他们凑在一起为止。"（《斯诺文集》第一卷，新华出版社，1984 年，第 394-395 页）

对于我们来说，重要的是罗斯福后面这句话，即罗斯福的对华的理念与政策里，本来是现实主义的，包含着蒋介石的国民政府与毛泽东的共产党。问题是，罗斯福讲了这段话以后约一个月就去世了。尽管美国政府和社会中有不少的人都持有谢伟思一类的观点，历史还是选择了另外一个方向。

现在接着介绍谢伟思。

谢伟思作为一个职位较低的外交官，却撰写了大量有关中国情况的情报和报告，其中被埃谢里克搜集编入到"在中国失去的机会"一书里的，即有珍珠港事件爆发前夕，到二战结束前约 4 年的时间里，计 71 篇。其中有一些是以谢伟思和他的同事共同签署的，但基本上都是谢伟思执笔，内容涉及中国的国情，譬如有农民问题，军队和军阀问题；有中国政府和政治动态和状况，涉及对国民党政权的批评，中国抗日局势。特别是由于谢伟思有两次较长时间访问延安的经历，一次是作为"迪克西使团"的政治顾问在延安长期居住，一次是在中国共产党第七次代表大会召开前夕，与中国共产党的领导人毛泽东、周恩来、朱德等建立了良好的关系，从而获悉了中国共产党的基本政策和发展动向，写出了不少对于美国政府有着极高价值的情报和政策建议。

谢伟思有关中国局势和美国对华政策建议的主要观点是：一、国共两党是一定要打内战的，之所以出现这一局面是蒋介石一定要消灭作为政敌的共产党。美国对蒋介石国民党的单方面支持和援助，加强了蒋介石打内战消灭共产党的趋势。二、如果发生内战，由于共产党得到了人民群众特别是广大农民的支持，最终胜利的一定是共产党。三、从中国的实际状况出发，美国不执行明确的仅只是支持蒋介石国民政府的政策，甚至公开向蒋介石提出反对内战，要求蒋介石与共产党合作的政策，不仅有利于避免中国的分裂，而且当内战发生共产党取得胜利的情况下美国仍然可以取得主动。四、中国共产党并没有得到有如外界所传受到苏联的支持和援助，根据共产党毛泽东等领导人的谈话和声明，共产党愿意和美国建立友好关系，而且，毛泽东从中国是一个农业农民的国家的分析出发，得出中国需要美国的帮助才能发展，所以应该也能够与美国友好相处的结论。

现在阅读谢伟思撰写的情报和政策建议的报告，不能不对其敏锐的洞察力和深刻的判断所佩服。譬如谢伟思与他的同时对国共分裂局势的分析，果真从内战正式爆发到结束，不到三年的时间就把蒋介石感到台湾去了。还有，谢伟思转述共产党军事领袖的分析，苏联在结束欧洲战争以后，会参加远东的对日作战。战争的结局是苏联红军将占领中国东北。在这样的局势下，中国共产党的军队会从西南部进入东北，从苏联红军的手里接受这一工业基地。谢伟思在延安撰写这份报告的时候，雅尔塔会议刚刚结束，无论谢伟思还是中共都不会了解雅尔塔会议中有关苏联出兵的精神，要知道，连日本政府当时也没能获取到这一情报，所以直到苏联政府向它宣战前还企图通过苏联政府与盟国沟通谈判的条件。对照中国共产党取得胜利的轨迹，一方面不能不为中国共产党的军事分析与战略眼光所叹服，另一方面也为美国政府失却如此杰出外交官的政策建议而扼腕。——埃谢里克等学者在上世纪 70 年代针对尼克松访华和美中迟来的建交，评论美国走了 20 年的弯路。其实，直到现在，历史还未完全从那条弯路上走出来。

但是，由于谢伟思的观点与驻华大使赫尔利的认识有抵触，国务院发出指令把谢伟思召回。1945 年 3 月 9 日，谢伟思获悉中共即将召开第七次代表大会的信息以后，刚到达延安。4 月 1 日，谢伟思在尚没有等到中共代表大会召开的情况下（中共七大是 4 月 23 日至 6 月 11 日在延安召开的），只好与共产党领袖告别。谢伟思到达华盛顿以后，他被介绍给论述现代亚洲问题的《美亚》双周刊的编辑菲力普·杰非。前面曾经介绍过，该杂志早在 3 月份已经被军事情报局突袭搜查并转交联邦调查局处理，杰非等已经接受联邦调查局的条件配合在苏联和中国共产党发展内线。所以，当谢伟思按照惯常的做法，期望通过杂志和媒体扩大他的外交思想影响而与《美亚》交往的时候，6 月 6 日，谢伟思因为向杰非递交了 8-10 份他从延安发出的事实性备忘录而被捕。两个月以后，大陪审团决定不对谢伟思提起诉讼。但与他一起被捕的其他 3 个人被起诉，其中 2 个人被劝诱表示服罪。所以，有理由认为谢伟思被卷入《美亚》案件是联邦调查局有意安设的一个陷阱。

但是从此以后，谢伟思依据杜鲁门总统的有关忠诚调查的行政命令，每年都必须经受忠诚调查。1945 年、1946 年、1947 年、1949 年、1950 年、1951 年，谢伟思都通过了忠诚调查。1951 年随着麦卡锡主义盛行，国务院的公务员忠诚调查局重新对谢伟思的忠诚作出调查结论：

> 我们无需判定谢伟思犯有不忠诚罪，我们也没有这样做。但是，对于一位富有经验和受到信任的国务院代表来说，像他在与杰非的交往中如此清楚表明的远远忘掉了赋予他的职责，从而使我们不得不十分遗憾地得出结论，对他的忠诚有理由提出怀疑。忠诚审查局的有利结论相应予以推翻。（《在中国失掉的机会》，第 7-8 页）

同一天，国务卿迪安·艾奇逊解除了谢伟思的职务。只是到了麦卡锡主义的气焰和氛围稍有缓解的情况下，1957 年，最高法院在判处谢伟思对杜勒斯诉讼一案的时候（此时的国务卿是约翰·福斯特·杜勒斯），一致做出了有利于谢伟思的裁决。[4]这相当于"组织上"给谢伟思做了"平反"结论。

在杜鲁门执政实行忠诚调查的 5 年期间，联邦调查局甄别了 300 万以上的美国人，对 10000 人实行了全面调查，对 9077 人提出初步控告，其中 2961 人由地方忠诚委员会传讯，378 人被解职。[5]当国会要求先后担任总统任命的联邦政府忠诚审查委员会和美国颠覆活动控制委员会主席的赛思·理查逊对他的裁决进行总结时，他说："记录中一个案件也没有发现，一个间谍案件的证据也没有发现。联邦调查局没有发现斑点证据可以说明某一案件牵涉带间谍问题。"

4　有关谢伟思的材料主要取自于约瑟夫·W.埃谢里克《在中国失掉的机会：美国前驻华外交官约翰·S.谢伟思第二次世界大战时期的报告》，国际文化出版公司，1989 年。

5　另外一个途径的相关数据，截止 1951 年年初，文官委员会甄别了 300 万以上的联邦雇员，联邦调查局对大约 14000 总嫌疑案进行了全面调查。有 2000 多雇员辞职，212 人因其忠诚值得怀疑而被解雇。《一九〇〇年以来的美国史》中册，第 416 页。

（《1932-1972 年美国实录》第二册，第 707 页）

杜鲁门就是在这样的大背景下，离开罗斯福的航线的。当然，我们在判断这一问题的时候，并不是一罗斯福为标准，唯罗斯福而罗斯福，唯罗斯福而正确。罗斯福之所以正确，是由于他提出的《大西洋宪章》的基本精神符合资本主义发展的方向和要求，体现了资本主义现时代里民族国家产生与发展的基本精神，所以，它在战争时期就起到了号召并动员世界各国人民的作用，人们愿意集合在罗斯福、丘吉尔和斯大林的旗帜下，是要在赢得战争以后，能够得到一个各民族平等发展的机会和机遇。但是，杜鲁门没有兑现罗斯福在《大西洋宪章》里的承诺，战后不久人们发现全世界都生活在美国的军事控制下，各个民族国家都需要"美国的保护"。事实上，美国军事霸权取代了德、意、日法西斯主义所向往的对全世界的统治。

问题在于，美国用军事控制权时而以后，它就要用美国单方面的民族国家的利益和标准要求一切。这不符合民族国家的基本原则。每个民族国家都必须获得独立，在自己家里当家作主。[6]任何民族都没有在自己国家以外有居高临下、颐指气使，将自己的意志强加于人，决定别的民族国家和别的民族国家所构成的区域间的事务的权利。或者有如《大西洋宪章》中"世界上所有国家，为了现实的和精神上的理由，必须放弃使用武力。如果那些在国境外从事或可能以侵略相威胁的国家继续使用陆海空武器装备，则未来的和平将无法维持"的基本精神所在。

另一方面，杜鲁门战后离开罗斯福的航线，是在美国社会由共和党和民主党内南部与中西部保守派结盟所掀起的一股反动思潮的大背景下发生的。现在我们已经知道，19 世纪末 20 世纪初以列宁所代表的俄国马克思主义者所提出来的共产主义。资本主义是一种生产方式，是人类所历经的一个大时代。按照马克思的学说，资本主义生

6　恩格斯：《暴力在历史中的作用》，《马克思恩格斯全集》第 21 卷，人民出版社，1965 年，第 463 页。

产力高度发展以后，还将形成更为高级的社会形态。列宁及其布尔什维克产生于落后的俄国，它没有经过资本主义，却要建立比之资本主义更为优越的社会形态。按照马克思的唯物历史观，列宁及其布尔什维克在俄国所建立的所谓社会主义，虽然在 1917 年俄国革命以前从未发生过，但它作为资本主义生产力的产物，却只能是资本主义的一种特殊形态。如果对它作进一步的规定，则属于建立在俄国这样经济落后的农业大国基础上的资本主义，有如汪洋大海般的个体农民的国家里的初级阶段上的资本主义。在这一方面，无论列宁及其布尔什维克如何编织梦幻而企图跨越资本主义阶段，但作为历史的发展，任何人事实上是无法超越的。

以杜鲁门总统为代表的保守派联盟也清醒地知道他们与之奋战的是一种虚假的意识形态。前面我们已经指出，杜鲁门就曾把国会对希斯的审查当做共和党与民主党的斗争。在他 1949 年继任总统的演说中，进而论述他所领导的美国与苏联的斗争也不过是一种信仰问题。"我提醒大家注意世界面临的动荡局势和美国人民一向皈依的信仰。我提到已在全世界盛行的虚伪哲学……"他说：

> 那种虚伪的哲学就是共产主义。
>
> 共产主义是以这种信仰为基础的，即认为人类是懦弱低能的，是不能管理自己的，因此需要强有力的统治者来统治他们。（《杜鲁门回忆录》下卷，第 285 页）

就像各种宗教一样，共产主义仅仅是一种信仰。但是，在美国这个信奉宗教信仰自由的国家里，却不是按照信仰来对待共产主义，而是把它当做一种现实的危险和威胁，动用国家暴力予以清除。一方面，它有如《堂吉诃德》中主人翁的幻觉总是把风车当做魔鬼作战一样，已经让战争折磨得神经不正常的人们不自觉地也都生活在幻觉当中。另一方面，那些所谓对共产主义宣战的人，往往都是借此要排除并打击自己现实中的竞争者或职业对手，所以实际的推动者仍然是虚假意识以外的经济或政治利益。对于杜鲁门总统来说，仇视苏俄的共产主义意识形态，那本来是美国保守主义世界观决定的。作为罗斯福的继任者仓促上位他无法得到美国东部自由主义大本营的强烈支持，所以必须利用他所出身的地域优势夺取南部和中西部保守主义的票仓。祭起反对共产主义的旗帜，打击共产党，这是最能够激起人们政治热情的话题。——而签署行政命令，在联邦政府雇员中开展所谓的忠诚调查，则是任何一位缺乏权威的总统都可以做到的事情。不过，在和平时期对雇员实行所谓忠诚审查，那其实是极端保守主义的总统才有可能去做的事情。

杜鲁门从共和党人手上成功抢走了反对共产主义、反对共产党的旗帜，所以能够成功竞选连任。但是，有如他自己所说把自己送到一只猛虎的背上，必须骑着它继续走下去。我在以前介绍美国战后的反动思潮时，几乎不提麦卡锡和麦卡锡主义，因为它仅只是战后美国反动思潮的一个奇葩，一种极致。杜鲁门打着反对共产主义的旗号，从联邦体制内入手实行忠诚调查，虽然严重打击与伤害了支持罗斯福新政的自由主义阵营及肌体，尤其是以国务院为代表的联邦政府的雇员受到了严重伤害，但因为其虚幻与虚假的性质，再加上它事实上成为政府机构中人人都需过关和评议的一项制度，所以对政府的伤害也仅只是得到重创。但是，麦卡锡及其麦卡锡主义则是假戏真做，一定要在美国联邦体制内掀起一股反对共产主义和绞杀共产党的浪潮，这首先搞乱了美国的政治阵营，甚至在一定程度上伤害了美国政治制度的根基，所以遭到民主党和共和党内主体政治力量的反感和反对。事实上，民主党总统杜鲁门和共和党总统艾森豪威尔都对麦卡锡及其麦卡锡主义敬而远之，唯恐避之不及。所以，我也不拿麦卡锡及其麦卡锡主义说事。但是必须指出，麦卡锡及其麦卡锡主义是在杜鲁门所掀起的反共反苏的忠诚运动基础上产生的，是杜鲁门星期的反动思潮的必然结果。即使不提麦卡锡及其麦卡锡主义，杜鲁门离开罗斯福的航线也首先是给作为民族国家的美国的正常发展造成了极大的伤害。——有关这个问题我们且留待对美国安全法批判时再作交代。

11. 以冷战为核心内容的杜鲁门主义

　　杜鲁门离开罗斯福航线所具有标志性的事件，乃是 1947 年 3 月 12 日被称之为"杜鲁门主义"的有关希腊问题的国会演说。杜鲁门在标志"美国外交政策的转折点"的演说认为，"不论什么地方，不论直接或间接侵略威胁了和平，都与美国的安全有关。"杜鲁门在演说中说：

　　　　我认为，美国的政策必须支持那些正在抵抗依靠武装暴力的少数人或外来压力的奴役阴谋的自由人民。

　　　　我认为，我们必须帮助那些以他们自己的方式来挽救他们自己命运的自由人民。

　　　　我认为，我们主要应该是通过经济和财政的援助，因为这对经济稳定和有秩序的政治进展是必要的。（《杜鲁门回忆录》下卷，第 128、129 页）

　　杜鲁门在演说中还明确要求国会授权美国政府，向希腊和土耳其拨付 4 亿美元的援助，以及选派文职人员和军事人员前往这两个国家帮助他们建设。（《艾奇逊回忆录》上册，第 84 页）

　　4 月 5 日，杜鲁门在纪念杰斐逊的纪念会上的演说中，引用杰斐逊的话说，"干涉别国的内政，残暴地侵犯别国的权力，这种情况也是不可容忍的"。杜鲁门说：

　　　　像杰斐逊一样，我们看到了别国权利受到残暴的侵犯。

　　　　我们也把这些情况看作是不可容忍的。

　　　　我们也提出了抗议。

　　　　我们必须通过援助那些自由遭到外国压力的威胁的人们，使得这种抗议发生效力。

我们必须采取积极的立场。仅仅说"我们不需要战争"，那是不够的。我们必须及时采取行动——走在时间前面——及早扑灭可能蔓延到全世界的战火。……

今天全世界都期待着我们的领导。

形势迫使我们担当起这个任务。

这是我国历史上一个危急时期。（《杜鲁门回忆录》下卷，第 130-131 页）

首先，虽然杜鲁门的两次演讲没有明确表述，但是，他向美国人民传达一个十分重要的信息，即希腊面临苏联侵略的威胁。其次，全世界都希望美国来担当它们的领袖。第三，这是一个危急时刻，形势要求美国必须担当世界领袖的责任。第四，美国必须"挽救"自由世界的人民不受苏联共产主义的威胁。第五，美国必须用经济援助的方式担负起支援和援助自由世界人民的责任。

但是，引起杜鲁门主义的希腊问题根本不是杜鲁门向国会和美国人民传达的那样。希腊的形势发展，完全是作为现代民族国家的希腊自身得发展。二战期间，因为地处欧洲最东南端的希腊在希特勒的欧洲地缘政治中的地位，再加上希腊和巴尔干以山区为主的自然地理特点，决定了希腊不属于德国的主战场，从而德国和意大利对其占领和统治都相对薄弱一些。随着意大利和德军的先后占领，希腊国王及其政府流亡国外，国内的信件抵抗力量相对强大。二战期间，希腊的共产党一直是希腊抗战的一支主要武装力量。二战后期，由于罗斯福没有长期在欧洲驻军的打算，根据美、英、苏三国所制订的军事计划，美军的主要攻取目标在德国西南部和奥地利，罗斯福没有染指希腊和巴尔干半岛的打算。1944 年 10 月，英国军队进驻希腊半岛。英国占领希腊并非是经过与德军的战斗，而是基于苏军与德军在中部以及巴尔干北部战役的进展，德军从希腊半岛撤离。按照英军与希腊各抵抗组织的协议，德军占领期间实行抗战的共产党军队实行缩编减员，并服从英军指挥员的领导。

但是，英国政府深刻地插手希腊国家的事务，与希腊共产党发生冲突。丘吉尔直接指挥英国军队用武力镇压希腊共产党和示威群众。（丘吉尔《第二次世界大战回忆录》第六卷中收录了丘吉尔给希腊英俊总高司令官的两封信，指示对希腊共产党的镇压要毫不手软。）"警察警队手无寸铁的人群开了枪，并且是在英美新闻记者面前开枪的，这批记者从大不列颠饭店的阳台上真就像坐在最前排看戏那样地目睹了这场屠杀。"（《第二次世界大战全史》⑨，第468-469页）英国在希腊的暴行引起美国舆论的强烈不满，以至连罗斯福都婉转地向丘吉尔提出批评。

罗斯福对于希腊局势的认识，与丘吉尔有所不同。丘吉尔深入地陷入到希腊的内部局势之中，站在了流亡的国王及其政府一边，而罗斯福清醒地看到希腊的问题本来是希腊人自己的问题。希腊人并不反对英国及其盟国。"民族解放阵线"（即希腊共产党）之所以对希腊当局持反对态度，"其基本原因——或许是一个借口——在于不信任国王乔治二世的意图。所以，罗斯福在致丘吉尔的长信中说："在当前的希腊局势中，我国政府还不能跟贵国采取同样的立场。……我唯一的希望就是这种情况能得到纠正，以便我们可以在这件事情上，跟在其他一切事情上一样，并肩前进。"罗斯福给丘吉尔支招："我想，如果国王本人赞成在希腊建立一个摄政机构，并且公开声明，除非由于全民投票的要求，他决不回来，……如果再加以保证说，一旦人民有充分的机会来表示自己的意愿时，就会定下日期，举行选举，不论那日期是多么遥远，这或许更为有效。"（《第二次世界大战回忆录》第六卷，第262页）1944年圣诞节，丘吉尔在希腊的船上度过。按照罗斯福的主意，向国王施压请长期被迫流亡国外的主教担任摄政，英国才暂时走出危机。

有如绝大多数现代国家一样，希腊的政治问题的焦点集中在君主宪政方面。（《第二次世界大战全史》④，第909页）1942年1月，在开罗、伦敦、南非等各地颠沛流亡的国王乔治二世才宣布结束事实上早已不存在的1936年的独裁政权。但是，包括共产党人在内的大批希腊政治家们要求国王承诺，在希腊实行一次公开投票决定国王是否回国以前，应该继续停留在国外。特别是的问题复杂化的是，英国政府甚至公开主张国王早日返回希腊。1943 年 7 月 4 日，国王从开罗对希腊国民发表了一个广播讲话，答应国家安定后就产生一个国民议会，却未就他在什么情况下会过的问题做出任何承诺。8 月 13 日，共产党和另外两个组织的代表特意到达开罗，要求国王承诺在国民未投票决定以前不返回国内。国王在与丘吉尔和罗斯福商议后拒绝了这一要求。英国军队占领希腊以后，事实上是站在拥护国王的保守派一边，而共产党和其他左派则处处受压、受排挤，一直到 1945 年 12 月的血腥镇压与屠杀。

丘吉尔渡过 1944 年 12 月的危机以后，对希腊采取只要局势过得去则不予干涉的政策。但是，他在后面还是推动希腊尽快举行选举。问题是这时的希腊事实上已经分裂，有利于自由派的情况下，保守派予以抵制。反之，亦然。所以，虽然在英美大国的督促下，希腊于 1946 年 3 月 31 日实行了选举，但所产生的保皇派政府却得不到左派的支持。5 月，共产党所领导的新的武装组织在希腊北部出现。1946 年 9 月 27 日，国王乔治根据公民投票的结果回到希腊，并恢复了王位。希腊政局一直朝着保守方向的发展，则不断加强着政治动乱的根源。1946 年年末到 1947 年年初，共产党的游击队与政府武装的对抗战愈演愈烈。

问题是无论英国还是美国，这时都不愿意把希腊的局势当作是希腊的民族国家自身发展所以连极为清楚的政治局势，英国和美国政府都视而不见。当游击队愈来愈为活跃的时候，受到英国支持的政府武装虽然武器精良，却愈来愈无可奈何。"希腊军队的士气不适合于打内战，许多老百姓和好些士兵决定不冒风险"，"他们在追击游击队时常常是半信半意的，而还出现一些开小差的现象。"（《第二次世界大战全史》⑨，第 485 页；⑤，第 928-929 页）所以，英国政府是在希腊局势越来越无可奈何的情况下决定退出，而美国的杜鲁门政府在把希腊自身明显的政治局势有意歪曲为苏联共产主义扩张的情况下介入的。

　　不过，也许杜鲁门把希腊局势解释成什么都有道理，就是没有理由说它是斯大林的渗透和共产主义的扩张。1944 年 10 月，丘吉尔率外务大臣艾登访问莫斯科，与斯大林签订协议，两国商定苏联在罗马尼亚和保加利亚有优先权，而英国则在希腊有优先权。斯大林严格遵循这一协议，并没有介入或者染指希腊的事务，以至连丘吉尔在 1945 年的雅尔塔会议期间还说："斯大林和他周围的人对于雅典城里历时六个星期的反对人民民族解放军的战斗，虽然感到极不愉快，却始终严格遵守这个谅解。"（《第二次世界大战回忆录》第六卷，第 370-371 页）[1] 战后历史学家也认为，实际上，"俄国人全希腊共产党人不要再打游击"。丘吉尔所说的雅典城里的 6 个星期的斗争，"是由希腊政治内部力量发展而来的，并没有得到俄国人的任何批准和唆使"。（《第二次世界大战全史》⑨，第 478 页脚注①。）1946 年 3 月选举时，美国倡议组成一个名为盟国观察希腊选举代表团的国际团体，以监督希腊的选举。苏联就拒绝派代表参加，认为这样的做法不适当地侵犯了希腊的主权。也就是从这次选举开始，以杜鲁门为总统的美国政府转变态度，开始介入希腊与巴尔干、土耳其等国家事务。但是，杜鲁门判断苏联插手希腊事务，则是毫无根据的。在 1952 年出版的历史学著作中，美英的历史学家仍然认为，希腊的游击队"通过北方

1　　科德尔·赫尔，被罗斯福誉为"联合国之父"。从 1933 年起，科德尔·赫尔担任罗斯福总统的国务卿长达 12 年之久。他在回忆录里记述了英苏这一协议的经过，以及罗斯福与赫尔对其所持的反对态度。按照罗斯福在丘吉尔一再要求下的答复里，同意"试行三个月"。南京中央日报翻译《赫尔回忆录》"第三十四章 巴尔干的不幸"，民国 37 年，第 177-182 页。战后历史学家基本上不重视对罗斯福的研究。绝大多数则是用冷战思维将历史材料简单做一些编织缝缀，再按照美苏对立和冷战的意识形态稍作一些解释就成了。这样的历史并不真实。根据罗斯福和他的外交顾问赫尔的思想，战后国际事务是由三大国所领导的联合国处理的，通过联合国等国际组织维持世界和平。赫尔说："我完全反对任何整个欧洲或部分欧洲势力范围的划分。莫斯科会议中，我曾极力反对这事。自我看来，任何势力范围的建立，将无可避免地播下来日纠纷的种子。我觉得势力范围这东西，不能不损及我希望实现的国际安全组织的整个权利。过去和现在，我都不是以势均或势力范围为维持和平方法论者的信徒。"《赫尔回忆录》，第 178 页。

边境得到重要的援助，尽管从绝对数字上讲，通过山间小道能够运来的武器与补给品数量是很少的"。"至于俄国在幕后策划恢复希腊游击战的情况，那是无法提出证明文件的"。（《第二次世界大战全史》⑤，第 927 页、297 页脚注②）

特别重要的是，美国政府离开罗斯福的希腊和巴尔干地区的政策，插手希腊事务和标志"杜鲁门主义"的形成，则全是在军方的操纵下进行的。我们主要以当事人杜鲁门和艾奇逊的回忆录，以及相关材料里，按照时间顺序摘录并整理出一个大事记。

早在 1945 年秋季，英国就向美国建议，希望美国对希腊提供财政支持。显然是美国政府还没有考虑好有必要插手欧洲政治，所以，杜鲁门并没有立即答复。但是，海军上将李海和海军作战部长福莱斯特尔极力主张向东地中海扩张海军势力。（《一九〇〇年以来的美国史》中，第 442-443 页）于是，1946 年 1 月，杜鲁门才批准美国政府向希腊发出照会，要求希腊制订一个经济计划，提出需要援助的具体方案。但是，由于希腊政治局势的影响，迟迟没有做出决定。1946 年 12 月，由于希腊游击战的升级，希腊向联合国提出控告，希腊游击队受到外国的帮助。联合国则派出调查组。与此同时，希腊政府接受了美国提交经济计划的建议，杜鲁门又派出经济代表团。这一情况表明，美国已经做好了准备重新进入欧洲的计划。

1947 年 2 月 3 日，美国驻希腊大使麦克佛给国务院发出电报，报告谣传英国将从希腊撤军。

2 月 12 日，马歇尔向总统报告，麦克佛写信要求美国立即考虑给希腊提供援助。

2 月 18 日，美国派往参加联合国前往希腊的调查团成员、路易斯维尔《信使日报》出版商马克埃思里奇从雅典发回电报，向政府报告说："一切迹象都说明了一个迫在眉睫的动向，共产党人要攫取这个国家。"

2 月 20 日，美国驻英国大使提出报告，由于财政恶化，英国财政部反对对希腊作任何进一步的援助。英国内阁已经决定，要求美国予以援助。国务院负责欧洲事务的洛伊·亨德森也在一份题为《危机和日益逼近的崩溃的可能性》的备忘录里提出，只有一个全国性的联合政府以及大量援助才能拯救希腊。

2 月 21 日（星期五），担任国务卿职务刚好一个月的马歇尔动身去普林斯顿大学参加该校校庆活动前，安排要求副国务卿艾奇逊"就提供经济和**军事援助**作好必要的准备"。（文中的着重号是作者所加）

马歇尔刚走，英国驻美大使即给艾奇逊打电话询问，英国大使何时可以会见国务卿马歇尔，以便向其递交英国政府的"一份蓝皮书"。

经艾奇逊的安排，欧洲司洛伊·亨德森和中东司希克森，从英国大使的秘书手里收到两份报告，英国对希腊和土耳其的援助将在 6 个星期以后结束。报告提出，希腊当时需要 2.4 亿至 2.8 亿美元的援助，希腊与土耳其合计约 4 亿援助。英国希望美国接过支援希腊和土耳其的责任。艾奇逊用电话把情况分别报告了杜鲁门总统和马歇尔国务卿。总统要求艾奇逊于星期一拟定出"有关执行决定的"报告。艾奇逊安排亨德森和希克森召集欧洲司和中东司的外交人员，以及海军作战部副部长福雷斯特·谢尔曼海军上将、陆军计划和作战部部长劳里斯·诺斯塔德将军讨论，并拟定报告。

2 月 24 日（星期一），马歇尔阅读国务院为他准备的关于希腊和土耳其问题的报告。会见英国大使，英国提出 3 月 30 日将停止对希腊的一切供应，并撤出驻扎在希腊的军队。

杜鲁门召见国务卿马歇尔、陆军部长派特逊、海军部长福莱斯特尔，以及三军参谋长谢尔曼海军上将、诺斯塔德将军讨论希腊和土耳其问题。请注意杜鲁门召集会议的参加者，几乎是清一色的美国军事领袖。马歇尔认为，英国从希腊撤退就等于从整个中东地区撤退。这种形势是极端严重的，建议超越 1944 年丘吉尔设想更深入地介入希腊的政局。陆军部长和海军部长都极力主张立即给希腊提供援助。杜鲁门在他的回忆录里特别指出："海军部长福莱斯特尔特别积极，他和艾奇逊还长谈了几次。"

总统会议结束以后，海军部长、陆军部长和其他军人又都聚集到具体负责起草应对方案的副国务卿艾奇逊的办公室，与负责欧洲事务的亨德森、中东事务的希克森，共同讨论。艾奇逊回忆说，讨论一致认为：总统和他的主要顾问已经相信，增强希腊和土耳其的力量，对于美国安全是十分重要的；只有美国才能做到这一点；国会的授权和拨款是必要的；国务院将会同陆海军草拟向总统提出的具体建议。在马歇尔的同意下，艾奇逊开始起草工作。

2 月 25 日，在国务卿和陆军部长、海军部长一致赞同下，杜鲁门总统批准了采取行动的文件。

2 月 26 日，杜鲁门总统组织一个与反对党控制的立法机构进行磋商的临时机构。

同一天，陆军参谋长艾森豪威尔提出一个包括其他各个国家军事援助所需要的总的建议。由于美国目前"所要处理的事情已经多与现有的时间所能允许的"事情，该项建议被拒绝了。

2 月 27 日，总统杜鲁门在白宫会见国会领袖。马歇尔向与会的议员做了有关局势的报告。马歇尔以极为慎重的语调告诉议员们："如果说我们正面临着一系列可能扩展苏联对欧洲、中东和亚洲的统治危机中的第一个危机的话，这并非危言耸听。"副国务卿艾奇逊认为马歇尔那天"十分反常和不愉快，他的开场白讲得非常糟糕"，所以向总统和国务卿提出要求发言。艾奇逊说："在过去的十八个月中，苏联对海峡、对伊朗和希腊北部的压力，使巴尔干诸国到了这样一个地步，即苏联十分可能的突破一旦得逞，三大洲都将容易遭到苏联的渗透。就像一个烂苹果传布细菌给整桶苹果一样，希腊的变质会感染伊朗及其以东的所有国家。它还会通过小亚细亚和埃及把传染病带给非洲，以及通过早已受到西欧最强大的国内共产党威胁的意大利和法国带到欧洲。苏联正在以最小的代价进行着历史上最大的一次赌博，它不需要盘盘皆赢，甚至赢一、两次就可获得巨大的收益。我们，而且只有我们才有能力去粉碎这个把戏。这些就是英国撤离东地中海所提供给一个又急切、又残忍的对手的赌注。"

艾奇逊的发言则把美国企图插手希腊的问题歪曲为应对来自苏

联的共产主义威胁。所以，参议员阿瑟·范登堡听后，建议总统"向
国会和全国人民讲一讲这件事"。

会后，由艾奇逊所领导的一个小组开始起草杜鲁门在国会的演
说咨文。

3月3日，希腊政府在美国代表团的帮助下，提出一份要求美国
援助的经济清单。

3月5日，马歇尔准备赴莫斯科参加三国外长会议前，再次向艾
奇逊起草总统讲话作出指示，相比较总统的讲话，三国外长会议及其
国际关系已经不很重要，"首要的事情是要保全（美国在）希腊和土
耳其的重要地位"。

3月7日，杜鲁门召开内阁会议，再一次讨论希腊局势问题。杜
鲁门意识到，他将要做出以往任何总统都未曾做过的一项决策：给希
腊的金钱仅仅是一个开始。"它意味着美国正在卷入欧洲的政
治……"总统的内阁成员都把这次讲话看成是杜鲁门一生中最重要
的一次讲话。

3月10日，杜鲁门总统再次召集国会领袖参加，讨论希腊局势。
总统的应对受到了与会议员们的支持。

3月12日，杜鲁门在国会发表必须援助希腊和土耳其的演讲，
除了4亿美元的援助以外，还包括向希腊派出经济技术和军事顾问。
与此同时，杜鲁门命令海军部长福莱斯特尔派遣航空母舰《利特号》
和其他9只军舰组成编队从地中海开进希腊。

杜鲁门在国会的演说似乎与他最近的两位民主党总统相仿佛，
都几乎是在做战争动员。但是，正如弗吉尼亚大学的政治徐教授们所
指出的那样，其实质是不一样的。1917年伍德罗·威尔逊遭遇到的
是德国无限潜艇战，而罗斯福正面临着1940年的欧洲战争和1941
年已经没有退路的珍珠港袭击。（《美国总统制：起源与发展》，第309
页）1947年世界面临的是第二次世界大战之后，以美国、英国和苏
联3大国为首的盟国赢得了战争。战争之后是和平，这是这一个时
期美国上层人士的共识。早在1945年6月，国务院给杜鲁门的报告

是，只要西欧国家没有显露出联合起来对付俄国的迹象，俄国不会对西欧构成威胁。11 月份，一份重要情报逐一罗列了苏联军队的主要弱点和弥补它们所需要的时间。报告认为，当苏联军队的这些弱点没有得到弥补以前，是不会去冒险主动挑起严重的武装冲突。这些问题和弱点是：1.战争所造成的人力和工业损失，这需要 15 年才可以恢复；2.缺少技术人员，需要 5-10 年才可以得到弥补；3.缺少战略空军，需要 5-10 年才可以弥补；4.缺少现代海军，需要 15-20 年才能进行包含重大海军行动的战争；5.铁路系统，军事运输系统和相关设备条件，需要由 10 年的时间得到弥补；6.苏联的石油、铁路线和重要的工业中心很容易受到长程导弹的袭击，等等。这份情报的结论是，苏联至少在 15 年以内不大可能冒险发动战争。（《美国、俄国和冷战》，第 4-25 页）

这一个时期，政治精英们都知道苏联并没有对美国构成威胁。1945 年 11 月就任陆军参谋长职务前后，艾森豪威尔在国会接受调查，当有人要求他判断苏联发动战争的可能性的时候，他回答说："与美国展开较量，苏联得不到丝毫好处。我相信，如今苏联的指导性政策就是与美国保持友好关系。" 1946 年 6 月 11 日，杜鲁门召开由国务卿和参谋长联席会议参加的会议，讨论苏联在欧洲发动攻势的可能性。这种讨论令艾森豪威尔很生气，因为他觉得这种说法纯属无稽之谈。1947 年 1 月，前驻苏大使威廉·布里特写了一本书，书中说苏联即将对西方发动攻击，把斯大林比作希特勒式的人物，并且说"苏联最终的目标是征服世界。"艾森豪威尔觉得这都是胡说八道。（《艾森豪威尔传》，第 124 页）

杜鲁门演说后引起美国社会的分裂。马歇尔的传记作家就评论说："这次演说的重要性以及它明显地背离了罗斯福的国际合作的方针"。明尼苏达州众议员，蒋介石的拥护者沃尔特·周以德早就质疑马歇尔出使中国时向中国共产党妥协的政策，所以这次就质问说："如果督促中国政府与有组织的共产党少数派联合是一项明智的政策，那么，为什么帮助希腊政府与同一类的武装起来的希腊共产党少数派作战就是一项明智的政策呢？"自由派还质问为什么美国要援助一个腐化、专制的希腊政府呢？各派媒体的评价更是不一，甚至可说针锋相对。《时代》和《生活》杂志认为它终于澄清了事情真相。《生活》杂志说"这篇演说就像一道闪电，穿透了混乱的国际空气。旧金山《考察报》则质问："我们是否准备继承 19 世纪英帝国主义的衣钵？"而《下午报》指责杜鲁门毁灭了罗斯福的整个对苏政策。

杜鲁门政府当然知道苏联并不是他们的威胁。连马歇尔和助理国务卿查尔斯·波伦，以及研究计划局主任凯南都认为"这篇讲稿所写的反对共产主义的浮华辞句似乎太多了"。但是，杜鲁门需要编制理由赢得社会舆论的支持，需要对法国会里反对他的政策的反对党。所以，杜鲁门给正在副莫斯科途中的马歇尔回电说："如果不着重叙述共产主义的威胁危险，参议院就不会批准这个主义。"（查尔斯·波伦：《历史的见证》，商务印书馆，1975 年，低 24-325 页；《美国、俄国和冷战》，第 49 页）事实上，仅仅演说中的气氛还不够，国会演说第九天，1947 年 3 月 21 日，杜鲁门发布了第 9835 号行政命令，"公布了一项精心设计的《联邦雇员忠诚和安全计划》"。连传记作家也认为，他在走出这一步时"心里感到很担忧"。（《杜鲁门传》下，第 611 页）不过，在有了标志"杜鲁门主义"产生的演说以后，1948 年又赢得了连任，前后将近 8 年的时间，杜鲁门已经把美国这只舰船稳稳地带到了由他所开辟的以所谓"遏制共产主义"为特征的航线上。

12. 把航船开进弯道的杜鲁门船长

和他的两位"大副"

杜鲁门仓促间上位担任总统，能把世界上最强大的国家偏离开既定的航线而带到一个至今仍在其上航行的航道上，当然不是一个人，而是一个团队，一个群体。所以，除了杜鲁门总统以外，我们至少还需要介绍两个人，一个是乔治·卡特莱特·马歇尔，另一个是德怀特·戴维·艾森豪威尔。

我在这里向读者推出马歇尔，其实有点司马迁《史记》笔法。太史公为帝王撰写传略，项羽并未当过皇帝，却忝列其中，让他与三皇五帝，与一统天下的秦始皇及其嬴姓家族的列祖列宗一起，享受本纪待遇。孔子在世期间的最显赫职务也不过是担任了几天鲁国的祭司，相当于现在重大活动中的主持人。因为生不逢时，不可能富贵封侯，所以才选择了收徒办学、推销其思想观点的人生。不过，由于政治理念陈旧，言必称周，一肚子的经纶却都不合时宜，周游列国处处遭受冷遇，颠沛流离，常如丧家之犬。所以，孔子的人生遭遇，即使现在阅读起来，也常令人恓惶涕零，感叹不已。但在司马迁的笔下，孔子却与西东两周天子分封的诸侯一起，享受王侯世家待遇。何也？是因为司马迁以史为经纬分析社会发展过程，体会到传主在历史上所起到的实际作用（确切说是在司马迁所构建的史学思想体系中的作用）。乔治·马歇尔没有担任过总统，但他在杜鲁门总统把美国这只航船驶进弯道的过程中，实际起到了并不比船长杜鲁门还小的关键性作用。犹如观赏戏剧的人们往往都看重演员的舞台表演，却不很重视并挖掘导演和剧作家对历史剧作和演员塑造中的作用一样，战后大多数历史学家都只给杜鲁门很高的评价，却没有进一步挖掘这位来自于中部地区的乡巴佬，既没有执政经验，又没有世界眼光，何以在不长的时间里就改变了美国和世界的走向？

其实，如果杜鲁门不是三次启用已经退休的马歇尔，特别是让其两次入阁为相，不是这位胸怀经纬，具有世界大战略眼光的马歇尔忠心辅佐，战后的美国与世界历史可能真要重新撰写了。

二战期间，马歇尔担任陆军参谋长。19 世纪末。海军从陆军部中分离出来，美国的海军与陆军从未友好合作过。但是，由于马歇尔的个人魅力，在战时的联合参谋部里，成为实际的核心人物。马歇尔具有超前的世界战略眼光，成为罗斯福战争谋略的主要助手。马歇尔担任陆军参谋长不几天，二战旋即爆发。根据欧洲战场形势，马歇尔认为美国参战是迟早的事情。参战前，马歇尔即主张支援英国。德国进攻苏联以后，他又主张支援苏联。马歇尔认为帮助英国和苏联抵抗德国，即是为美国赢得准备参战的时间。参战以后，马歇尔帮助罗斯福形成了"欧洲第一，太平洋第二"的战略思想。马歇尔比较早地提出穿越英吉利海峡，登陆欧洲大陆，开辟第二战场的战争计划。

马歇尔并非是像其他的军事顾问那样，比如李海海军上将是罗斯福在 1913 年至 1920 年担任海军部副部长时就认识的老朋友，在战时参谋长联席会议期间担任主席，对外称之为总统参谋长。从李海的回忆录《我在现场》来看，两人的私谊的确不菲。但是，我们没有发现李海为罗斯福直接起草重大文件的事例。马歇尔属于中国文化所说的"君子不党"的那一类人，与罗斯福没有私谊。不过，马歇尔深入地参与了罗斯福的重大国际事务活动。根据丘吉尔所言，罗斯福最后的一些时间里，军事上，包括与英国政府及盟军的关系问题，都是由"马歇尔将军在那里处理"的。（《第二次世界大战回忆录》第六卷，第 408 页）

但是，如果仔细阅读足以体现其生活细节的资料，就会发现罗斯福罗斯福是一位天生的美国总统。——他对美国总统职务的把握与拿捏，都相当地准确和到位。战争是政治的集中体现。罗斯福在驾驭第二次世界大战，而且确实只是由他一个人在那里驾驭作为人类有史以来这一最大的战争。——罗斯福驾驭战争中的政治问题，或者处理作为政治最高形式的军事问题，担任总统或者美国武装力量的总司令，在这两个职位上不断切换，却每次都泾渭分明。罗斯福与丘吉尔、斯大林缔结军事同盟，在美国和英国之间建立军事参谋长联合委员会，与苏联经常性地互换军事情报；创意三国外长会议的形式，三国之间的重大国际事务都放手让赫尔与其他两个国家的外长去谈。[1]但是，卡萨布兰卡会议、魁北克会议，以及两次开罗会议和德黑兰会议，罗斯福都带着庞大的军事人员，连续三届担任国务卿的赫尔却都未曾参加。——何也？就是因为这都属于军事会议。许多重大政治问题，甚至与军事有关的政治问题，比如在卡萨布莱卡会议上提出的颇有争议的"无条件投降"的原则，按说这直接涉及军事，虽然军方都不理解，但"他不仅拒绝他们的询问，而且认为军方没有权利提出询问"。（《罗斯福传》，第559页）——何也？因为这是政治，是总统有权决定的事情。军人只有一个原则，那就是服从！——这才是美国宪法所设置的美国总统。但是，马歇尔却有机会帮助罗斯福起草军事战略以外的涉及国际关系的政治类文件，从而使其能够成为美国军事领袖中几乎为一位接触并感悟罗斯福政治决策的美国军人。

我们先通过几个故事了解一下马歇尔这个人。

从珍珠港事件爆发，美国参战并与英国、苏联结盟之初开始，斯大林就督促英美在西欧登陆，开辟第二战场。但是，丘吉尔一直推脱了将近两年的时间。1943年8月魁北克会议上，英国终于同意了美国先行渡海的作战计划。由于随着欧洲战场的进展，参加战斗的美英军力组合5:1的比例，所以确定最高统帅将由美国人来担任。一开始，人们几乎没有悬念地把这一重要人选集中到马歇尔身上。罗斯福准备让马歇尔担任欧洲战场上盟军最高统帅，同时仍兼任参谋长，而把北非战场上的艾森豪威尔调回国内代理马歇尔的陆军参谋长职

1　人们都知道联合国等国际是组织是罗斯福的构想，但他却称赫尔为"联合国之父"。足以见其对赫尔的器重。《赫尔回忆录》，第212页。

务。对于马歇尔来说，虽然身为参谋长已经是美国职业军人中的最高职务了，但他毕竟没有带兵打仗的经历。所以，接近马歇尔的人都知道，他也向往亲自指挥这场横渡海峡的重大战役，并以此来结束他的事业。期间，马歇尔夫人已经悄悄把居住在华盛顿的家具转移到弗吉尼亚的居所了。

但是，海军和空军的高级将领们反对马歇尔离开他们。我们指出过，历史上陆海军从不合作，但战时参谋长联席会议中包括两位海军上将，以及空军的最高将领们，却一致认为马歇尔居于"公认的领袖地位"。（《罗斯福与霍普金斯》下册，第402页）他们不愿意接受没有马歇尔的联合参谋部。为此，几份具有军队背景的报刊杂志还公开发表社论，公然反对这样的人事变动。马歇尔既要离职参谋部，一度在华盛顿掀起大波。期间，甚至纳粹敌人也参与进来。一则由巴黎发自纳粹的短讯还说："美国的参谋长乔治·C.马歇尔被撤职。罗斯福总统已经接管了他的指挥权。这件事发生在两天之前，但华盛顿至今尚未作出评论。"马歇尔把这则消息交给霍普金斯，并附上一张纸条打趣道："亲爱的哈里，是你干这种欺骗我的事情吗？马歇尔。"

霍普金斯把这张纸条拿给总统看，罗斯福用铅笔在上面写道："亲爱的乔治——只有一部分对——我现在是参谋长，而你却是总统。罗斯福。"可见马歇尔在罗斯福心中的地位。

11月20日，罗斯福去德黑兰的路上，在阿尔及利亚的奥兰有过短暂停留。显然是给艾森豪威尔吹风，要他准备担任代理马歇尔陆军参谋长的职务。罗斯福对艾森豪威尔说，艾克，你和我都知道南北战争最后几年是谁当的参谋长，一般的人却很少知道他们。但是，那些打仗的将军的名字——格兰特，当然还有李，杰克逊，就连现在的中学生都会知道。我不希望50年以后，人们都忘记了乔治·马歇尔是谁。

根据战时在白宫为罗斯福代笔起草文稿的舍伍德的分析，完全是由于报界各种派系的纷争，以及纳粹敌人都掺和进来，罗斯福不愿意让报纸和敌人牵着鼻子。——他们一争吵，你就发生重大人事变动，似乎是报纸在作决定。——为此，这一任命才迟迟没有宣布。

德黑兰会议以后，罗斯福不能再有延砤了。在这次会议上，罗斯福与丘吉尔都答应斯大林半年后一定实施"霸王行动"。但是，斯大林已经等待了一年多。所以，他直截了当地向罗斯福提问："谁来指挥'霸王'行动？"罗斯福回答说，这个问题还没有决定下来。斯大林一点也不客气地说，在最高司令官任命之前，他不可能相信这个作战行动是实在的。罗斯福无法回答斯大林这一洞若观火的观点。

显然有经过几天的艰难思考，罗斯福再次返回开罗会议的时候，召马歇尔去谈了任命问题。据马歇尔后来会议，他对总统说，我不想对自己的能力加以估量，不管总统怎样决定，我都一定全心全意地去执行。马歇尔还说，这件事情太大，不容考虑个人的情绪。而罗斯福则说："我觉得我会因为你不在国内而睡不着觉。"曾在德黑兰、雅尔塔和波茨坦会议上分别担任过罗斯福和杜鲁门两任总统的俄语翻译、国务院顾问的资深外交官查尔斯·波伦也十分认可罗斯福的依据："马歇尔具有应付比较难于共事的人这样一种品质……这也是罗斯福决定吧这位将军留任陆军参谋长的原因。马歇尔不但善于激发其他军种的参谋长的勤奋精神，还能处理好往往成为问题的与英国人的关系，并且擅长同国会打交道。"（查尔斯·波伦：《历史的见证》，商务印书馆，1975 年，第 320-321 页）

马歇尔无怨无悔地继续留在参谋长的位置上。美国确实顺利地赢得了战争。但是，罗斯福预言也不幸言中，——马歇尔当世时在美国富有崇高威望，而随着历史的发展，连历史学家都越来越忽视他的更为重要的历史作用了。

1945 年，马歇尔已经 65 岁。在那个年代里，这是一个很老年的年龄。战争已经结束，世界各个战场上都大炮不响，坦克不动，飞机不飞了。所以，11 月，马歇尔建议总统任命艾森豪威尔接替自己的参谋长职务，要过退休生活。杜鲁门也相当尊重马歇尔的选择，为其举办了一个相当隆重而体面的退休与欢送仪式。但是，马歇尔并没有过上自己所向往的平静的退休生活。在杜鲁门此后的 7 年总统任期里，马歇尔三次出山，实际成就了杜鲁门的历史地位。但是，历史学家在分析这段历史的时候，大都按照美国通常的总统与其内阁顾问的关系，或者最多只是看到了 1947 年 1 月，马歇尔出任国务卿使得杜鲁门政府声望大为改观，[2]而几乎没有人意识到马歇尔对于提升与形成杜鲁门的执政意识，从而导致"杜鲁门主义"的产生，以及杜鲁门竞选连任中的作用。

马歇尔三次被杜鲁门打断退休生活，每次都颇富有戏剧性。1945 年 11 月 26 日，马歇尔卸去陆军参谋长职务。几天后，马歇尔开车离开华盛顿，刚回到弗吉尼亚的家里。夫人走上楼去，希望在晚餐前小睡片刻。马歇尔刚要从车上提取行李，电话铃响了。马歇尔去接电话。电话里传来杜鲁门总统的声音：

"将军，我希望你代表我到中国去。"

"是的，总统先生。"马歇尔回答后，旋即挂断了电话。

两天之后，马歇尔来到白宫。总统问他，何以没有让总统来得及说明事由，就急忙挂断电话？马歇尔说，他们刚回到家，不希望让关心他健康的马歇尔夫人知道他们的退休生活就如此之短，因此，他在她可能听到谈话的任何部分之前就把电话挂了。他希望把这个消息慢慢儿透漏给她。但是，当马歇尔夫人小憩走下楼时，听到收音机里的第一件事便是赫尔利突然声明辞去中国大使职务，"杜鲁门总统已经任命陆军五星上将乔治·C.马歇尔作为他派往中国的大使级特使。他将立即启程。"

这年的圣诞节前夕，马歇尔已经飞往中国，前去安抚剑拨弩张的国共两党。

按照一般的历史学家的解释，1944 年大选的时候，最有资格担任罗斯福副总统的人选是詹姆斯·弗朗西斯·贝尔纳斯。所以，杜鲁门意外上位担任总统以后，选择把国务卿给了贝尔纳斯。但是，贝尔

2　1947 年马歇尔就任国务卿，杜鲁门的民意测验一改两年来的低迷状态，支持率一下子升到了 48%。《杜鲁门传》下，第 593 页。

纳斯看不起杜鲁门，从而冲突不断。我不否认这一分析所具有的合理性。不过，我以为更重要的是两个人的思想理念上的差异，才导致了实际工作上的矛盾与冲突。贝尔纳斯属于民主党内的自由主义派别，具有最先进的理念。他虽然也想贯彻杜鲁门的意图，但毕竟了解罗斯福构建以美国、英国和苏联三大国为主的战后世界秩序的蓝图，总是放不开手脚。贝尔斯纳处处受阻，所以几次主动向杜鲁门要求去职。这年 5 月，陆军参谋长艾森豪威尔要去中国。杜鲁门对临行前的参谋长说，他正在物色一位新的国务卿，艾森豪威尔和马歇尔都是他认为理想的人选。机智的艾森豪威尔立即明白了总统的想法，赶忙回答说："我就要去中国并高兴把上述有关马歇尔的话告诉他本人。"在国共两党之间周旋的马歇尔，早已身心疲惫，也向往能够脱身。所以，当艾森豪威尔所转述的杜鲁门的意见以后，马歇尔高兴地回答说："艾森豪威尔，我几乎情愿做任何事情，只要能离开这个地方。我甚至愿意到部队里去当兵！"（《艾森豪威尔回忆录》（二），第 133 页尾注 4）艾森豪威尔还与马歇尔设计了总统和他就这一问题沟通的代号，包括贝尔斯纳"肚子痛"，身体"非常不好"。（《马歇尔传》，第 662 页）

1947 年 1 月 26 日，"马歇尔使团在华盛顿的代理人"艾奇逊副国务卿给马歇尔拍发电报说，总统希望他的特使回国"就中国问题和其他问题"进行磋商。1 月 7 日，马歇尔给艾奇逊回复电报说："我的回答是肯定的，如果这继续是他的愿望，我个人的反应则是另外一回事。"据艾奇逊说：

> 当贝尔纳斯国务卿坚持其辞职要求时，总统建议马歇尔将军作为他的继任者，但要求贝尔纳斯先生推迟几星期宣布此项变动，让马歇尔将军有个安静的短期休息。1946 年 12 月 26 日和 1947 年 1 月 7 日往来的信件由于 1 月 7 日的泄露而公开了。可是国务院里却没有人知道。最后，在 1 月 7 日晚上，贝尔纳斯先生和我偕同我们的夫人在白宫出席某次招待会时相见了。当我们从南门走上楼梯时，传闻如燎原

烈火一般冲着我们而来："马歇尔将军要当国务卿了"。贝尔纳斯先生丢开我们，奔跑上楼。当我们一步步上去，看见总统和杜鲁门夫人接待客人时，国务卿已和他们在一起了，他容光焕发，同宾主谈笑风生。

三个星期以后，马歇尔将军上任了。(《艾奇逊回忆录》上册，第 74 页)[3]

马歇尔国务卿的任期，讲好了止于杜鲁门总统前一任期结束的那一天。1949 年 1 月 20 日，杜鲁门宣示就职新一届的总统任期，前一届内阁成员的任期就算自动结束。由于具有显赫的名声，许多企业和大公司，教育机构，社会公益组织，都想拉他为他们服务。马歇尔是一位举止有度的绅士，谢绝了众多的邀请，只接受了红十字会这一半官方的职务和为退役的老军人服务的组织，表现出一位忠于国家和民族的好公民的品质。期间，有出版公司愿意出天文数字的价格，要他撰写回忆录。但他认为会引起纠纷，所以拒绝了。作为不退休的美国陆军五星上将，马歇尔在五角大楼还有办公室，他差不多每个星期还要去那里接待那些崇尚英雄的一般民众对他的拜访。除此以外，马歇尔还会去乡下钓鱼、打猎。马歇尔很享受退休后的安逸生活。

1950 年 7 月 2 日，杜鲁门总统携女儿玛格丽特的拜访，再次中断了马歇尔的退休生活。这天，总统来到到马歇尔在弗吉尼亚的居所。根据杜鲁门的说法，这是一次私人拜访，而历史学家往往也都把重点放在总统动员马歇尔接替约翰逊担任国防部长。杜鲁门在 1949 年 1 月 20 日蝉联总统职位以后，所任命的国防部长仍然是福莱斯特尔。读者也许还记得，1947 年 7 月 26 日国会通过的《国家安全法》组建统一的军事防务机构，杜鲁门即任命了原海军部长福莱斯特尔担任第一任期的防务总长。但是，福莱斯特尔做得并不顺手。继任后

3　由于信息泄漏，马歇尔还在归国的飞机上时，白宫就不得不宣布了。马歇尔仍属现役军人，而国务卿属于文官职位，国会在此期间不得不修改适合的法律。1 月 21 日，杜鲁门总统在白宫主持宣誓仪式，马歇尔就任国务卿。所以，艾奇逊的"三个星期"有误，应该是 2 周以后上任的

时间不长，3月，福莱斯特尔向杜鲁门提出辞呈，没想到杜鲁门却假戏真做，立即批准，同时任命了已经与其交往了30多年的老朋友、本次竞选期间为他筹得巨额款项的路易斯·约翰逊担任国防部长。约翰逊任职一年多来，总是受到了军方的反对。在许多问题上，倒是国务卿艾奇逊和各军部、参谋长联席会议站在一边，而国防部长成了反对派。历史学家们都把杜鲁门这次动员马歇尔出山的原因，解释到这个程度上。

其实，我以为杜鲁门再次向马歇尔求救，更为重要的原因是朝鲜战争的爆发。一周以前，1950年6月24日，金日成指挥的北朝鲜武装入侵南朝鲜。北朝鲜的武装部队主要来自两个方向，一个是日本占领朝鲜半岛以来的反抗日本的朝鲜武装力量，这支武装力量在二战期间先后活跃在中朝边界附近的中国一边，日本加大中国东北的围剿力度以后，又流亡到苏联一边，二战期间加入了苏联红军。苏联红军占领朝鲜北部以后，这部分朝鲜人的武装部队跟着回到到了朝鲜。这是1945年以后苏联红军在朝鲜北部建立的朝鲜人政权的基础和骨干，其主要代表和领袖金日成，早年就在中国东北参加了中国共产党，后又到苏联转为苏联共产党。第二部分是林彪第四野战军占据东北的时候，在朝鲜族里扩充的武装军团。朝鲜军团跟随林彪入关南下，一直打到广东。早在中华人民共和国成立以前，金日成试图向中国共产党要回那几个朝鲜师，毛泽东回答说中国还正在战争。相应的是，朝鲜那时却没有战争。中华人民共和国成立以后，金日成的要求实现了。[4]

金日成有显著的武装优势，而南朝鲜主要是日本统治时期先后流亡中国和美国的"流亡政府"，以及其他各类流亡者，虽然跟着美军回到了家乡，但仅在这期间组织的一些武装力量，根本就不是金日

4　此处有关朝鲜兵团的资料来自于沈志华《大国沧桑十讲：沈志华演讲录》中"中苏同盟与朝鲜战争的起源"和"重新解读朝鲜战争"。沈志华：《大国沧桑十讲：沈志华演讲录》，九州出版社，2016年。这该是外传朝鲜人民军中有中国四野部队消息的根源。

成的对手。[5] 军方都主张美国派兵干涉。杜鲁门和马歇尔的传记都没有这方面的资料，但根据艾森豪威尔的传记，战争爆发后，担任哥伦比亚大学校长的艾森豪威尔将军在参议院委员会上作证，与杜鲁门总统和马歇尔共进午餐。艾森豪威尔和马歇尔告诉总统，他们支持他，"并建议尽快派遣尽可能多的兵力进入朝鲜"。(《艾森豪威尔传》，第138页) 所以，杜鲁门和女儿拜访马歇尔的目的，一定还是由于朝鲜战争的爆发，决定要马歇尔担任国防部长。马歇尔告诉总统，他满足退休生活。不过，马歇尔还对总统说，他是一名军人。如果他的总统要求他回来担任国防部长，他是会尽自己的职责的。(《马歇尔传》，第790页)

北朝鲜人民军迅速占领了南朝鲜的首府汉城，把美军和南朝鲜军压缩在以洛东江为界的朝鲜的东南部狭小地区以内。驻日美军最高统帅麦克阿瑟制订了登陆仁川的作战方案。仁川位于现在美军死守的釜山港口的西北方向300多公里，属于朝鲜的西海岸。仁川港的潮汐极大，涨落差接近10米，没有可供登陆的海滩，只有防波堤。所以，登陆的时间只能选择在涨满潮的2个小时以内，而这个最佳时间是9月15日。整个8月里，华盛顿的参谋长联席会议、国家安全委员会，以及总统都在审议这个作战方案。人们的意见并不一致，但总统似乎主张批准这个方案。

8月底，总统的电话打到密歇根州一个乡村商店里，马歇尔和夫人正在附近的湖边钓鱼。马歇尔响应总统的召唤，来到白宫。总统要求马歇尔尽快履职国防部。马歇尔回答说："总统先生，你只需要告诉我你想要我干什么。我会按你要求做的。但是，我希望你想一下我的任命可能会给你和你的政府带来批评的情况。……我希望帮助你，不想伤害你。"

5　根据1950年7月6日美国安全委员会上参谋长联席会议主席布莱德雷的汇报，北朝鲜投入的力量是9万人，而对立方面包括美军1万人，南朝鲜军队2.5万人。在战斗中，美军和南朝鲜的军队常常只有北朝鲜的三分之一，有时是十分之一。《杜鲁门传》下，第898页。

原来，中国共产党刚把蒋介石赶到台湾，共和党正在批评民主党政府"丢掉了中国"，特别是由于马歇尔曾经在 1946 年大约一年多的时间里在国共两党之间协调，并且认为美国政府对国民政府的援助助长了蒋介石打内战的气焰，以及政府腐败，从而建议美国政府停止援助国民党，所以备受蒋介石长期在美国国会中的深耕培养的"援华集团"的攻击。杜鲁门给夫人写信说："你能想象任何其他人会说这样的话吗？我不会。他是伟大人物之一。"

9 月 12 日，杜鲁门总统强迫约翰逊写出辞职信并推荐马歇尔接任国防部长。第三天，9 月 15 日（美国 14 日），麦克阿瑟实施了仁川登陆计划。美军出动了 262 艘舰艇，美国第 10 军 7 万多人，仅只用了一天多的时间就攻占了仁川。再 11 天，攻克汉城。10 月 1 日，美军已经推进到三八线，收复了南朝鲜。

马歇尔对总统是这样，对其他所有的人都有令人敬佩的尺度。国务卿是总统的首席顾问，在内阁里国防部长位列其后。马歇尔担任国防部长以后，艾奇逊国务卿常常遭遇到一件极为尴尬的事情。迪安·艾奇逊说，马歇尔担任的公职时间要比他长得多，而且在他担任国务卿期间，艾奇逊还担任过他的副国务卿。现在在一些需要讲究礼宾规矩的场合，艾奇逊发现，"他尊敬的、亲爱的前首长"坚持艾奇逊走在前面，坐或站在右面。（《马歇尔传》，第 793 页）

1948 年选举活动中，共和党总统提名人托马斯·杜威的呼声一直很高。艰难爬坡的杜鲁门想以奇招制胜，决定派遣他的密友、联邦最高法院首席大法官弗雷德·M. 文森作为他的使者访问苏联。此时，以马歇尔计划为核心的遏制苏联的战略蓝图尚处在初始阶段，总统抛开主管外交事务的国务院向斯大林示好，难免有拆台之嫌。所以，白宫的通知到达国务院以后，负责日常工作的副国务卿洛维特立即提出抗议，说这一做法破坏了国务卿马歇尔的权威和声誉，将可能导致国务卿辞职。当此之时，马歇尔正在巴黎参加联合国大会，其秘书马歇尔·卡特收到白宫文件以后，起草了一份措辞尖锐的答复，说"在外交工作的历史上，从来没有……"

马歇尔否认了卡特拟写的答复，并且忠告说，不能用这样的语调与总统谈话。马歇尔直接致电华盛顿，对他未能尽力使总统了解各种情况表示歉意，建议飞回华盛顿，利用周末与总统举行一次会面。总统同意了国务卿的建议，并派遣了总统专机接他返回首都。10 月 9日，马歇尔国务卿和取代艾奇逊担任副国务卿的洛维特共同觐见了总统。没有这次谈话的记录。但是，马歇尔的传记作家相信，马歇尔向总统介绍了美英和苏联在德国问题上的谈判情况，以及马歇尔在欧洲期间与欧洲国家所商议的建立共同防御条约即后来的北大西洋条约的情况。第二天，马歇尔还会见了军事防务总长詹姆士·福莱斯特尔和参谋长联席会议主席奥马尔·布莱德雷，讨论了向北大西洋国家提供武器的问题。（《马歇尔传》，第 766、767 页）

当然，马歇尔也不是一个唯唯诺诺的人。大选之年，杜鲁门希望得到犹太人的选票，所以主张在阿拉伯人的土地上划出一个地方交给犹太人。国务卿马歇尔和防务总长福莱斯特尔都表示强烈反对。马歇尔指着挂在办公室墙上的巴勒斯坦地图，对犹太人的"外交部长"摩西·舍托克："这里，你们受到阿拉伯人的包围，而在这里，加利利，你们被其他的阿拉伯人包围。你们四周都有阿拉伯国家，而你们背后是大海。"马歇尔强调说："请相信我，我是在讲我熟悉的事情。你们处在巴勒斯坦平原上，而阿拉伯人则占领着山地，我知道你们有一些武器，有你们的民兵，但阿拉伯人有正规部队。他们受过良好的训练，而且有重武器。你们指望如何坚持呢？"马歇尔作为一位伟大的军事战略家，已经敏锐地意识到，犹太复国主义是选择了一个与阿拉伯人长久战争的未来。[6]

但是，杜鲁门太渴望连任了，他需要犹太人的支持。所以，总统召开对外政策顾问讨论，坚持向犹太人承诺一个犹太人的国家。面对

6　有一次，军事防卫总长福莱斯特尔对着总统顾问克拉克·克利福德吼叫道："你根本不了解情况。犹太人共 40 万，而阿拉伯人有 4000 万。4000 万阿拉伯人将把 40 万犹太人赶下海去。"福莱斯特尔认为，阿拉伯人手上有石油，这才是美国应该支持的理由。《马歇尔传》，第 757 页。

马歇尔的反对，杜鲁门对国务卿说："噢，将军，在我看来，如果我承认以色列，你甚至可能会在 11 月选举中投票反对我。"

"是的，总统先生，如果在总统选举中我投票的话，我将投票反对总统。"马歇尔回答说。

包括他的副国务卿洛维特都担心，马歇尔会因此而辞职。但是，马歇尔没有。当杜鲁门决定以后，他选择了服从。马歇尔是这样解释的，他说，总统有权依据宪法做出决定。一个人不能在总统根据宪法作出了你所不喜欢的决定以后，就提出辞职。（《马歇尔传》，第 758、759、761、762 页）

马歇尔在杜鲁门自后 7 年总统任期的时间里，响应杜鲁门的召唤，奔赴中国为总统担任特使一年，接着担任国务卿两年，第二个任期内又担任国防部长一年。特别是在国务卿和国防部长任期内，属于总统最重要的顾问和内阁主要成员，马歇尔对于杜鲁门的影响，以及在杜鲁门总统改变罗斯福的执政路线，把美国带进历史弯道的过程中，都起到了重大以至决定性的作用。

首先，虽然战前罗斯福总统清楚地知道美国将卷入战争，而且其政策意向也是要把美国拖进战争，但是，根据美国宪法宣战权在国会，国会的大多数议员和人民的大多数还是沉浸在"孤立主义"的理念中，反对美国走向欧洲，走向世界的。突然爆发的战争不容人们再有思考，就投入到战争了。1945 年 8 月，像突然战争爆发那样，战争又突然结束了。人们照样没有作过多的思考，绝大多数人的思维还是要回到"孤立主义"。这是一个方面。另一方面，美国历史上作为英国帝国主义的殖民地，绝大多数对于传统的殖民主义和老牌帝国主义抱有抵触的情绪和观念。战争期间，包括总统在内的许多政府官员，尤其是国务院的外交官，对英国的殖民地是持反对态度的。德黑兰会议和雅尔塔会议期间，罗斯福总统在与斯大林交谈过程中，就都流露这方面思想，甚至明确表达，英国在战后应把香港归还中国。没有思想准备的杜鲁门也是这样。在仓促上任担任总统以前，杜鲁门既不了解罗斯福战后美国的蓝图，自己也没有一个要建立怎样的一个美国这样的想法。杜鲁门上任时，战争还没有结束。他所依靠的内阁是罗斯福建立起来的"战时内阁"。所谓战时内阁，就是为赢得战争而设立的内阁。这样的内阁组成，是千方百计为了战争胜利而设置的，当然是以突出军方背景的政府构成。

不过，即使战后的和平时期，杜鲁门却继续依靠它。

马歇尔担任国务卿以后，开始给杜鲁门灌输了产生了与过去任何总统都有所不同的执政理念，直接促成了"杜鲁门主义"。本文当然不是直接的论证。但是，马歇尔是在1947年1月21日就任国务卿，标志杜鲁门主义的国会咨文是在3月12日发表的。期间的细节我们还不能将其连接起来，但是，我们有理由认为马歇尔对杜鲁门施加了极大的影响，因为马歇尔出任国务卿不久，杜鲁门写信给他的妹妹说，他目前的主要工作是外交事务。"我现在每天都和马歇尔一起研究政策……"。杜鲁门还写到："我与他见面交谈的次数越多，就越确信她是当代的一个伟大的人物。"有一次他还对人说："马歇尔是一望便知的中流砥柱。"（《杜鲁门传》下，第597、592页）所以，我们有理由认为，马歇尔就任国务卿以后，有过一段为杜鲁门总统密集地补脑工作，然后才有在希腊和土耳其问题上产生的"杜鲁门主义"。

除此以外，无论杜鲁门还是艾奇逊，在标志"杜鲁门主义"的国会咨文的产生过程以及具体细节方面，都语焉不详。但是，我们还是有理由断定，其核心的内容和具体环节方面，马歇尔才是其灵魂。一是早在1947年2月21日英国大使提出递交"蓝皮书"以前，马歇尔动身出发去普林斯顿大学时，已经布置安排副国务卿艾奇逊"就提供经济和军事援助作好必要的准备"。这就是说，英国从希腊发生崩溃以前，马歇尔已经确定了接收希腊的准备计划。而是按照艾奇逊的说法，马歇尔因为即将参加三国外长的莫斯科会议，曾经布置和安排制订包括标志"杜鲁门主义"的国会讲话咨文在内的工作计划，艾奇逊说"马歇尔将军有关他本人的很了不起的指示"。"他指示我，要我们全力以赴地行动，不要管他，也不要管他在莫斯科的会谈，因为，事态的发展已使这些变得无关紧要了。首要的事情是要保全希腊和土耳其所处的重要地位。"(《艾奇逊回忆录》上册，第 75、80-81 页）这些还说明，通向"杜鲁门主义"的文稿和计划的具体内容，都是来自于马歇尔的。"杜鲁门主义"是来自马歇尔在展示所获得的全球军事构想和理念。

第二，是"马歇尔计划"和"大西洋公约"把"杜鲁门主义"送到了轨道上，否则，1947 年 3 月 12 日杜鲁门在国会发表的援助希腊和土耳其的演说只是一件孤案，对于美国制度及其根本政策尚未发生深刻影响，是马歇尔计划和北大西洋公约组织奠定了战后美国拉上欧洲中西欧国家对抗苏联及其附属国家的以冷战为内容的外交政策。"马歇尔计划"的重要性在于以马歇尔命名，而是因为该计划本来就是由马歇尔提出来的，由马歇尔制订的，以及如果不是马歇尔则不会得到国会的审批。而如果没有马歇尔计划，则就不会有北大西洋公约及其北大西洋公约组织。

需要指出的是，马歇尔计划的起因仍是军方的背景。2 月底，当国务院会同军方制订援助希腊和土耳其方案时，陆军参谋长艾森豪威尔提出一个包括欧洲其他国家在内的一揽子援助计划。因为美国的这一模式尚未有先例，主持该项工作的艾奇逊等唯恐所提援助金额过于巨大得不到国会的批准，所以把艾森豪威尔的计划压下了。随着援助希腊问题的展开，以美元为先导的扩张外交政策即"杜鲁门主义"思想逐渐形成。所以，早在撰写标志杜鲁门主义的 3 月 12 日总统咨文的同时，即已启动马歇尔计划。3 月 5 日，艾奇逊会同陆军部和海军部，成立了一个以国务院情报与研究所所长威廉·A. 艾迪上校、陆军部乔治·A. 林肯准将和海军作战部 E. T. 伍尔德里奇海军少将为核心的研究班子。(《艾奇逊回忆录》上册，第 79、90 页）不过，这一时期的研究主要是国务院军事领袖追求"美国（在全世界）的领导地位"。(《艾奇逊回忆录》上册，第 91 页）4 月 26 日，马歇尔从莫斯科会议上回来以后，根据他途径往来所了解的欧洲的状况，相信这是美国重返欧洲及控制欧洲的大好机会，所以要求把研究的目标才转向欧洲：

……我们面临着一些亟待解决的问题，它关系到穷困和受苦的欧洲人民的生存，他们急需得到医疗、媒、食物和大部分生活必需品……（《艾奇逊回忆录》上册，第 93 页）

马歇尔第二天即召集凯南立即召集一个特别的班子，"把详细研究欧洲复兴问题以及美国在此过程中所能起的作用作为第一项任务"。（《历史的见证》，第 327 页；《杜鲁门传》下，第 624 页）5 月 25 日，凯南的题为《从美国的观点看欧洲复兴的几方面问题》提交国务卿马歇尔。期间，总统杜鲁门要求艾奇逊代替他出席一个会议并发表演说。4 月 23 日，艾奇逊组织的班子完成了演说的初稿，5 月初，艾奇逊在密西西比州的一个商人年会上发表了演说。（《马歇尔传》，第 702 页）5 月中旬，副国务卿威尔·克莱顿从欧洲回来，也提出关于援助欧洲的报告。这样，同一期间国务院和陆军部、海军部的几份报告聚焦在一起，形成一个主题词，那就是经济援助；逐渐聚拢在一起，那就是欧洲，欧洲的复兴。这是马歇尔 6 月 5 日在哈佛大学演讲的核心。[7] 其实，该演讲仅只是伸向困境中的欧洲国家一个诱饵，一束橄榄枝。试摘引几个段落。

在战争期间，欧洲经济结构被彻底破坏了。由于敌对行动结束后两年，对德国和奥地利的和平问题仍未达成一致意见，经济复兴工作被严重地推迟了。

事情的真相是，欧洲今后的三四年内对外国粮食和其他必需品的需要——主要来自美国，其数量之大超出了他们目前的支付能力，因此，它必须得到大量的外国援助……

美国应当尽其可能提供援助，使全世界经济返回正常状态，因为没有这些，就不会有政治稳定和可靠的和平。

---

[7]　查尔斯·波伦就说："马歇尔把这些文件送给我时，叫我带她起草一篇讲稿，因为他已经同意于 6 月 6 热在哈佛大学举行毕业典礼时发表一次讲话。既然我手边有了政策计划委员会的报告和克莱顿的报告，同时又大致理解马歇尔的想法……"查尔斯·波伦：《历史的见证（1929-1969 年）》，商务印书馆，1975 年，第 327 页。

　　由美国政府承担起单方面地拟订一项给予欧洲经济自立的计划的责任，这既不妥当也不会有效。这是欧洲人的事。我认为，创议必须来自欧洲。美国的任务应该是在拟订一项欧洲计划时给予有好的协助，然后在我们力所能及的范围内支持这项计划。这项计划应是一项共同的计划……

　　马歇尔虽然还未曾提出美国政府可以向欧洲提供援助的具体数目。但是，他已经慷慨承诺了美国的援助，并且批评再不能联合国善后救济总署漫无目的地乱花钱。

　　马歇尔是在哈佛大学为他颁授荣誉博士学位的会议上的演讲，面对哈佛的师生讲这些话，纯粹是对牛弹琴和文不对题，因为它的内容和形式都不适合那个会议。但是，这并不重要。马歇尔也就是例行公事。所以，他戴上老花镜，在那里缓慢地念稿子。重要的是，马歇尔和美国政府要以这样的方式把诱饵抛出去，把橄榄枝伸出去。我们称它为诱饵，因为美国愿主动提出愿意拿出巨额援助，这无疑对战后经济凋敝的欧洲任何一个国家来说都充满了诱惑。说它是橄榄枝，因为它引而不发，要绕过联合国善后救济总署，把主动权交给欧洲国家，要它们自行向美国提出需要的申请。

　　果然，马歇尔的这个文不对题的演说在美国并没有引起人们的注意。就连为马歇尔起草讲稿的作者、国务院资深的外交官查尔斯·波伦也忍不住说："结果，华盛顿的新闻界大都不理解这篇讲话的重要意义。虽然它被刊登在报纸的第一版上，却很少有解释性的评论，我所认识的主要专栏作家都不曾给以应得的注意。"（《历史的见证》，第328页）

　　其实，几乎所有的人都不知道，马歇尔之所以要在这个文不对题的会议上发表文不对题的演讲，是由于他们已经设计好了适合文章性质和内容的最佳路径。但是，美国政府完全意识到他们的做法对于欧洲国家意味着什么，所以，与国内外媒体保持良好院系的副国务卿艾奇逊早在马歇尔发表演讲之前就对英国广播公司、每日电讯和《每日快报》的记者说："你们不用花时间写报道。你接到讲稿后，就马上用电话把全文抱回伦敦。你们当中要有一位请编辑先生负责立即送一份全文给欧尼·贝文。不管是夜里什么钟点也要把欧尼叫醒，把全文交到他手里。"艾奇逊的这段话以及所作所为，已经证实了笔者的诱饵及橄榄枝的判断，——马歇尔的演讲目的就是要将给欧洲国家听的，但它作为与国家的关系却不通过外交途径，而是迂回到媒体那里，通过媒体送达，再让相关的国家主动上钩。

果不其然，《每日快讯》的记者马尔科姆·马格里奇行动迅速，他把国务院交给他的马歇尔演讲的稿子传递给总部的时候，时间已经过了子夜，但《每日电讯》的一个通讯员还是蹬着脚踏车，把报道的全文送往睡梦中的外交大臣欧内斯特·贝文的家里。贝文果然如获至宝，马上与法国外长乔治·皮杜尔联手召开了欧洲国家的外长会议。(《1932-1972年美国实录》第二册，第625页)后面有关马歇尔计划形成与通过的具体情形就不必介绍了，现在再说为什么它不是有如美国通常的大提案、大项目要以总统的名字命名，而是冠以"马歇尔计划"？

马歇尔计划的正式名称是《欧洲复兴计划》。它是一部用美国政府提供的巨额援助，帮助欧洲国家战后复兴的巨大经济社会工程。政府间的重大计划项目，没有用国家元首的名字冠名，通常人们的解释是杜鲁门总统出于对马歇尔的敬重，希望以马歇尔的名字令其载入史册。我们很难否认当事人在运作这件事的时候完全没有考虑到这一方面的成分。杜鲁门就曾经对马歇尔说过："将军，我希望这项计划以你的名字记载在历史上。不要跟我争论。我已经下了决心。记住，我是你的总司令。"但是，更重要的因素是1947年是杜鲁门总统执政期间最为困难的时候。1946年期中选举，民主党刚刚丢失了许多的席位，国会中主要的立法委员会都由共和党把持，如果以杜鲁门的名义出现，根本就不可能通过国会的审批。杜鲁门当时就曾对它的以为顾问说："如果我们想把它列为杜鲁门的一项成成绩，那就会垮台。"而"马歇尔计划"，听起来"在国会中要好得多"。(《马歇尔传》，第 704 页）"马歇尔计划"就是利用马歇尔在战争中所获得的一定程度上超越两党的浪名，才得以被国会批准。

我们现在再来分析马歇尔计划的意义。马歇尔计划作为一项经济计划，帮助欧洲经济的复苏与复兴，我们且不作过多的述评。美国人民拿那么多的钱帮助处在经济凋敝，复兴艰难的欧洲人民，按说不该说三道四。但是，问题不那么简单。如果正常的情况下，美国与欧洲恢复和扩大战前贸易渠道，可以经过国际相关的机构，譬如已经以英国和美国为主的联合国家所建立的联合国善后救济总署，那是一个已经运行了 5 年的国际组织，虽然此前是以救济而不是善后偶为重点，但是，随着战后经济复兴任务的扩大，该机构本可以扩张经济的复兴职能的。遗憾的是，由于美国政府对它持拆台的态度，该机构也就跟着"马歇尔计划"的提出开始衰败了。除此以外，罗斯福建立联合国本来也有扩大贸易，发展经济的设想。关贸总协定、国际复兴开发银行（世界银行）、国际货币基金组织，其实都是为了战后经济复兴与发展所设立的。即使这些国际组织不能胜任欧洲和其他地区的经济复兴的证人，作为罗斯福的继任，美国政府应该站在"补台"的立场上，而不是另起炉灶。除此以外，由于战争摧毁了民间的贸易渠道，政府帮助修复才是。

当然，政府直接搭台沟通与以经济援助，也并非不可以。问题是美国政府所推动的马歇尔计划的实质在于其背后的军事扩张的背景。读者已经看到了"马歇尔计划"的起因，那是一批军人所推动的有意重返欧洲的明确意图。早在与欧洲各国政府酝酿马歇尔计划期间，马歇尔又向英国外交大臣贝文示意说："欧洲人应该汇集起来，研究一下在依靠自己的力量来保证国防的需要方面他们能够做些什么，然后要求美国去弥补实际局势所需要的力量与他们自身力量之间的差额。"接着，美国政府又向国会寻求以无偿的方式让美国军队再次踏上欧洲大陆法案。（《历史的见证》，第 331、332 页）与以前两次世界大战奔赴欧洲不同的是，那是要参战，打完仗就回来了；这次是和平时期，以备战的姿态要等待战争，美国政府美元开路让各国政府同意签约《北大西洋公约组织》的方式登陆欧洲，就不再打算离开了。

　　半个多世纪以来，主流的历史学家总是以极为肯定的笔调赞美"马歇尔计划"，成其为"第二次世界大战后，美国以经济及技术，协助 16 个欧洲国家重建其工业生产力的一次相当成功的计划"。1948-1952 年，16 国共获得美国援助 131 亿美元，期间受援国国民生产总值增长 25%，工业生产增加 35%，农业生产则提高 10%。（《大美百科全书》第 18 卷，第 211 页）笔者不准备就经济方面予以评述。其实，经济学家巴斯夏一个半世纪以前在他的那篇著名的《政治经济学中什么是看得见的什么是看不见的》一文中，一开始就提出的"破窗理论""军队复员"，以及"赋税"所讲的道理，我觉着几乎就是针对 100 年以后的"马歇尔计划"的。[8]没有"马歇尔计划"，从美国人民头上所征收的 131 亿美元的的税收，以及本该还原到战前美国 20 多万常规军的水平所借余下来的 200 万劳动力，无论以什么方式所创造的繁荣和财富，都是杜鲁门和马歇尔以及他们背后的军工集团所想象不出来的。

　　现在重新定义"马歇尔计划"，它不过是一个以马歇尔面目出现的杜鲁门 1947 年 3 月 12 日国会咨文。但是，它在一定意义上又超过了杜鲁门的国会咨文。首先，如果没有"马歇尔计划"，杜鲁门的那篇国会咨文就仅只是一个孤本，"杜鲁门主义"不足以得到体现。其次，杜鲁门 1947 年 3 月 12 日国会咨文所针对的仅只是希腊一个国家，在世界地图上只是一个点，而马歇尔计划涉及的是西欧、中欧共计 16 个国家，是东欧以外的整个欧洲大陆，几乎是所有最早实行资本主义生产的民族国家。再其次，如果人们仅仅从杜鲁门最早的一篇国会咨文中还无法缕清"杜鲁门主义"主要特征的话，那么，经过"马歇尔计划"重复以后，那就是分清楚了，那就是用美元援助铺路

8　弗雷德里克·巴斯夏：《看得见的与看不见的》，见弗雷德里克·巴斯夏《财产、法律与政府》，贵州人民出版社，2003 年。

先行，接着是军事武装登陆。马歇尔计划重复并加强了杜鲁门国会咨文所开创的美国外交模式：美元援助先行，接着在受援国建立美国军事基地，派遣武装部队占据受援国家。自马歇尔计划让美军重新占领东欧以外的欧洲以后，美国政府运用这一模式又插足亚洲武装登陆韩国、台湾和越南，以及中东及非洲国家，美援先行，接着武装占领，已经成了美国政府的外交策略和模式，彰显了杜鲁门主义的精神实质。

历史学家把"杜鲁门主义"的核心与特征概括为"遏制共产主义"。但是，历史已经证明，共产主义不是被"遏制"的。列宁斯大林的所谓共产主义并不是如马克思所揭示的，建立在资本主义高度发达基础上的新的社会形态，而是不发达的自然经济基础上的资本主义，是个体农民基础上的资本主义。所以，它实际上是一种以个体农民为主体的小资产阶级的空想社会主义。作为一种特殊的民族国家的特殊形态，是资本主义发展的一个特别阶段。当它在资本主义得到一定程度的发展以后，就必然地自行解体了，甚至崩溃了。它和其他所有民族国家一样，其资本主义的发展都是由其内部因素起作用的，而不是靠外部遏制的。"杜鲁门主义"是美国政府打着遏制共产主义的旗号，以美援为幌子，接着把美国军队派送到受援的国家，其实是一种不折不扣的军事帝国主义。

但是，也只是马歇尔计划以后，杜鲁门主义才得以以其主义大行其道。

战后世界历史得以转向的一个很重要因素，就是杜鲁门聘请马歇尔。马歇尔担任美国国务卿期间，美国政府的外交政策军事化，——这是我们所论述的第三个问题。

无可否认，马歇尔在公开场合从来都没有提到要在欧洲建立一个军事防御联盟，他甚至都很少提出过苏联威胁那样的用语。但是，正如波伦所说，马歇尔曾经鼓动英国外交大臣贝文建立起欧洲人自己的防务。（《历史见证》第331页）1948年3月，在贝文的奔波努力下，英国、法国等欧洲5国已经签订"布鲁塞尔共同防御条约"。

马歇尔对签约国家说："这项为期 50 年的共同防御条约对美国可能在其中发挥作用的任何更加广泛的安排，是至关重要的。"事实上，欧洲正在建立一个与马歇尔经济计划平行的军事组织。（《马歇尔传》，第 765 页）

1948 年 3 月底，国家安全委员会秘密地提出建议，美国应该向西欧国家提供武器和机床，以便使欧洲盟国的武器生产标准化。这一建议十分巧妙地与布鲁塞尔条约互为补充。国务院和参议院秘密合作，把布鲁塞尔条约和国家安全委员会的这一建议捏在一起，形成一个参议院决议，要求缔结建立在区域性防御协定。（《历史的见证》，第 332 页；《马歇尔传》，第 765 页）

7 月，由马歇尔的助手、副国务卿洛维特"率领的一个美国代表团在华盛顿秘密地与加拿大、英国、法国和荷比卢三国的大使进行了会谈，以设法成立北大西洋防御联盟"。10 月 10 日，马歇尔在从巴黎回华盛顿与总统短暂会晤的间隙中，马歇尔还与国防军事总长福莱斯特尔、参谋长联席会议主席布莱德雷会见讨论向"北大西洋国家"提供武器的问题。（《马歇尔传》，第 767 页）

二战期间，弱小的希腊曾经抵抗住了意大利的侵略，但最终没能顶住德军的入侵。1944 年 10 月，英国军队赶跑了德国人，流亡到英国的希腊国王及其政府也跟着回到了祖国。战后，英国人在希腊维持着一支大约有 40000 人的军队。另外，经济凋敝的希腊政府也不时需要英国的援助才可以维持有效统治。但是，战争已经耗尽了大英帝国，战后已经无力支撑当年的"日不落帝国"的局面。想一想，原来庞大的英联邦都在萎缩，希腊等东南欧的国家本来就不属于英国的势力范围，更不可能长久支撑。

另一方面，战后近一两年以后，斯大林已基本完成了沿着苏联的国境线从欧洲到东亚的卫星国的布局。在欧洲，凡是与苏联接壤，甚至是与其相近的国家，只要可能，苏联都驻有红军。这些国家也都是由苏联所扶植的共产党执政。在亚洲，蒙古和北朝鲜也都按照东欧的模式建立起政权。1946 年 3 月以后，虽然红军从中国东北陆续撤军，但是，根据 1945 年 8 月苏联与中国政府签订的友好条约，中长线铁路和旅顺大连作为自由港，都由苏联红军经营或管理。在从欧洲到亚洲漫长的苏联国境线上，苏联与阿富汗、伊朗及土耳其由于没有经过战争争夺而占领，反而成了斯大林为大俄罗斯所构建的藩篱保护体系的一个豁口。战争期间，德国占领欧洲封锁了欧洲大陆和地中海，日本控制了太平洋和大东亚，美国给予苏联的军事援助大部分都需要通过舰船横跨大西洋、印度洋再经过阿拉伯海到达阿曼海湾，然后通过伊朗的铁路运输或者直接输送到苏联，或者再经过里海进入到苏联的国土。战前，北非与中东的大片土地都属于大英帝国的势力范围，为了苏联接收美国的租借物资，1942 年，苏联、英国和伊朗曾经签订了一项协议，允许苏联和英国的军队驻守在伊朗。按照这项协议，苏联的军队控制了包括首都德黑兰在内的伊朗北部。（这是三巨头于 1943 年第一次会议得以在德黑兰召开的原因。三巨头 3 次聚会，事实上都是在苏联的军事范围以内召开的）同一份协议还确定，苏联和英国军队在战争结束以后半年，必须撤出伊朗。1945 年 9 月的伦敦外长会议上，美、英、苏三国外长再次商定，1946 年 3 月 2 日以前，一切外国军队必须从伊朗撤出。但是，苏联在美国和英国一再的督促下，3 月 24 日才发表声明撤军。

战后，美国保守派联盟固定的反动思潮已成气候。特别是杜鲁门总统反对共产主义的政治立场，助长了联邦政府和军队中由于苏联国境线上的卫星国已经基本完成，其"豁口"处的阿富汗、伊朗、土耳其以及靠近的希腊等国家就成为斯大林的一块心病。笔者没有在这个问题上做详细研究，但是，如果把斯大林当作一位民族主义者，当做俄罗斯民族的守护神，他很自然地会担心这里将成为敌人入侵的通道。所以，战后从伊朗撤军不是那么主动，甚至培养并扶植伊朗的阿塞拜疆省的亲俄势力分裂伊朗，都是能够理解的。如果再做扩展的思考，70 年代苏联出兵阿富汗，其实都具有这样的性质。

如果是现在来看，民族国家的产生与发展是具有规律性的客观事情，即使当年斯大林费尽心机把乌克兰、白俄罗斯、立陶宛、拉托尼亚、爱沙尼亚等民族再次拉进大俄罗斯的怀抱，也不过是在苏联肌体内再经历一个发育阶段，当资本主义有了足够的成长以后，瓜熟蒂落，各个独立的民族国家就都自然形成了。美国、英国和苏联三大国在战时的合作基础，并且具有较高的契约精神，凡是签订了国际公约，基本上都能够遵守的。如果再加上相互监督和督促，即使斯大林站在大俄罗斯立场上对周围的民族国家做出有如在伊朗那样比较过分的事情，通过和平的外交途径加以解决，本都不是什么问题。

但是，美国政府是在军事集团的推动下，利用并夸大根本就不存在的苏联威胁和战后国内所形成的反对共产主义思潮的大背景，离开了罗斯福的资本主义民主与民族国家发展的航线，由民主国家滑向军国主义方向，其标志性事件即是杜鲁门借希腊问题在国会发表的支持和扶植希腊政府的演讲。

1947 年 2 月 21 日（周末，星期五），英国照会美国，因为经济方面的原因，英国军队必须在 4 月 1 日以前撤出希腊，并停止对希腊的一切供应。因为美国把苏联的势力范围扩展到东欧保加利亚、罗马尼亚和南斯拉夫等共产党所掌握政权的国家，所以，英国军队从希腊撤出，则意味着苏联"自然"将填补那里的空白。24 日（星期一），杜鲁门总统召集国务卿马歇尔、海军部长福莱斯特尔和陆军部长派特逊讨论了"这个迫在眉睫的危机，三军各部则加紧研究了形势的各个方面"。杜鲁门充分动员了联邦政府的各个部门，都把应对希腊问题"列于第一位"。海军部长福莱斯特尔特别积极，他和主持国务院日常工作的副国务卿艾奇逊长谈了好几次。（《杜鲁门回忆录》下卷，第 121、126 页）27 日、3 月 10 日，杜鲁门分别两次在白宫召集了有多名国会议员参加的应对以及吹风会议。

艾森豪威尔竞选总统的时候就向选民表示：作为一个公认的始终不渝地反对共产主义及其主张的一切东西的人，我如果当选就会采取措施确保不让任何一个共产党人或其同路人留在政府内。（《艾森豪威尔》(二)，384）

艾森豪威尔担任总统以后，仅 1953-1954 年，联邦政府审定了

8008 宗危害国家安全的案件，其中 3002 人作为安全上危险的任务而被解雇，另有 5006 人在受到审理之前就辞职了。成千上万的人的履历受到审查，许多雇员"不受歧视地"从敏感的部门赚到了非敏感的部门去工作。（《艾森豪威尔》㈡，第 382 页）

总结杜鲁门离开罗斯福航线过程，其重点包括：战争结束后，突然终止从欧洲和太平洋地区撤回战争期间美国参加欧洲战场和太平洋战争的军事武装，从而和平时期仍然维持在全世界的上千个军事基地；1946 年 12 月和 1947 年 3 月颁布的总统行政命令，在国家公职人员中掀起的反对共产主义信仰和清洗共产党的"忠诚调查"；那个被称之为"杜鲁门主义"的 1947 年年 3 月 12 日的国会演说，美苏对立的议题与冷战成为美国两党执政过程中打破僵局和破解政策难题时屡试不爽的灵丹妙药；1947 年 7 月 26 日国会通过《美国国家安全法》，标志美国由民主制度转化成为军国主义，等等。

在即将结束对杜鲁门是如何离开罗斯福设计的战后航道的时候，笔者还是想强调罗斯福的确与杜鲁门所做的不一样。第一，罗斯福把战后世界和平局势，包括美国的安全，都寄托在联合国的控制之下。而杜鲁门听信军方的意见，要维持一个强大的军事化国家。第二，罗斯福的美国在战争期间是同盟国家的事实上的领袖，但罗斯福并没有这样的语言和行动。但是，杜鲁门直接向美国人民、向全世界，喊出了美国是"占世界领导地位的国家"，所以，这个领导地位上的国家，"有义务为世界未来和平"维持庞大的武装。第三，罗斯福参加战争，是为了战胜侵略者，战胜用战争奴役人民的战争贩子。所以，罗斯福像常人所认识的那样，相信战争之后是和平。但是，杜鲁门颠覆了这一常识。经过战争之后，当包括同盟国在内的世界各国人民跟随美国共同战胜了德意日法西斯以后，却发现"美国的未来正如战争时期一样，是处在危险之中的"。所以，美国还需继续保持强大的武装。

不可否认，美国强大的生产能力造就了强大的军事武装。以美国、英国和苏联为首的同盟国家主要是依靠美国的强大军事的支持，战胜利的德意日法西斯。人类赢得二次世界大战的胜利，美国军事武装力量功不可没。但是，美国强大的军事武装是在罗斯福总统的领导下强大起来的，罗斯福是美国武装的总司令。由于战争的需要，罗斯福提升了武装力量在美国社会中的地位，并由于他对他们的信任而事实上让军事领袖具有了较高的地位和权利。但是，罗斯福能够驾驭军事武装。1938 年 1 月，罗斯福在国会所发表的纪念第 7 任总统杰克逊的演讲《努力维护民主政治的道德》中说：

> 在上星期一致国会的咨文中，我充分说明了政府努力为我国公民绝大多数的需要服务，实现他们的一直，仅只将限制少数人集团滥用权力和特权。从而，我们也就是在努力维护民主政治得到的。（王建华主编：《美国历届总统执政和告别演说精选》，江西人民出版社，2001 年，第 53-54 页）

罗斯福总是与大资本大财团对抗的。譬如他曾抨击公用电力如何被大资本所控制的例子来说明防止大财团资本家控制社会公权力，他说，美国公用电力事业发售的股票大约 130 亿美元，而这个企业掌握在出资额不到 6 亿美元的股东手里。换句话说，大约 4%股票的人控制着其他 96%的股票，这相当于"一只身长 96 英寸的狗被 4 英寸长的尾巴所摇动"。

罗斯福在 1944 年 9 月的竞选演说中提出美国参与世界战争的目的，是要建立一种新秩序，但不是世界霸权。他：

> 我们的任务就是要以最快的速度和最低的生命代价，胜利完成这项堪称战争史上极为残酷的一次战争。
>
> 我们的任务就是要建立起一个维护和平的国际秩序，这个秩序一旦形成，将再不会被打破。（王建华主编：《美国历届总统竞选演说精选》，江西人民出版社，2001 年，第 47 页）

1945 年 4 月 11 日，即罗斯福去世的前一天，他在为两天后的"杰斐逊纪念日"准备的演讲稿《坚定而强烈的信念》中说：

我们也不会放弃决心，那就是，不让子孙后代再看到第三次世界大战的发生。

我们追求和平——永远的和平。我们希望结束战争，更希望消灭所有引发战争的根源——是的，永远不要用战争来解决政府间的分歧，因为它野蛮、无人性而且根本就无济于事。（王建华主编:《美国历届总统执政和告别演说精选》，江西人民出版社，2001年，第313页）

但是，杜鲁门从一开始就毫不掩饰地表示了在对苏问题上与罗斯福明显的不一致，而军方那些企图保持强大的军事规模的人，一方面放弃军人以及内阁成员并不介入政治的传统，（曾任肯尼迪和约翰逊两届总统的国防部长麦克纳马拉说:"就传统而言，国务卿和国防部长不参与政党政治……"。《回顾越战的悲剧与教训》，第163页）另一方面则投其所好，极力附和、同意并服从杜鲁门反苏反共的意识形态及其外交政策。1947年3月12日，杜鲁门的国会演说开始提出遏制苏联的国家战略，标志着"杜鲁门主义"的形成。至此，希望保持战时强大军事规模的军方开始把维持强大军备的理由靠向杜鲁门的遏制苏联共产主义的杜鲁门主义。7月26日，国会参众两院审议通过并经总统签署命令颁布执行的《国家安全法》，表明美国军方与国会、总统三方达成了共识。对于军方来说，国会与总统用法令把以常备军为核心的美国军事力量在战争期间所临时提升的社会地位合法化、制度化（也即常规化）了。对于以国会与总统两个分支为主的美国政府来说，用国家法令把军事武装从原来的工具层面提升到国家政权的核心与权力结构的中心位置，从而不知不觉地改变了美国民治国家政权的性质。

在这里有必要研究一下波兰问题，因为战后以美英等西方民族为代表与斯大林的争吵最先是从波兰问题开始的。

在由农业社会向资本主义经发展的大历史阶段，波兰民族具有悲剧性色彩，是它作为一个弱小民族的共同体夹杂在迅速崛起的德意志民族和俄罗斯民族之间求生存、求自由、求平等，要尊严、要主权的。尤其是具有悲剧性的问题在于，如果研究每一个时代的波兰民族主义的代表人物的政治观点，不难发现，他们甚至都是要求回到 10 世纪至 11 世纪的波兰民族统领中东欧各民族的大波兰的时代。但是，令波兰人尴尬而痛苦万分的是，当第二次世界大战后他们又得到一次独立机会的时候，似乎上帝故意玩弄人，当他们终于有机会对自己的国家未来规划前景的时候，却发现如同 1814 年维也纳会议那样，波兰又是置于俄罗斯的占领之下。

战后人们以为英美两国政府与斯大林的争论和争吵，是为了波兰建立"自由制度"和共产主义之争，其实是不正确的。波兰问题有争议，在于 1944 年 7 月苏联红军反攻进入波兰境内以后，流亡伦敦的波兰政府中的极端民族主义者拒绝丘吉尔劝告他们接受寇松线，摈弃前嫌，与苏联和好的建议，贻误大好时机，以至后来形成以英美为首的国家承认伦敦流亡政府，苏联承认波兰国内的卢布林临时政府，从表面上看，纠纷的焦点在于究竟谁算合法政府，谁真正代表了波兰人民？其实质却是越来越陷于被动局面的美英外交如何才能体面地转过弯来？真正分歧与难题，是应该统一认识选择伦敦的波兰流亡政府，还是一致承认在卢布林成立的正在波兰国内行使职权的临时政府？这才是从雅尔塔会议之前就已经存在于美、英和苏联之间的难题。自后美、英和苏联之间的关系，在很大程度上亦然由此决定的。首先，必须从历史的角度看待波兰与苏联问题，那是历史以来波兰和大俄罗斯两个民族关系的继续，是尚处在资本主义较低阶段的关系，以及落后阶段的古老民族之间的纠缠。其次，必须去除意识形态障碍，不要用马克思主义或共产主义要求斯大林，而是把斯大林回归到具体的民族中，作为彼得大帝和沙皇的继承人，以及必然无法摆脱的大俄罗斯民族主义和大俄罗斯沙文主义。再其次，不只简单地相处在同一区域的民族间的关系，它还夹杂了复杂的国际资本主义因素，使得波兰和苏联之间的民族关系更为复杂了。

这样，许多问题就得以说明了。首先，波兰流亡政府与苏联的过节，使得其抢在苏联红军之前要解放华沙，以求得到即将解放的波兰政治上的主动权。流亡政府对苏联的巨大贡献表现了不友好、不尊重。这是问题的起因。其次，斯大林当然知道即将解放的波兰是由苏联人民的流血牺牲得来的，远处在英国伦敦的流亡政府发动华沙起义其目的就是冲着苏联来的。更何况没有资料证明，华沙起义者并没有要与苏联红军合作的要求。再其次，在这样的背景下，即使斯大林没有与英美故意闹对立的意愿和意图，但在心底里也必然产生抵制伦敦的流亡政府的念头。

我们曾经指出过，在对待波兰问题上，罗斯福和丘吉尔还是有区别的。英国不仅肩负着波兰的道义责任，而且还对战时波兰流亡政府和西部战线的波兰军团负有的经济责任。波兰已经从德国人手里获得了解放，不把他们送回波兰，英国政府身上的包袱就一直背着。美国则没有这个负担。这是一个方面。

另一方面，正如笔者已经指出的那样，1943 年美英占领意大利以后，以丘吉尔为首的英美战胜占领意大利的行为模式，为二战后盟军战胜占领德国和日本等轴心国的通知与管理方式提供了样板。英美在意大利就排斥苏联和法国，所以，斯大林在东欧各国的占领区也同样不会尊重英美的意志。有关这个问题，丘吉尔就有难言之隐。他说：

> 斯大林这时正在波罗的海的两个巴尔干国家走着相反的道路，这是同一切民主观念完全背道而驰的。对于雅尔塔的原则，他曾经在纸上签字同意，可是这些原则目前在罗马尼亚正被踩在脚下。然而我如果逼得他太急，他也许会说："我并没有干涉你们在希腊的行动，为什么你们不给我在罗马尼亚以同样的自由？这将引起我们彼此各在目的上的比较。任何一方都不能使对方信服。顾虑到我跟斯大林的个人关系，我深信从事这样的争论将是错误的。"（《第二次世界大战回忆录》第六卷，第 371 页）

如果我们透过丘吉尔所提出的民主和民主观念一类的意识形态

说辞，说明斯大林所奉行的民族主义原则，与英美并没有实质性的差别。因为除了意大利和希腊要比东欧各国的资本主义发展水平比较高以外，苏联在波兰、在罗马尼亚，以及在东欧各国的占领、统治和管理，都与英美没有实质性的差别。

特别很重要的一点是，波兰和东欧是苏联所在的地区，苏联即大俄罗斯民族与东欧各民族之间处在资本主义发展的较低阶段，那是他们民族的历史，是有实际利益的相关民族之间的纠缠。英国和美国作为远离那个地区的国家，无论怎样说，他们的国家或民族利益都是处于从属的位置的。

13. 美国《1947 年国家安全法》批判

当杜鲁门邀请马歇尔担任他的国防部长的时候，马歇尔对他说：

> 总统先生，你只需要告诉我你想要我干什么。我会按照你要求的去做。但是，我希望你想一下我的任命可能会给你和你的政府带来批评的情况。（《陆军五星上将乔治·C·马歇尔——军人和国务活动家》，第 791 页）

马歇尔说这话，是因为杜鲁门希望他担任新设立的内阁里最庞大的机构国防部部长的时候，由于马歇尔曾经以杜鲁门总统特使的身份调停中国国民党和共产党的关系，而国会里的反对党正在指责马歇尔要对蒋介石政府在中国的倒台负责。所以，马歇尔对总统说：

> 我希望帮助你，不想伤害你。（同上）

杜鲁门深受感动，他给妻子写信说：

> 你能想象任何其他人会说这样的话吗？我不会。他是伟大人物之一。

马歇尔多次拒绝接受任何勋章，认为战士们正在国外战死沙场，给他这种荣誉是不合适的。

在杜鲁门看来，马歇尔在战争胜利中的功劳是无人可及的，因此他称马歇尔是他两任总统的中流砥柱。

所以，杜鲁门多次由衷地夸耀马歇尔："我与他见面交谈的次数越多，就越确信他是一个伟大人物。""拥有他的友谊和支持，我确实感到非常幸运。"

早些时期，由于任命马歇尔担任国务卿，杜鲁门的支持率回升到了 48%。

在外交政策方面，马歇尔对总统的影响越来越重要。随着以国防部为旗帜的军方在美国政府权力结构中地位的上升与稳固，由军方参加的政府机构间组织的国家安全委员会的活动越来越少，而作为总统身边重要权力机构的国家安全委员会则逐步形成。在尼克松总统期间，国家安全委员会在外交政策和外交活动方面比国务院更重要，国家安全事务助理亨利·基辛格比国务卿威廉·罗杰斯还活跃。国家安全委员会由 1947 年国家安全法所设定的会议组织，演变成为类似于总统内阁机构也证明了，该安全法和依据安全法所设立的安全委员会的历史作用，就是帮助战时扩张的美国军方在和平时期继续保持强大。

所以，在美国发展的历史中，1947 年国家安全法的颁布是一个标志性的事件。美国政治学家罗塞蒂曾经指出："国家安全法重组了国防、情报领域的政策过程以及向总统提出国家安全简易的程序。"（《美国对外政策的政治学》，第 82 页）不过，美国政治学从来都没有全面理解过该法案的历史意义。罗塞蒂的这句话说，说出了国家安全法的两重意义，一个是依据安全法军方在和平时期重组军事与情报系统，从而得以保留战时膨胀的强大军事力量。第二，军事部门在和平时期继续维持了战时在总统权力结构里的份额。前一层含义意味着依据安全法所设置的国防部、参谋长联席会议和中央情报局，是军方继承战时所获得的有形资产，后一层含义则是军方继承战时在总统那里临时所获得的无形资产。为什么说是"无形资产"？美国政府行政分支的权力是在总统手里的。总统内阁以及围绕在总统周围的人都是总统的顾问。总统顾问对总统决策有一定的影响力，是一种间接的权力，无形的力量，或者无形的资产。谁在总统那里所起的作用大，影响大，谁的权力就大、资本实力就雄厚。

但是，就国家安全委员会来说，它不过是帮助军方粉墨登场时披的一件斗篷、一个道具。在现代国家上层建筑里，本来就没有它的位置。人为地设置，必然地造成现实中的混乱。——在国家安全委员会的早期阶段，是军方抢了国务院的风头。当国民见怪不怪，已经习惯于军方在国家权力中心逗留，从而国防部可以在国家上层建筑里登堂入室，占据国民收入最大一块蛋糕的时候，国家安全委员会则嬗变成了一个有如内阁那样的机构，继续抢占国务院的风头；有的时候，甚至是国防部和国家安全委员会共同抢国务院的风头。国务卿是1789 年由华盛顿担任总统时所设置的 4 位政府内阁中最重要的负责对外事务的官员，历来都是几乎比副总统还要风光的职务，而战后和平年代里却往往成了美国政府中最难干、最尴尬的岗位。

当然，国家权力部门设置不合理，造成混乱的还不仅仅是政府部门之间的关系。特别是战后保留强大武装力量和在国家权力结构中给军方设置出重要位置，严重破坏了美国宪法所设置的文官政府的制度。杜鲁门曾经引用林肯所讲的一个故事，说一个人所养的马直踢后腿，还扭伤了主人登在蹬子里的脚。(《杜鲁门回忆录》下册，第556-557 页) 杜鲁门总统何尝不是这样？朝鲜战争爆发以后，杜鲁门总统仅只要打一场局部战争，所以给麦克阿瑟明确指出，美国军队的安全问题和保卫日本才是麦克阿瑟的基本使命。为避免人员和物资的严重损失，如果在朝鲜坚守不住，可以将他的部队撤回到日本去。但是，麦克阿瑟却主张扩大战争，要求袭击中国东北的机场、封锁中国的海岸线并利用蒋介石的武装力量对付大陆。麦克阿瑟不断违反杜鲁门和参谋长联席会议下达给他的命令，还不断与总统辩论和对抗。1951 年 3 月，朝鲜战争进入到相持阶段，中美都有和谈的迹象。杜鲁门总统要国务院为他起草一份声明，向红色中国以及全世界传达和谈的信息。3 月 19 日参谋长联席会议遵照总统的指令向麦克阿瑟拍去电报，指出政府的意图要"进一步做外交上的努力，一边取得和解"。3 月 24 日，麦克阿瑟却对外发布了一道与杜鲁门意图背道而驰的声明，该声明显然是对红色中国发出整套"檄文"。(《杜鲁门回忆录》下册，第 544-555 页)

其实，杜鲁门还是不好意思向人们展示他的被马踢伤了的脚。美国战争史学家斯蒂芬恩·E. 艾姆布鲁斯却用极为精炼的文字叙述了这一精彩情节：

美利坚合众国对一个弱小的亚洲国家宣战，它的军队几乎到达了这个亚洲国家的北部边境。突然，第三国军队投入了战争，并把美军赶了回去。战争进入了僵持阶段。这个大国后撤了它的部队，并通过多种方式表明它愿意和谈。它甚至派代表去联合国，而当时，它还不是联合国的正式成员国。

和平即将来临。但是，就在联合国将就此事进行讨论的前三天，在亚洲的美军司令突然对第三国的关键性前哨部队突施袭击。就在亚洲代表抵达联合国的同一天早晨，同一位将军又下令全线出击。和平的希望破灭了。战争就此拖延了两年半的时间。（斯蒂芬恩·E.艾姆布鲁斯：《〈朝鲜战争内幕〉第二次平装本前言》，载 I.F.斯通《朝鲜战争内幕》，浙江人民出版社，1989 年，第 1-2 页）

把那只"直踢后腿"的马放置在美国总统的马厩里，而且依据国会的 1947 年国家安全法，每任总统都还必须骑在这只马背上。那么，被马踢伤的就不只是杜鲁门总统一个人。

从艾森豪威尔到肯尼迪、约翰逊，甚至包括尼克松，接连几任的总统几乎都不大愿意把美国深陷在越南的泥淖里。但是，军方却不断提出"扩大战争规模的要求"。（《回顾约战的悲剧与教训》，第 291 页）1967 年 6 月，基辛格博士向美国政府推荐了越南领导人胡志明昔日的朋友，说他可以帮助沟通美国政府与越南北方的和平谈判。法国朋友在河内的一家医院里见到了胡志明，越南北方政权的总理范文同也会见了这两位斡旋的法国人。范文同说："我们要求无条件地停止轰炸，如果能做到这一点，和谈将不会存在其他的障碍。"8 月 19 日，约翰逊总统同意从 8 月 24 日到 9 月 4 日暂停轰炸河内周围半径 10 公里之内的地区，以证明两位法国人和基辛格博士在美国政府那里的信用。"出乎意料之外"，8 月 20 日，美军出动了 200 多架次的飞机，远远超过了以往的纪录。21 日、22 日，对河内、海防和中国边境的猛烈轰炸又持续了两天。北越关闭了和谈的大门。（《回顾约战的

悲剧与教训》，第 304-311 页）

　　还不止这些。如果说总统是骑在那匹"直踢后腿"的马匹的主人的话，那么，国防部长就是总统的驯马师或马夫了。在肯尼迪和约翰逊两任总统期间担任国防部长的麦克纳马拉坚信，美国宪法和 1947 年国家安全法强调军方是在文官的领导下。（《回顾约战的悲剧与教训》，第 298 页）但是，美国参谋长联席会议却持续反对国防部长。1967 年 5 月 19 日，麦克纳马拉给约翰逊递交了一份"备忘录"，坚持"南越必须依靠自己赢得战争"，而美国政府对越南仅应该保持适当的"义务"，反对扩大轰炸越南。在国防部长递交给总统备忘录的两个星期里，参谋长联席会议送给总统和麦克纳马拉"不下七份备忘录作为回应。"按照 1947 年国家安全法，参谋长联席会议只是总统和国防部长的顾问。但是，参谋长联席会议在此期间公然抛弃传统，公开与麦克纳马拉的分歧。"两党中的鹰派则在参谋长联席会议的全力支持，向总统施加压力企图扩大战争"。（（《回顾约战的悲剧与教训》，第 291 页）如果说按照国会的国家安全法，总统还必须骑在那批"直踢后腿"马匹身上，那他的选择只有解雇他的马夫。国防部长麦克纳马拉在和他的参谋长联席会议的斗争中败下阵来。

　　美国人以至自豪于国家宪法中的文人执政，但是，1947 年的国家安全法已经对此有了根本性的转变。在政府预算中，军事部门占据三分之一以上。民主国家已经让军事部门牵着鼻子在走了。虽然骑在这匹马身上的那位主人符合宪法的要求是一个文人，但马却不遵守宪法。尼克松总统就曾感叹地说："中央情报局防范得十分严密，连总统也不让知道内情。""中央情报局就像保险柜一样严密，我们找不到谁肯把开启它的号码组合告诉我们。"（《尼克松回忆录》中册，世界知识出版社，2001 年，第 618 页）其实，不只是不听话，1963 年 10 月 20 日，肯尼迪总统决定从越南撤军，50 天后，遇刺身亡。尼克松总统运用联保调查局和中央情报局，遭遇"水门事件"而黯然下台。

　　当然，1947 年美国安全法改变的不只是美国，还有世界。这一点，请读者允许我将其留到后面的结论里再做讨论。

笔者之所以说 1947 年国家安全法是美国军方与政府磨合以后，与国会和总统三方达成的共识，不只是因为该方案由国会审议通过而总统签署执行，而且还因为它充分体现了军方的意志和利益，甚至军方还直接参与了国会制订的过程，插手了法案的形成。国会是美国的立法机构，1947 年国家安全法是国会制订的法案，体现国会议员们的意志，自不必去说。另外，必须知道，杜鲁门任期内，曾经否决国会通过的议案多达 200 多次。（《美国总统制》，华东师范大学出版社，2008 年，第 308 页）但他却顺利签署了 1947 年的安全法，说明该法案也符合杜鲁门的意愿。那么，如何说符合军方的意志和利益，以及军方插手国会的法案呢？前一个问题我们通过后面叙述依据该法案设立的机构得意说明，至于军方参与国会立法过程，由于历史学家从来没有按照实际叙述这段历史，我们还无法将其具体情节连贯起来。但是，依据权威人士的叙述，说 1947 年国家安全法"最具贡献者首推海军部部长福莱斯特尔"，（《大美百科全书》第 19 卷，第 498 页）以及依据杜鲁门任命原海军部部长福莱斯特尔为首任的防务总长的情况来分析，福莱斯特尔该是该法案的直接推手。要知道，美国是一个自由而又讲法治的国家，1947 年安全法是国会和总统层面的文件，国会起草阶段吸收海军部长参与，那么陆军部长怎么办？更何况，福莱斯特尔在战后还是极力主张扩张军费、扩充海军规模，强烈反对杜鲁门与国会初期意在"合并"陆海军的企图的。所以，既然福莱斯特尔是该法案的"最具贡献者"，那么，它也最大意愿地体现了海军部长福莱斯特尔的意志。

另外，尽管杜鲁门在卸任总统职务以后叙述这段历史时，仍然有合并与整合海军陆军的理念，譬如在他的 4 个页码的回忆中仅"合并"这个词就出现了 11 次。（《杜鲁门回忆录》下册，第 60-63 页）这应该是他作为总统在战后按照本能应对战争期间壮大起来的军事武装，所要采取的措施。但是，他在军方与传统博弈的过程中，却自觉不自觉地受到军方的影响而自觉地站在了军方的立场上，同意了国会通过的貌似军事部门"合并"而实际上是军事组织在和平状态下强行参与国家权力分配的法案。它是一部美国军方合法扩张的法律，所以，该法案在其"政策宣言"即通常文献的序言里，开宗明义地批驳了"合并"之说，申明本法案是要设立一个包括陆军部、海军部、空军部三个军事部的国家军事机构，"而不是将这些部门合并"。[1]

1　第一文库网，《1947 年美国国家安全法》
　　http://www.wenku1.com/news/383127A66F877018.html

亨廷顿"文明冲突论"批判

东欧剧变与苏联解体，标志着冷战结束，世界经过以冷战命名的序曲或者过渡而进入到和平时代。但是，由于历史学家和政治学家缺少一个赖以正确解构历史问题的理论框架，既不能正确认识现实问题，更无法预料未来。所以，冷战后 20 多年，人们无法命名后冷战时代。说到底，还是因为对时代的本质不了解，抓不住时代的特点，所以对人类历史的趋向没有基本的判断，对未来感到迷茫。

实际上，经济主导世界发展趋势已经在冷战结束初期表现的越来越明显了。东欧各国一经脱离苏联这一羁绊，很快投入到以美国为代表的自由市场体系。匈牙利、罗马尼亚等国家在 1995 年以前就加入到关贸总协定的行列。由于苏联这一对立物已经不存在了，关贸总协定立即被以民族国家或有主权的经济共同体为成员的世界贸易组织（WTO）所取代，并将过去关贸总协定里物贸扩展到服务与知识产权两个领域。随着中国在 2001 年、俄罗斯 2011 年加入世界贸易组织，承诺执行世界贸易组织的规则，全世界除了北朝鲜等极个别共同体以外，几乎所有民族国家与经济共同体都加入到发源于西欧的自由资本主义体系。除此之外，一些具有区域性或者其他类型的国际组织，譬如亚太经济合作会议（APEC）、金砖国家（BRICH）等等，都类似于早期主要由最发达国家创立的经济合作与发展组织（OECD），基于相关的国家之间的经济合作与协调经济政策的目的。这些都是国家领导人或者国家委派的代表以主权国家的资格从事的活动，它们究竟意味着什么？

100 多年前，李鸿章主张修筑铁路的时候，反对的人们有一个理由就是十几里甚至上百里的铁路横隔，原来的道路就被截断了。那时的人们想象不出立交桥或者地下隧道的穿行。我也曾讲过，当年我研究中国的交通运输结构，从未出过国，第一次接触高速路和高铁概念，无论怎样想也不明白全封闭是个什么玩意。中国加入世贸组织，但国民也不知道那意味着什么。首先，世贸组织是在 1947 年形成并运行了 40 多年的关贸总协定的基础上形成的，包括世界上将近 160 个国家或经济共同体，被称之为经济联合国。其实，这个比喻不尽恰当。一是联合国属于国家之间的政治论坛，是主权国家的领导人或者政府代表直接参与活动。世贸组织旨在建立一个完整的、更具有活力的和永久性的多边贸易体制，其目标和功能实际就相当于、或者发展趋势就是形成世界市场体系。所以，它事关越来越多的人们的直接的日常的生活。现在，参加世界贸易组织的国家和经济体每年的贸易量已经占到全世界总贸易量 97%，随着发展中国家的经济发展和市场化程度的提高，全世界越来越高比例的人们的经济生活都将被纳入到这一体系中。二是世界贸易组织是管理、组织、协调、调节和提供成员国贸易之间所产生的各种问题，特别是它具有法人地位，在调解成员争端方面具有更高的权威性和有效性，所以比联合国具有较强的约束力。

其次，世界贸易组织是通过一系列原则或规则逐步在世界贸易中贯彻自由贸易的市场经济制度，譬如：(1)互惠原则。要求在国际贸易中相互给予关税或非关税措施的削减，对等地向其他成员开放本国市场，以获得本国产品或服务进入其他成员市场的机会。仅这一原则的实施，就意味着在世界的范围内，各个国家的人民消费别的国家的产品或服务，价格将越来越低廉。对于生产者来说，则意味着需要不断提高自己产品或者服务的质量，降低成本。(2)透明度原则。要求成员国应公布所制定和实施的贸易措施及其变化情况，没有公布的措施不得实施。(3)市场准入原则。要求各国开放市场为目的，有计划、有步骤、分阶段地实现最大限度的贸易自由化。(4)促进公平竞争原则。不许可缔约国以不公正的贸易手段进行不公平竞争，特别禁止采取倾销和补贴的形式出口商品，对倾销和补贴都有着明确的规定和具体而详细的实施办法，主张采取公正的贸易手段进行公平的竞争。(5)鼓励经济发展与经济改革原则。为了帮助和促进发展中国家的经济迅速发展，特别针对这些国家出台一些特殊优惠待遇，如允许发展中国家在一定范围内实施进口数量限制或是提高关税的"政府对经济发展援助"条款，仅要求发达国家单方面承担义务而发展中国家无偿享有某些特定优惠的"贸易和发展条款"，以及确立发达国家给予发展中国家和转型国家更长的过渡期待遇和普惠制待遇，等等。(6)非歧视性原则。该原则包括两个方面，一个是最惠国待遇：一成员方将在货物贸易、服务贸易和知识产权领域给予任何其他国家的优惠待遇，立即和无条件的给予其他各成员方。另一个是国民待遇原则：对其他成员方的产品、服务和服务提供者及知识产权所有者和持有者所提供的待遇，不低于本国同类产品、服务和服务提供者及知识产权所有者和持有者所享有的待遇。世界贸易组织就是运用这一类的原则性条款逐步实现世界市场的一体化和促进各国的经济均衡发展。

如此一来，国家与社会的发展将向何处去？一方面，它要求国家法律制度的框架与体系保障市场运行的自由和平等，那就是自由的市场经济。出台相应的法律，这是必须让人家看的到的啊。既然有了法律了，您可以今天不执行，明天不执行，但总不可以永远不执行吧？一般的读者也不清楚常说的"接轨""贸易摩擦"是什么，其实就是用包括法律在内的已经明确的规则要求和规范经济行为啊。时间久了，就习惯按照市场的要求去做了。这是我们这样的"嵌入式"制度与人家不同的地方。西欧资本主义国家是先有民间已久的交易规则，然后制订法律予以肯定。我们则是将人家已有的法律几乎原封不动地搬过来，用法权规范慢慢地训练行为规范。2015 年的诺贝尔文学奖获得者是乌克兰女作家阿列克谢维奇，她其实是苏联时代成长起来的苏联作家。今年她出版一本新作，《二手时间》，记述不少苏联解体后的人们的困惑和艰难，甚至向往当年苏联与美国叫板时期的大俄罗斯沙文主义的民族自豪感，而对现在所有人重复相同的生活发泄相当的不满。其实，这就是工业化。什么都是批量生产。“旧时王谢堂前燕，飞入寻常百姓家”。没有批量的生产，大众何以用较低的收入过上昔日有钱人才有的生活？而批量生产就是大机器的生产线，它意味着生产价格大幅度地降低。如果没有这一个环节，生产厂家如何能源源不断地供给低价格的产品和服务？工业化既然是落后国家的发展目标，前景也就已经明了了：如果说发达国家是资本主义，那么，全世界都是争相朝着这个目标奔跑的。包括整个经济运行规则在内的国家法律体系都已经产生了（市场经济讲究契约与法律精神，没有这些法律框架，人家就不会和龙永图签字），结局与西方国家还会有多大的差别？

另一方面，我们经常说“走向世界”，“开放”，其本质的含义，是说我们与世界世界市场还有较大的距离，还很少有关系。无论俄罗斯还是我们国家，都还是一个较为封闭的市场。尤其对于我们国家来说，甚至还有比例很高的农民基本上还过着以自己生产的粮食为主的自产自销（消、消费）的接近于传统的个体农民的生活方式，很少与市场有联系。读者可以想一想，一个农民家庭仅仅依靠种田生活，他卖粮的收入就几千元钱，其中还包括购买种子、农药、化肥等维持再生产的需要，这部分是他必须向市场购买的。剩下还有多少钱需要从市场上购买？所以，广大农村的许多农民几乎还是传统的农民生活，很少与市场发生关系。提高农民的生活水平，实质就是提高农民与市场联系的程度，即市场化水平。中国市场的扩大与发展，必然面向世界。如同传统农民逐渐转向国内市场一样，我国走向世界即是逐渐融入世界市场，将我国经济逐渐转化为世界市场的一部分。当一个国家的经济越来越融入世界，依赖世界市场的时候，至少过去的战争与军事那一类的冲突和摩擦也就越来越少了。当然，现在距离那一天还有点远，特别是俄罗斯与中国等原来实行政府管制的经济制度的国家由于缺乏市场经济的熏陶而与市场经济的磨合，还有一个或短或长的过程。但是，经济全球化、一体化的趋势已经相当显著了。世界经济显然是按照马克思所总结的资本主义的逻辑发展的。

由此再来看后冷战时代该以何命名。因为在过去的一个世纪里，人们是以战争为尺度，将前两个时代概括为两次世界大战和冷战，那么，展望未来的发展趋势，经济全球化和一体化也就是一个时间问题了。因为这样的前景意味着消除不同经济体系的对立，也就是意味着正在消除产生世界战争的经济基础。所以，也许各种贸易摩擦和政治纠纷，甚至局部性的战争还会发生，特别是还存在一个像北朝鲜那样手持核武器的与资本主义顽固抗争的堡垒，谁也未必能担保金正恩不向他的敌人扔原子弹。但是，即使如此，他也没有力量打一场持久的世界战争。从历史发展的趋势来判断，朝鲜与中国、俄罗斯以及东欧国家同属于过去以苏联为首的社会主义阵营，正如苏联及其社会主义阵营曾用意识形态与冷战的方式与资本主义世界对抗恰好表明其落后一样，落后的北朝鲜实行改革并加入世界贸易组织的行列，从而融入世界市场，也都是迟早的事情。另外，现在世界上较大规模的恐怖袭击绝大多数都是由伊斯兰激进分子组织的，绝大多数也都是针对西方发达的资本主义国家，其实质仍然是传统文化反对资本主义。但是，包括持恐怖主义立场的伊斯兰组织所属的民族国家都是以美国为代表的世界贸易组织的成员国，说明民族主体也都是支持世界一体化的。总之，世界目前正行走在经济全球化和一体化的大道上，各个民族国家越来越密切地结合在一个统一的世界市场体系里，即使还会发生这样那样的冲突与摩擦，但是，大规模的、持久的、世界性的战争已经不可能再发生了。所以，如果仍然沿着20世纪的两次世界大战、冷战相同的思维路径，用战争这一视角来划分，苏联解体与冷战结束就已经标志着人类进入到和平发展的历史新时代。

现在我们必须花费一些笔墨来评论甚嚣尘上的亨廷顿和他的"文明冲突论"。因为美国经济政治等等的实力所造成的在国际上的影响，以及由此必然而来的美国政府在国际社会中的广泛的和他们自己也不隐晦的霸权主义的地位和作用，一方面是美国政治精英的需要，另一方面是也许本来就应该将他们与政治精英划归在一个集团的政治学家们的错误观点随着美国的影响而在世界范围内的影响，严重掩盖了资本主义在当代主导人类历史发展和现代国际政治关系中的基础作用，特别是因为亨廷顿"文明冲突论"严重歪曲了中国发展道路的方向和性质，从他的历史观出发杜撰出一个"中国文明威胁论"，人为地在美国政府及其政治精英面前设置一个潜在的而又被描述得无比强大的对手，不仅严重误导了美国政府、误导了美中两国的舆情，从而也一定程度上影响了两国的政治关系与外交政策，而且更重要的是严重损害了作为发展中国家的中国形象，进而误导了国际社会。

首先，为要了解亨廷顿及其"文明的冲突"，就必须先来了解美国政治学的性质以及在国内与国际上的地位、影响和作用。

美国法律明确规定政府政务公开，且公开性始于总统和国会议员的竞选。这样，从第一届总统华盛顿当选开始，到 1800 年日臻成熟的两党竞选制度逐渐把政治普及到一般的老百姓，从而在美国日益造就了一门强大的政治学科。一方面，政客向民众公开发表竞选演说，需要提出能够迎合选民思想观点与情绪的执政纲领和政策，这就要求有人对政治问题做许多深入与专门的研究。另一方面，由于政府所具有的占有社会资源的高地，学者接近政府为政府服务往往都可以名利双收，是取得成功的捷径。所以，大学与研究机构往往也乐意与政府合作，做一些有关政策与策略的研究。久而久之，美国政府与大学形成了深厚的良性互动关系。一方面是美国政府与政客都有相当深厚的政治学功底，所发表的演说与辩论，出台的政策与文献，最好都要赢得掌声，至少在理论与逻辑方面必须无懈可击。另一方，政治学也成了高校与研究机构趋之若鹜的一门显学，越来越多的人都愿意从事政治学的教学与研究。当然也有越来越多的学生愿意报考政治学，特别是像哈佛、耶鲁、斯坦福等少数贵族高校，那是培养美国政治精英的摇篮，不仅许多美国政客来自于这一类常青藤层次的大学，而且更多长期服务于政府的专门人才往往也都毕业于这些学校，譬如先后担任美国国家安全事务助理的亨利·基辛格和兹比格涅夫·布热津斯基，都是亨廷顿先后的哈佛校友。哈佛等几所大学和研究机构，已经成了培养美国政府人才的摇篮和影响美国政策走向的思想库。这一类大学的政治学与美国政府机构已经融为一体，同一体系的人才培养与输送机制，同一体系的同一种立场、理念、观点和同一种语言体系。

还不止于此。由于美国在世界上的霸权地位，其代表政府和美国政治精英主流的政治理念与政治观点，决定他们也在世界论坛上具有霸权地位与广泛的影响，不仅西方发达国家即美国的盟友基本上接受美国的政治理念与观点，而且大多数发展中国家的政治精英和政治学人才事实上也都是直接间接接受美国政治学教育的，所以国际社会的舆论自觉不自觉地再用美国政治学思想诠释国际政治与关系，造成美国政治学思想在世界论坛与国际政治关系中所具有的主导性地位与作用。

但是，读者又必须认识到，由于政治所具有的阶级或集团利益关系，以及党派意识形态和政客迎合选民的功利主义性质，美国的政治学虽然是一门相当强盛的学科体系却又不是一门科学体系，或者更确切地说，它在美国仅仅是一门政策学与策略学，具有重当前轻长远、重谋略轻思想，重视技巧与策应而轻视基础理论等方面的特点。美国体制内的政治学家所发表的政治学论著及其观点往往可以受到全世界的关注，但它并不一定是因为其理论深刻和观点正确，而是由美国特别是美国总统在全世界享有的特权。

其次，需要了解亨廷顿本人的成长历史和"文明冲突论"产生的时代背景及其主题。

塞缪尔·亨廷顿 1927 年出生于美国纽约，学生时代该属于"学霸"型。他 16 岁考入耶鲁大学，18 岁即以优异成绩提前毕业。那还是二战期间，经短暂军旅生活后，旋即在芝加哥大学和哈佛大学依次取得硕士和博士学位。1950 年，23 岁的亨廷顿即留校在哈佛政府学院任职，除了短暂时间在哥伦比亚大学政治系任教以外，直到 2008 年去世，期间都在哈佛，总计 58 年。在介绍亨廷顿的历史中，很少有人重视其政治学成长与成熟时期的背景，但它却是我们理解《文明的冲突与世界秩序的重建》（后面常用《文明的冲突》简称）一书的基础。

亨廷顿进入大学专攻政治学硕士、博士期间，正是后来被称之为冷战时代的开端，特别是后来被誉为"20 世纪美国最伟大的政治家之一"的乔治·凯南发表奠定美国实行冷战政策的理论与传播他政治思想的时期。1946 年，美国驻苏代办凯南从莫斯科发给美国政府一份长达 8000 字的电报，提出遏制苏联共产主义的理论构想，被奉为"美国决策者的圣经"，曾在五角大楼争相传颂。接着，乔治·凯南从驻苏临时代办调整为美国国务院政策办公室主任。40 年代末的乔治·凯南大红大紫，又是在大学演讲，又是在《外交事务》上发表文章，致使总统和国务卿分别以此为知道先后形成了美国国家战略的杜鲁门主义和马歇尔计划。红极一时的乔治·凯南的论著成为当时美国政治精英必读的教科书，也是美国冷战战略与思维的起点。乔治·凯南的思想观点影响了美国几代人，特别是当时还在校研读政治学经典的亨廷顿、基辛格和布热津斯基等等，事实上都是在冷战理念和思维教育下成长起来的，其政治理论及其方略都以冷战著称，都是与苏联对立、打嘴仗为职业，都是吃冷战这一碗饭的。所以，如果我们说当今主导美国主流政治动向的政治精英和政治学家大都是冷战背景下的这一代政治学家用冷战理论与冷战思维培养出来的，一点都不过分。为证明这个观点，我谨向读者稍作提示，先后担任美国国家安全事务助理的基辛格和布热津斯基，都是与亨廷顿有着相近的学术背景并先后毕业于哈佛的校友，布热津斯基是专攻俄国问题的专家，是卡特总统对付苏联政策的战略设计者。中国的读者对基辛格都很熟悉，称他是中国的老朋友。但他作为尼克松总统的安全事务助理是站在美国立场上，代表美国国家利益为尼克松对付苏联而出主意"打中国牌"的。至于现代蜚声国际政治学界且倾倒一大片中国政治学家的弗朗西斯·福山，那可是亨廷顿的高足。

关于亨廷顿《文明的冲突》的冷战思维问题，后面还要说。这里仅交代学生时代的亨廷顿所接受的乔治·凯南的学说与思想，是亨廷顿终生的财富。2004 年，亨廷顿总结"9·11"事件出版的另一本轰动世界的著作《我们是谁？——美国国家特性面临的挑战》（简称《我们是谁？》），再次表现出他的冷战思维。他在书中说，本·拉登发动"9·11"袭击美国而杀死几千人，同时也就做了另外两件事。"一是它填补了戈尔巴乔夫造成的真空，使美国有了明确无误的危险的敌人；二是他点明了美国作为一个基督教国家的特性。"（《我们是谁？》，新华出版社，第 297 页）一个是大凡发生大事，亨廷顿都要与冷战联系起来，这已经是他的职业病了。另一个是他由本·拉登的宗教出身也引发美国的"盎格鲁-新教"的"美国国家特质"，而这一点正好是乔治·凯南引以为自豪的。美国的政治学家评论凯南的时候就说，如果"梳理（乔治·凯南）家史三百年，就会发现每个人都直接有盎格鲁·萨克逊人血统"，凯南听了一定很高兴。（《五十年伤痕：美国冷战历史观与世界》上，上海三联书店，第 48 页）因为亨廷顿也具有盎格鲁·萨克逊人血统，他学习乔治·凯南是学到家、学到骨子里了。所以，在这本分析伊斯兰宗教与美国宗教特质的书中，亨廷顿却仍把乔治·凯南所设计的美国与苏联共产主义政治的理论基础当作指南，说"乔治·凯南 1946 年描述苏联威胁的一段话也很可以用来描述新的伊斯兰敌人"。（《我们是谁？》，第 298 页）

由于战后美国新成长的政治精英都是受冷战实践与理论培养出来的，所以在 1991 年年末苏联解体与冷战结束后，无论处在前台的总统和国会议员，还是大学与研究机构的政治学教授，因为突然失去了攻击目标而找不到自己的位置，包括政府专业公务员和政客、学界政治学家已经习惯于冷战生活，没有攻击目标使得心灵上有一种空虚感，需要拉出一个目标来填补苏联解体所造成的"真空"。亨廷顿的《文明的冲突论》应运而生。该文的基本观点是亨廷顿在 1992 年10 月的一次演讲中提出来的，1993 年夏季《外交》杂志以《文明的冲突》为题发表论文，1996 年再以《文明的冲突与世界秩序的重建》为书名出版专著。但其基本思想与主题则是因为苏联这个敌人已经不存在了，所以把早就存在的"黄祸论""中国威胁论"重新包装后用"中国文明"的形式提出来，再为美国设计出一个潜在的敌人，以延续美国的冷战。

但是，且不论亨廷顿的唯心史观，也不去说他一贯缺乏对决定社会发展趋势的根源和基础性因素的判断，仅就其以中国文明为由头选择中国作为假想的美国未来的敌手，也是对世界局势与国际关系所做的一系列误判与短视。且举两例。

一是对俄罗斯的误判。由于缺乏正确的世界观，包括学界在内的美国政治精英们从未把苏联制度的崩溃当作制度本身的运动结果，而是认为美国战胜了苏联。所以，当苏联解体后，俄罗斯遭遇到转型期一系列可以避免和不可以避免的重大困难，譬如社会因转型而必然发生的社会生活中断：一些企业因资金链条或者原料供应，或者销售渠道的断裂等原因造成的生产中断，苏联政府和俄罗斯政府交替阶段的政府职能的缺位与中断，叶利钦实行"休克疗法"企业产权关系紊乱而监管缺位与中断，社会从原来计划经济向市场体制转换过程中物资交流交换和分配渠道的缺位与中断，再加上俄罗斯承担了原苏联已经到期的数百亿美元债务（一直到2005年前后，还有新到期的苏联债务需要俄罗斯偿还），以及一些权贵乘混乱之机将数以千亿计的财产转移到西方，等等。总之亨廷顿和美国绝大多数政治精英都将当时极为糟糕的俄罗斯经济当作俄罗斯将从此一蹶不振，从此就将永远衰败下去了。事实上，这不过是俄罗斯转型期间暂时的困难。由于苏联所继承的沙皇大俄罗斯经济帝国的遗产所建立的经济政治制度，决定了支撑苏联强大帝国的经济文化的重要设施和人才，其主体部分都在俄罗斯，一方面，苏联崩溃的原因在于其僵死的制度，当俄罗斯获得自由市场体制以后，由于俄罗斯集中了苏联时期主要经济、社会与文化资源，必将在不很长的时期内复苏与复兴，重返世界舞台并继续发挥其世界大国的作用。另一方面，亨廷顿更看不到俄罗斯作为一个国土面积广阔的大国所拥有的潜在的实力与广阔的前景。特别是乌拉尔山以东的国土面积，由于气候的干凉和过去生产力的水平的限制而基本上处在尚未开发的状态，但那可是一块比整个欧洲还要大的大平原，随着生产力的迅速发展，特别是如果按照科学家最近几十年预言未来全球气温将提高 2 度，那将是 21 世纪后半期和未来新的世纪里支撑全球经济增长的热土。可是，在亨廷顿的心目中俄罗斯已经死灭，西方世界需要寻找另外一个共产主义大国当靶子。

　　二是对中国当时的经济形势与发展趋势，以及中美关系的误判。中国原来是社会主义阵营中第二大国，当苏联不存在的情况下，亨廷顿自然把视线瞄向了中国。而且，当时似乎也存在亨廷顿重视中国的理由。一个是中国自 1976 年结束文化大革命以后，已经连续 15 年保持了 2 位数经济增长的好势头。中国政府的一些机构和"高参们"似乎也在喊叫"中国崛起"。另一方面，由于 1989 年的中国"学潮"引起以美国为首的西方世界所挑起的对中国的封锁和制裁（那时的中国还未加入世界关贸总协定，所以那时相当于今天制裁北朝鲜），美国国会和媒体不断指责中国政府的人权问题，以邓小平为首的中国政府也不时有针对美国国会和媒体的指责所做出的反击。从表面看，中美关系似乎处在谷底，再对抗下去就该是又一场"冷战"了。所以，亨廷顿为美国政府设计美中对抗以接替已经结束的美苏对抗。事实上，亨廷顿既不懂经济，也不懂政治。说不懂经济，是指他既不知道中国经济究竟落后到什么程度，再发展 50 年也未必有能力对抗美国，也不知道中国经济何以能够增长、以及历史最终将朝着什么方向发展。这一问题我们后面还要详细讨论。说他不懂政治，是因为他并不知道布什总统在美国带头提出制裁的同时早已经委派特使绕过国会秘密访问北京而与邓小平在一系列问题上达成了共识与谅解。邓小平公开回应美国国会的许多言论，仅只是向国内和全世界传达一种姿态而已。所以，以为美中关系已经破裂，是不了解政治家所隐藏的更深的一面，而恰好这一面才是客观规律的推动让政治家往往会超脱政治意识形态，站在民族国家利益的本能立场上做出具有实质性的决定。如果读者还记得毛泽东在尼克松面前说他所讲的口号

"全世界团结起来，打到帝国主义、修正主义和各国反动派，建设社会主义"，都是"像放空炮"。（《尼克松回忆录》下，第 594 页）那就知道真正的政治家往往不受意识形态的约束。

且不说亨廷顿对形势的误判或误断，《文明的冲突论》是在苏联突然解体后，亨廷顿则继续在冷战的思维指导下，要为美国政府设计一个新的国家战略。为此，亨廷顿还以模拟的方式预言 2010 年，强大的中国就将在东亚和南太平洋扩张，"中越之间随之发生海战。急于雪 1979 年之耻的中国人入侵了越南，越南求助于美国，中国人警告美国不要插手，日本和亚洲其他国家则惊恐万状"。（《文明的冲突与世界秩序的重建》，新华出版社，第 288-289 页）笔者在写这几行字的时候，是 2016 年 10 月，中国南海问题与一些国家虽有分歧，但既没有"入侵"任何国家，也没有战争的危险，更谈不上对美国的威胁。

再其次，即使从学术的层面来分析，亨廷顿贸然所选用的"文明"也是一个大而不当的词汇，无论在理论或者现实中都不确定、不确切，而他自己又不严格限制该词汇的含义，所以他的主张、观点和论述，都是极不严肃的。

我说亨廷顿"贸然"选用文明这个词汇，是有根据的。亨廷顿 1950 年拿到哈佛大学博士学位并谋到哈佛政府学院的教职时，23 岁。1992 年发表"文明的冲突"演讲时 65 岁，1996 年出版《文明的冲突与世界秩序的重建》时 69 岁，应该是一位已经很成熟的政治学者了。在此前 40 多年教龄里，亨廷顿出版过 3 本很有影响的学术著作，包括 1957 年《军人与国家》，1968 年《变化社会中的政治秩序》和 1991 年《第三波：20 世纪后期的民主化浪潮》。通常认为，其中《变化社会中的政治秩序》奠定了亨廷顿在美国政治学领域中的地位。从时间与逻辑上来推断，《第三波》与《文明的冲突》仅相隔不到一年，应该具有密切的联系。但是，此前的三本书里，都没有文明这一在《文明的冲突》中才第一次出现的但在其学术大厦中却具有核心位置与足以起到关键性作用的学术元素。我们知道，学术发展是有逻辑关联的。但是，1991 年出版的《第三波》中还根本没有文明这一范畴，不到一年的《文明的冲突》中它就成了学术思想的中心，无论如何都是不符合学术思想产生与发展的规律。所以，笔者有理由说文明并不是亨廷顿在长期学术生涯中审慎研究所发现并构筑他学术思想与体系的一个重要范畴，而是根据苏联解体冷战戛然结束后国内国外形势的需要，短时间里贸然选用的一个词汇。

但是，由于文明与文化这两个含义极为相近的词汇所表达的是人类活动的结果，其含义过于宽泛，以至所表述的内容可大可小、可远可近，物质的、精神的，抽象的、具体的，正面的、反面的，实体的、虚拟的，清晰的、模糊的，都可以概括为文明或文明的结晶。所以，该词汇大而无当，反而不适合做严肃的学术或科学的构造与表述。如果读者不相信，可以自己做一些试验，只要属于人的活动及其结果，无论历史久远或者刚才发生，无论规模有多大，就都能使用文明这个词汇去表达。譬如，埃及金字塔是古代两河文明，不随地吐痰是某农村新近发生的新风尚、新文明，是社会主义爱国卫生教育的结果，等等。文明这一词汇如同一块橡皮糖、一块塑胶材料，适合放置在各种场合各种不同场景的位置上。所以，大凡严肃的学者，在不得不使用它的时候，那一定都对其外延与内涵做过相当明晰的规定。譬如亨廷顿在书里没有提到，其实最先使用这一词汇的是人类学的奠基者路易斯·亨利·摩尔根，他在《古代社会》中用"文明社会"以区别以前进化与发展过程中的蒙昧与野蛮两个阶段或社会，并把它严格定义为"始于标音字母的发明和文字的使用，直至今天"。（《古代社会》上册，商务出版社，第 12 页）大历史学家汤因比皇皇巨著《历史研究》是以比较研究文明社会著称的，却有意不给文明下一个确切的定义，而是直接提出"文明社会"这个概念。他照样不直接下定义，而是说"已知的文明社会的数目是很少的。已知的原始社会的数目却大得多""不是关于原始社会，而是关于文明社会的""在原始社会和文明社会之间的根本区别""从原始社会里产生了文明社会"，等等。（《历史研究》上，上海人民出版社，第 44、56、60、62 页）

汤因比不直接定义文明和文明社会，而只是在与原始社会比较的意义上来讨论文明社会。为什么？也许人类还处在文明的形成与发育的过程中，也许人类对于自己的文明历史的记忆与文字的记载还不够丰富和丰满，总之就现阶段来说，人们的思维即认识能力还不能把握已有的客观文明这一大而无当的范畴，只好有如儿童一样停留在对许多词语可以运用却无力理解的水平上。

但是，亨廷顿恰好要在文明这一大而无当的词汇上做文章。这样的文章的好处是莫要细究，突然一听，似乎是这个道理。但是仔细推敲，却漏洞百出。因为“文明的冲突”，最重要的概念就是有关“文明”的定义，什么是文明，或者，文明是什么？我们且看亨廷顿怎么说。

亨廷顿的文章发表以后，遇到不少的质疑。按照他自己的说法，为了回答这些批评，所以“我在此书里试图详细阐述、提炼、补充，偶尔也界定该文章中提出的论题，并提出和涉及许多在该篇文章中没有论及或只是一笔带过的思想和主题。它们包括：文明的概念；普世文明问题……”（《〈文明的冲突与世界秩序的重建〉前言》，《文明的冲突与世界秩序的重建》第 1 页）但是，事实上我们在该书里还是找不到亨廷顿为文明所下的定义或者明晰的概念，即使像摩尔根、汤因比那样为文明做一些限制也好。都没有。相反，他在“第二章历史上的文明和今天的文明”里，却是长篇引述其他的作者所论“文明的性质”和“文明之间的关系”。读过之后，对于什么是文明，仍然不甚了了。

岂止不甚了了？经过他的不断在文明这个词汇的周围绕来绕去，令人更糊涂了。譬如他不给文明下定义，却间接给文明做出了一个比我对文明所下的大而无当的定义更大而无当的说法：“人类的历史是文明的历史。”（《文明的冲突与世界秩序的重建》，第 19 页；后面所引亨廷顿，凡不注明书名者均取于该书）读者知道，一个概念往往是通过另外一个更为宽泛的概念来说明的。譬如，奥巴马是美国总统。奥巴马是个别，美国总统是一般。人们通过一般性获得对个别概念的认识与了解。亨廷顿在这里就是使用了这样的句式，"人类的历史是文明的历史"。他不是给文明下定义，而是用文明给人类作定义，但是，经他这样一搞，更乱套了。按照逻辑，这个句式里"人类"是个别，"文明"是一般。想必是除了人类的历史以外，客观世界中还有一些文明诸如猫的历史、狗的历史，或者花的历史、草的历史，等等，总之除了"人类的历史是文明的历史"以外，还有其他的什么历史也是文明的历史，而人类的文明只是许多个文明中的一部分？还有，在同一个页码里，他竟然说"文明社会不同于原始社会"，这不是打自己嘴巴吗？你开篇第一句话说"人类的历史是文明的历史"，这里又说"文明社会不同于原始社会"。难道原始社会不是"人类的历史"，而继续算作野兽的历史？社会的进步也应该表现在人们越来越多地克服了历史虚无主义，但是，亨廷顿却采取历史虚无主义的态度。不错，原始社会是人类的初级阶段，与现时代比还相当的幼稚。虽然我们对它了解的也还很少，但这不是忽视其长期存在并抹杀其重要性的理由。原始社会不仅是人类的历史，而且是人类历史的主要与主体的部分。假使我们用 100 个长度单位标识人类的全部历史，那么，历史学家汤因比所表述的原始社会以外的文明社会还占不到 1 个单位。就是说，汤因比的所谓文明社会还占不到整个人类历史的1%，而人类99%以上的时间都是在原始社会里渡过的。何况，即使按照亨廷顿自己给人类历史所下的定义（"人类的历史是文明的历史"），原始社会不仅是人类的历史，而且因为它是人类历史的主要与主体的部分，从而更应该属于文明的历史、文明的社会。

　　还有，虽然亨廷顿极力避免直接给文明下定义，但他既然要在那里介绍"文明的性质"，就不得不间接地给文明下了许多个定义，其中一个就是用文化来定义文明。我上面说过，文明与文化是词义十分接近的两个词，实际上它们常常是无法严格区分的，在许多场合甚至可以互代。但是，亨廷顿就是用此来搪塞，结果越搅越乱。他说："第二，在德国之外，文明被看作是一个文化实体。"（第 20 页）"文明和文化都涉及一个民族全面的生活方式，文明是放大了的文化。"他似乎特别欣赏他所首创的说法："文明是对人最高的文化归类，是人们文化认同的最广范围，人类以此与其他动物相区别。"（第 22 页）"文明是文化实体而不是政治实体"。（第 23 页）等等。总之亨廷顿是用文化来解构文明。但是，什么是文化？他在另一个地方则说："任何文化或文明的主要因素都是语言和宗教。"（第 38 页）看来他同意我的观点，也把文明与文化当作无法区别的两个概念。但是既然用文化来解释文明了，那一定要向人们解释什么是文化吧？他真的回答了。他说："文化实际上是所有文明定义的共同主题。"（第 20 页）就是说，文化就是文明。又回去了。他就是这样绕来绕去。

有时，他还有一些具体的表述，譬如说文明即是宗教，或者某种宗教即是文明："正如雅典人所强调的，在所有鉴定文明的客观因素中，最重要的通常是宗教。"（第 21 页）"宗教是鉴定文明的一个重要特征。"（第 26 页）"任何文化或文明的主要因素是语言和宗教。"（第 38 页）但是，这个观点显然是有问题的。西方文明中有一种可以被称之为基督教文明或者天主教文明的文化。但是，我们知道，它们都是罗马帝国后期才逐渐兴盛与发展起来的。那么，在此之前的没有基督教的西方历史算不算文明？以欧美成文宪法为代表的西方现代文明都有一条"信仰自由"，其实就是针对宗教的，标志着现代社会开始远离宗教甚至抛弃宗教（至少有一部人与宗教没有任何关系）。那么，没有宗教的现代，或者"不那么宗教的"现代，是否还是文明？另外，亨廷顿说："西方文明的本质是大宪章"。（第 37 页）我们知道，宗教是关于神的信条，大宪章则是人的信条，文明究竟是人的还是神的事务？

还有，亨廷顿将中国文明称之为"儒教文明"。（第 24 页）这不只是一般牵强附会，而是以偏概全、以点代面，甚至是削足适履了。儒教之说固然不是始于亨廷顿，譬如早在马克斯·韦伯那里就有。但是，韦伯的儒教也仅只是一般地从宗教文化影响和比较意义上来论述的，而亨廷顿则是把宗教当作文明与文化的特质，就宗教作为一个民族和一个人的基本生活方式、生命意义来说的，甚至确定"宗教是界定文明的一个主要特征"。但是，儒学在中国实际发生的作用远远没有那么重要。首先，就其发生重要影响的时间跨度来说，儒家学派只是西汉以后至晚清期间近 2000 年中国历史中的一个重要的思想与文化学派。在西汉以前，当春秋战国时期儒家学派也和其他的诸子百家都还在初创与形成的时期，那么在此以前，还没有儒家学说的时期，中国算不算一个文明单位？20 世纪以后，当"打倒孔家店"响彻学界，人们都已经普遍不读孔尊儒了以后，特别是 1950 年以后的中国文化主流显然已经不是儒家学派，而主要是从苏联那里传过来的马克思主义了，它还算不算中国文明？其次，儒学对于中国文化的影响来说，主要还是作为政治思想对封建国家的政府统治，但是，它从来就没有像西方中世纪历史中宗教对几乎所有人的教育与管理，特别是对教民的实际生活的普遍干预，从而对于中国普通老百姓来说，特别是对于占历代人口绝大多数的农民来说，就没有很重要的影响。所以，如果从宗教这个视角来检视中国的历史，无论用基督教或者伊斯兰教的范式来衡量，即使儒学在中国政治生活中起到重要作用的那 2000 年里，也都不是严格意义上的宗教。因为说到宗教，我们再进一步说明。中国自西汉至隋唐，特别是魏晋南北朝前后的一段时间里，政府曾经信奉并企图在全国普及佛教。有时，政府个别人也相信道教黄学，但也都是发生在儒学盛行的近 2000 年里，所以与儒学相比较而言，佛、道也都不是主流。此外，近代以后，西方传教士曾经在中国政府控制较为松懈的一些地方，发展过教会组织。但总体上来说，宗教在中国文化中并未占主流。那么，按照亨廷顿宗教特质的文明理论，中国就够不上一个文明国家、文明社会！

从亨廷顿在"第二章 一个多文明的世界"和"第三章 普世文明？现代化与西方化"里似乎是要给读者交代他的有关文明这个概念的理解，但是他的叙述从文明是一种文化到生活方式、世界观、价值观、习俗、准则、体制、思维模式、宗教、大宪章、消费模式、大众文化、"巨无霸"、牛仔裤、日本轿车、电视机、小电器……应有尽有，可就"不是政治实体"。（第 23 页）但是，原始社会以外的社会文明，最为重要的恰好就是作为政治实体的国家文明。国家出现了以后，才有了远比原始社会辉煌与宏大的物质文明和精神文明。所以，恩格斯才说："国家是文明社会的概括"。(《家庭、私有制和国家的起源》，《马克思恩格斯选集》第四卷，第172页）如果文明"不是政治实体"，不包括国家，那么人类在原始社会以后所创造的这一突破人类血缘与地域等自然条件束缚而获得的社会结构或者政治实体，譬如显然与原始农业基础上产生的生产方式和氏族制度所不同的经济组织和国家制度、法律、哲学等等物质的和精神的财富，都不是人类文明，那是什么？

其实，如果我们愿意，仅就亨廷顿有关文明概念的这两章写作出一大本批判与批评的书，因为其间有许许多多的地方概念不清、逻辑混乱，甚至前后文字矛盾，令人不堪细读。譬如第22页，第2自然段一开始就说"文明没有明确的边界，也没有明确的起点和终点"。紧接着在第3自然段开头却又说"第四，文明终有终结，但又生存得非常长久"。文明到底有终结还是没有终结？再譬如，第20页第4自然节，一开始说"文明和文化都涉及一个民族全面的生活方式，文明是放大了的文化"。在结尾又说，"文化实际上是所有文明定义的共同主题"。读者自己去理解，文明与文化，亨廷顿究竟向我们说了些什么！自相矛盾，循环论证，甚至不用转脸就自己打自己嘴巴，类似的现象，到处都是。这么大的学者因何出现这个问题？就是因为他自不量力地选用了根本不该选用的文明这一他根本驾驭不了的概念和词汇。

再其次，出于文章主题的需要，亨廷顿有意既不给文明下一个确切的定义，又不想对其做一些限制，所以就不能正确回答文明的性质，更不能解释文明产生的原因。从而，他的"文明的冲突论"实际上也就说明不了任何问题。

文明与文化都是对人类活动及其结果的概括。不过，这样的概念过于宽泛，反而在现实与学术研究中往往无法解决具体的问题。如前所述，比较严谨的人，在工作中又绕不开这个概念的时候，都会根据所论问题的性质和范围，再给出一个特别的定义，对其过于宽泛的概念有意予以限制。但是，亨廷顿的"文明的冲突论"是要解决冷战结束后由于苏联崩溃而空缺了的位置。冷战实际是美苏两个大国由政治意识形态所派生的对立和虚拟的战争，从历史来说本就是虚假的。苏联解体以后，世界上已经没有任何一个足以虚拟与美国对抗的国家，所以更是一种虚假的东西。问题的性质决定了解决问题的办法。亨廷顿故意要选择这个大而无当的词汇，所以也绝不会进一步再给出一个经过限制了的、明晰的概念。概念的模糊，文章的逻辑就不可能不混乱。至于文明的性质，有关文明何以产生，以及文明冲突的种类和性质，这些更为深入的问题，他是不会讨论的。

不过，如果我们给文明设置一个明晰的内涵，让它成为一个实在的客观范畴和确定的概念，所有问题就都变得可以讨论了。假如我们回到汤因比的设定，文明社会是相对于原始社会以后而发展了的人类社会，他所讨论与研究的 26 个文明单位都是曾经分布于世界各地的古代文明，这些相对封闭地分散居住于世界各地的原始人，在长期适应各个特殊的自然环境的过程中，逐渐积累生产经验，终于成长出高于原始时代的社会文明。但是，在西欧的资本主义出现以前，一方面因为生产力的低下，即使脱离开原始社会的状态，所有这些文明单位都还是属于马克思所揭示的自然经济，"在一定界限内闭关自守地满足于现有需要和重复旧生活方式"。（《马克思恩格斯全集》第 46 卷上册，人民出版社，第 392 页）另一方面，即使随着生产力的发展和人口的增长，有些文明单位的活动范围经过迁移或扩大，也常会发生与其他部族的接触与碰撞，冲突与摩擦，甚至兼并或融合，从而曾经有不同文明单位的分化与融合，但总体上它们都还是属于一定地域中的自然环境的产物。所以，就其性质来说，汤因比所讨论的历史上的古文明，都属于资本主义前的，被马克思主义政治经济学术语称之为自然经济基础之上的地方文明。

但是，资本主义文明则不同。一方面是受资本增值这一本能的驱使，另一方面也是资本所创造的生产能力足以支撑其迅速向全世界扩张与发展，特别是经过 19 世纪欧洲工业革命以后，资本主义已经成为一个世界性的范畴，世界各古老文明都已经或多或少地受到资本主义的影响与改造，所以也就或多或少地都具有了资本主义的性质。当历史经过 20 世纪几乎将全人类都卷入的两次世界大战以后，资本主义文明已经普照大地。亚、非、拉各古老文明的大地上相继出现的一大批从殖民主义统治下解放出来的民族国家，则是 20 世纪后半期资本主义在全世界发展过程中最为亮丽的社会现象。虽然在将近半个世纪的冷战时代，美苏两大国都用资本主义和共产主义分别指代两个阵营，但是，从以苏联为首的所谓社会主义国家也都毫无例外地实行工业现代化就足以证明，资本主义发展是不以人们的意志为转移的。苏联解体后，前苏联的各个民族国家都毫无例外地加入世界贸易组织，实行资本主义市场经济制度，行走在由传统的自然经济向资本主义的转化过程中，从而再次证明了 500 多年来资本主义在全世界的发展历史。人类已经进入到资本主义时代，正在创造资本主义的文明。

那么，就让我们来分析这个资本主义文明。我们曾经说过，资本主义在全世界发展的一个成果，就是促成一系列民族国家的诞生。所谓民族国家，是一个具有主权的民族共同体。所谓主权，就是共同体的人们自己有权决定自己的事务。亨廷顿认为“文明是文化实体而不是政治实体”（第 23 页），这就否定了民族国家的文明性质。国家必须是政治经济实体。否则，谈不上主权。而且，近现代以来，恰恰是作为经济与政治共同体的这一大批民族国家决定着资本主义时代的发展。一方面，民族国家本身就是资本主义生产力所创造的资本主义时代最为耀眼夺目的文明成果。另一方面，一系列的新的文明成果往往又都是在民族国家这一经济政治共同体的基础上形成的。马克思总结的资本主义的发展逻辑“资本、土地所有制、雇佣劳动；国家、对外贸易、世界市场”表明，民族国家既是资本主义发展的结果，又是其基础和原因。因为很显然，没有资本主义的一定发展，就不会有维持资本主义制度的国家；如果没有民族国家作为依托，就不会发生对外贸易。特别重要的一个问题是，如果没有一系列有主权的民族国家的平等协商和维护，也不会有资本主义市场秩序，当然也谈不上世界市场。

所以，分析资本主义文明无论如何也绕不开民族国家这一实实在在的政治实体。当然，一方面，由于不同的历史背景，如前曾经描述过，各个民族国家形成与发展的程度各有所不同，即各民族国家所具有的现代资本主义的成分也或多或少有所不同。另一方面，也是因为历史的复杂性，还有一部分经济政治共同体并不都是以民族国家的形式出现的，譬如台湾、香港、澳门，虽也都是具有高度自治权的经济与政治共同体，但却不是民族国家，其中香港和澳门都是作为中华人民共和国的一个特别行政区存在的。海峡两岸的人们都承认台湾是中国的一个行政省，因为历史的原因却也是作为独立的政治经济共同体而存在的。还有，二战以后，越来越多的国际组织相继出现，这些也都是相对独立于各个民族国家的。但是，正是民族国家构成目前世界的主体，几乎所有的人都分别隶属于不同的民族国家；绝大多数国际组织虽然独立于单个的民族国家，但往往也都是由诸多民族国家发起组织的，具有主权的各个成员国共同协商决定其事务。所以，民族国家是当代世界的主体。离开了民族国家，根本就无法了解现代世界的任何具有实质性的问题。

分析至此，我们有必要花费一些笔墨来讨论马克思与恩格斯的国家观，因为它直接关系到如何理解资本主义文明。马克思认为，国家是私有制与阶级出现以后的产物，它是阶级斗争的工具。由于出现私有财产，势不两立的阶级为了不致在无谓的斗争中把自己和社会消灭，就需要有一种表面凌驾于社会之上的力量，这种力量应当缓和冲突，把冲突维持在"秩序"的范围以内。这种从社会中产生但又自居于社会之上的并且日益同社会脱离的力量，就是国家。表面调和而又中立的国家机器，实际上是把社会秩序维持在有利于生产结构中占统治地位的一方，所以马克思恩格斯又说，国家是统治阶级的工具。但是，因为国家是私有制与阶级斗争的产物，那么，随着私有制和阶级的消失，国家也不可避免地要消失。恩格斯说："以生产者自由平等的联合体为基础的、按新方式来组织生产的社会，将把全部国家机器放到它应该去的地方，即放到古物陈列馆去，同纺车和青铜斧陈列在一起。"（《马克思恩格斯选集》第四卷，人民出版社，第 170页）

但是，国家如何消亡？列宁所给的路径是经过无产阶级专政或者人民民主专政，即绝大多数人对少数人实行专政，然后过渡到已经没有镇压但因为还有资产阶级法权而保留的社会主义的"半国家"，再向前发展，在共产主义的高级阶段上，资产阶级法权也消失消亡了，国家完全没有必要存在了，也就消亡了。大家已经看到，通过无产阶级专政达到国家消亡的路线，不只是列宁在俄国的实验失败了，后来一大批的国家也都跟着都失败了。但是，如果我们从马克思总结的资本主义发展的逻辑和历史已经展示的实践来分析，就可以发现国家这一文明形式发展到资本主义阶段以后，如何通过适应资本主义产生与发展的需要而形成民族国家，再在资本对外贸易中突破地方与民族的界限而把越来越多的民族国家的国内市场连结而转变为国际市场，把民族国家的大都市转变为多民族聚集的地方而成为国际都市，从而使得民族国家在保障外资与外国侨民获得国民待遇的过程中也不断转变职能而发展成为国际资本和世界市场的一个组成部分。当民族国家作为世界市场的一个组成部分越来越具有国际的性质与世界市场的功能的时候，民族国家已经不只是民族的，而且越来越具有国际的、世界的性质，它是在不断地否定其原来的民族成分和性质的过程中而不断地失去其民族的性质，从而也不再是原来意义的国家了。

如果我们仿照马克思的研究方法，选择最发达的资本主义国家作为研究对象，有如美国和英国，资本主义发展的结果不是导致资产阶级和无产阶级两大阶级越来越对立，而是由于中产阶级人口越来越多，所占比例越来越高，虽然贫富两极的差距越来越大，但阶级对立的状况却不是愈来愈为尖锐和激烈。特别是由于政府所实行的社会保障制度，国民的基本生活都是有保障的。就国家制度来分析，一方面，资本从其自由与平等的本性出发，逐渐通过税收和投资政策，在一个国家内实现了统一的自由市场体系，极大地降低了生产和人民生活消费成本，从而推动了生产力的发展。另一方面，由于竞选制度，各政党不断地通过迎合选民的要求执政的理念与政策在接近，无论谁执政都在向绝大多数国民的一边靠近。这样，在一个国家内部，地区发展不平衡的问题和社会分配不均的问题都在国家政策层面逐步得以缓和。因为政府公共政策的公共性越来越重要，国家的阶级性却相对在淡化。

所以，资本从走出国门发生对外贸易的那一刻起，就开始从其自由与平等的本性出发，要求在其他的民族国家寻求"国民待遇"。降低关税，降低外来资本的投资限制，这都是国际资本主义最为经典的主张。现在，世界贸易组织都已经将其作为基本的规则固定下来了，民族国家的职能在相反的两个方向上不断要求被加强。一方面，民族国家要做民族资本的坚强后盾，保护民族资本在国际贸易中合法经营，维护民族资本的利益。另一方面，每个国家又必须根据世界贸易组织的要求公正地维护外资的合法权益，给外资以国民待遇，反对歧视。这是早期的民族国家相反方向的两个职能。在资本主义早期，民族国家对内保护国民的权益，对外反对外国资本试图的入侵。现在，民族国家对外保护与维护民族资本的国际贸易，对内则是在国内维持公正的市场秩序，给外国资本以国民待遇。展望未来，民族资本越来越多地贯彻和履行世界贸易组织的原则与规则，特别是跨国公司的普遍发展，民族国家越来越具有世界多民族性质，其民族成份在淡化。尤其是经济市场化和全球一体化，以及政治民主化的发展，政府行政分支所侧重的强制与镇压的职能在弱化，司法系统对经济纠纷的裁判与仲裁在增加。因为世界市场体系的日臻完善，关税趋近于零，企业生产与民众生活的成本越来越低，各个民族国家与经济体系的联系越来越紧密，经济发展水平差距越来越小，阶级或者社会不同集团利益的对立在缩小，政治关系被弱化，经典意义的国家职能与范畴在弱化，以致当人们的社会生活中已经基本上甚至没有了政治以后，经典意义的国家也就成为历史了。

如此一来，民族国家这一资本主义时代最重要的文明形式在资本主义时代就将经历一个否定之否定的发展过程。首先，在西欧的几个古老民族的传统社会里逐渐生长出一种新型的被称之为资本主义的经济成份，它经过一定阶段的发展要求统一市场和平等的竞争、自由的流通，从而在经济与政治方面促成了民族的统一和民族国家的形成。特别是经过资产阶级革命，往往使用成文的宪法承认了人民的主权和民主的政体，用全民族公投选举出来的政府取代了家族私有性质的政府，民主取代了专制，以及资本主义的民族国家替代了建立在自然经济基础上的封建国家。这是第一次否定，资本主义经济取代自然经济，资产阶级国家取代封建主国家，民主制度取代专制制度，民族国家诞生。随着民族国家的形成，资本主义发展进入到快车道。资本本性的驱使一定要突破地方的和民族的界限，对外贸易要求各民族国家的市场平等地对外开放，以及各民族国家对等地维持本国国内市场并给外资及外籍民众以平等的国民待遇。这样，由于突破民族的界限而具有了维护世界市场秩序和保护外籍民众的职能，民族国家已经失去民族的性质而越来越国际化。这将是第二次否定，自我否定，否定之否定。特别是因为随着资本主义的发展和世界市场的形成，一方面，由于中产阶级的壮大以及社会保障和社会福利制度的发展，国内不再有大规模的阶级对抗与阶级斗争，所以国家就逐渐失去镇压的功能。另一方面，由于国际贸易的扩大和世界市场的形成，国家也不再具有防止外来民族侵略的威胁，从而没有大规模冲突与战争的威胁了。马克思和恩格斯所说的国家作为阶级统治的工具与镇压的职能不再存在了，它的暴力的性质也消失了。这样，原来意义的国家就不再存在了，消亡了。

在明确了现代文明的性质以及发展的趋势以后，现在我们再来分析亨廷顿的所谓文明的冲突。如果按照资本主义发生与发展的不同情况，将各个民族国家区分为内生性和嵌入式两种类型，那么，西欧、北美、大洋洲等几个区域的已经资本主义化了的国家，以及以德国为代表的中欧和北欧，在一定意义上还可以加上日本，后面一些国家虽然都属于学习西欧从而算作是嵌入式的资本主义国家，但因其相对优越的地缘经济条件从而能在短时期内已基本完成了由传统向资本主义的转变，所以，我都将其归并到内生性资本主义国家之列，属于所谓自由资本主义体系。其余的民族国家，则属于嵌入式即从外部引入一种新的制度从而至今还处在由传统向现代资本主义转变的阶段。在我们将所有的民族国家做了这样两大类区分以后，亨廷顿所要表述的当代文明的冲突就主要表现为以下 4 种类型了：(1)发达的资本主义国家之间的，因为发达国家的市场化程度高，贸易量也大，贸易纠纷是他们之间最常见的冲突。(2)发展中国家之间的冲突，除了贸易摩擦以外，特别是由于密切的地缘政治或历史渊源，冲突与摩擦也都是经常发生的。(3)发达国家与发展中国家之间的矛盾和冲突。(4)各个民族国家或者文明国家各自内部的矛盾和冲突。正如马克思所阐述的，因为处在资本主义时代从而以上 4 种类型都具有资本主义的性质，但是，各自发生的原因和类型所包含的性质又都是有所区别的。其中，第 3 类型即发达的资本主义和发展中国家之间的矛盾和摩擦是主要的。

总之，正是资本主义的产生造成生产力的巨大提高和人口的迅猛增长使得资本主义把原来世界各地的古老文明连接在了一起，这才有了人类的交流与沟通，矛盾与摩擦，或者如亨廷顿所说文明的冲突。但是，亨廷顿没有把资本主义这个最重要的元素揭示出来，所以，他的文明冲突理论就解释不了任何问题。譬如，他的中国文明是美国潜在的威胁的理论是说两种不同文明难免要发生冲突，但是，我们知道两次世界大战德国人主要是与英国、法国、美国和俄国，以及欧洲各国人民之间的战争，应该都属于西方文明内部的冲突，而不是两种文明的冲突。如果按照亨廷顿同意的一种观点，即俄国的东正教也属于欧洲文明，那么，冷战也都属于西方文明内部的矛盾和摩擦。还有，亨廷顿认为中国的发展会挑战美国的霸权，这是中国与美国两种不同文明使然。但是，二战中中国人民曾经紧密地和美国站在一起，中国政府对于罗斯福简直可以说言听计从。还有，毫无疑问，现在的台湾、香港和海外的华人都无疑属于中国文明的范畴，可谁都不会说它们会成为美国的威胁。另外，可能一般老百姓都不愿细致地思考这个已经相当明了的问题，即中国大陆的领导人，从毛泽东、周恩来、邓小平，以及邓小平以后的领导人，与历届的美国总统都有相当好的个人友谊。所以，不同的文明不一定就是冲突，更无法证明中国文明天生就该是美国的敌人。

最后，继《文明的冲突论》之后，亨廷顿在《我们是谁？》中更将美国政治学的视角转向宗教，以为人类发展将导向宗教的复兴，不仅证明了亨廷顿政治学理论的短视与困乏，而且更显得建立在冷战思维基础上的美国政治精英的荒唐与荒谬。如果再回到最初我们介绍美国政治学和亨廷顿的话题上，由于政治学在美国政治生活中的作用，以及美国在全世界的经济政治影响，亨廷顿的政治学不只是一般学者学派的问题，而是在实践上将继续误导美国的经济社会发展与国际政治的健康走向。

我们之所以这样评价亨廷顿及其美国的政治精英，一个依据是，苏联解体后，亨廷顿先是在《文明的冲突与世界秩序的重建》中虚拟中国的发展将构成美国的威胁，人为地给美国政府塑造一个替代苏联的对立物。而 2001 年发生"9·11"事件以后，亨廷顿则又提出该事件是本·拉登填补了戈尔巴乔夫以后的真空，使美国有了明确的危险的敌人。偌大世界，每过上几年，就难免就会出现一些大事。但只要发生了大的事件，国家就更换一个敌对目标，那充分说明美国的战略目标并不是建立在深厚的经济社会发展的基础上，而完全是虚拟的，以至已经虚拟到常常找不着目标、没有了长期战略和战略目标的程度。另外，亨廷顿还说，"9·11"证明了"美国作为一个基督教国家的特性"。因为一次恐怖袭击者所具有的宗教背景，就可以证明美国是基督教国家，那么，最近几年欧洲频发恐怖事件，无论西班牙、法国还是德国，不少的袭击事件也都有宗教背景，难道都证明了西班牙、法国与德国都具有"基督教国家特质"？还有，"9·11"恐怖袭击发生以后，亨廷顿过于看重恐怖组织与美国的矛盾，以为美国是恐怖组织袭击的唯一或主要目标。不想西班牙马德里、英国伦敦、法国巴黎、比利时布鲁塞尔，以及德国都曾发生过恐怖袭击事件，累计次数比美国要多得多。亨廷顿急于用新发生的历史事件填补美国政治学的需要，接着发生的事件就不能不抽打他的耳光。所以，实践证明亨廷顿的冷战政治学理论的短视。

第二个依据是，亨廷顿在《文明的冲突与世界秩序的重建》中曾经淡化经济与政治因素，强化虚无文化与宗教的作用，说"文明是文化实体""宗教是界定文明的主要特征"。但是，在"9·11"之后的《我们是谁？》中，亨廷顿事实上却是将本·拉登恐怖组织与美国的冲突当作当年美苏之间的政治对抗来解释的。他引用乔治·凯南1946年长电中的一段话说：

> 我们面对的这股政治势力狂热地坚信，他们与美国不可能有任何长久的妥协，他们认为可取的和必要的是，让我们社会内部的和睦被打乱，我们传统的生活方式被破坏，我们国家的国际权威被摧毁掉。(《我们是谁？》第 298 页。

可见，亨廷顿仍然是用政治解构宗教与美国的冲突的。但是，他却要说文明是建立在文化而不是作为社会实体的政治经济因素的基础上。因为亨廷顿入道政治学领域就以虚拟的目标与战争为对象，所以，苏联解体以后，他认为有如马克思列宁主义那样强大的政治理论已经不存在了，所以要寻找政治以外的历史文化的对立物。但是，由于虚拟与虚假的性质，所以，绕了一圈就又不自觉地回到了他的导师乔治·凯南那里，继续用政治意识形态来诠释眼前的问题。不过，当他将国家战略从中国再转移到本·拉登，让一个世界最强大的国家和一个宗教组织为敌的时候，无论是把美国降低到相当于一个恐怖组织的层次，还是把基地组织提升到一个世界大国的层面，都再清楚不过地证明了美国冷战政治学及其意识形态的短视、困乏与虚假性。

　　第三，如果说《文明的冲突与世界秩序重建》中亨廷顿的宗教特质论仅只是为了论说中国文明是美国的潜在威胁，是从"儒教"这一概念里导出来的一个潜台词，还是羞羞答答的，那么，鉴于本·拉登的宗教背景和"9·11"的轰动效应，《我们是谁？》则已经完全转换到宗教的立场。亨廷顿不仅直接把"9·11"事件表述为宗教战争，而且事实上是把宗教当作社会生活的基础，当作决定历史发展的最具有本质性的因素，以及国家与国民的特质来看的。亨廷顿既看不到具有宗教背景的本·拉登发动袭击事件的实质是传统文化与资本主义的冲突，又不懂得"盎格鲁-新教"所体现的是资本主义精神，要寄希望于现代的美国人学习最初从英国移民北美洲的"盎格鲁-撒克逊人"。所以，亨廷顿要将"美国信仰"和"美国特质"，以及美国精神，或者"我们是谁"？都明确归结为"盎格鲁-新教"，用一种宗教对抗另一种宗教。为此，亨廷顿差一点就要喊"回到政教合一的时代！"了。

　　正如上面我们所说，亨廷顿对文明这一概念的理解模糊不清，更不懂得文明的性质以及何以产生，所以，对于宗教这一特殊文明形式的性质也就缺乏了解。宗教乃是一种世界观或意识形态，其基础是相信上帝、神，或者某种神圣的异己的超自然的力量。人们之所以产生虚拟的幻觉与幻想，是因为人类还处在尚不发展的阶段上，还无法将支配人们日常生活的客观力量用一种符合实际的因果关系连接起来，只好有如恩格斯所说，将"人间的力量采取了超人间的力量的形式"来表达。所以，宗教也是人的一种异化。宗教有一个相当长期的发育和成长的过程，原始时代的巫术、图腾崇拜、祖宗崇拜和部落宗教等都是其早期形式。中世纪欧洲和中东地区的天主教和伊斯兰所采取的政教合一的社会组织，既是宗教的鼎盛时期，也是其最完备的形态。宗教是一种意识形态，是人的一种异化，具有虚假的性质。但是，在很长的一个历史阶段里，它又是社会生活的一种基本方式或状态，是各民族的实际的生活与历史。在这一个发展阶段上，人们正是通过宗教实现其社会活动的。宗教既是单个人的生活与生命的存在形式，又是民族的基本经济政治制度。所以，它作为人类发展的一种形式，人们也在其中发展出了与国家相关的政治思想与法律，以及超越世俗生活的绘画、音乐、舞蹈之类的艺术形式，诗歌和话剧等文学样式的文化，还有对神（上帝）、人与自然等哲学关系的学术探讨与研究。总之，因为宗教曾经是人们长期的一种实际的生活，所以结出了许多灿烂的文明之果。这是一个方面。

另一方面，当宗教产生以后，就获得了相对稳定的形式，而并不会随着产生它的社会经济条件的消失而消失。这也是作为中世纪西方民族文化的宗教直到现在仍然是发达国家里许多人的实际生活的重要原因。但是，既然宗教是一定社会条件的产物，那么，当新的社会条件发生变化以后也就不可避免地要发生一些改变。所以，资本主义时代的传统宗教形式，实际上已经具有了资本主义的内容。事实上，当 14 世纪末 15 世纪初新教作为质疑传统的宗教教条和习俗的异端邪说出现以后，天主教就已经开始变化。正如以编写《西方文明史》而著名的爱德华·麦克纳尔·伯恩斯书评说："毫无疑问，如果天主教没有十六世纪改革者的坚决努力，它便不可能席卷全球，并在欧洲作为像现在有力的精神力量再次涌现。"（《西方文明史》Ⅰ，中国青年出版社，第 484 页）所以，现在各古老的宗教，都已经不是原来的传统宗教，而是具有了资本主义思想的现代版的宗教。在各资本主义国家，特别是在美国那样的民主国家里，宪法都明确有信仰自由（美国是在 1791 年生效的修正案中予以特别提出的），各古老的宗教已经经过长期的磨合适应这些国家的法律法规，能够与不同宗教、甚至不信教的人们和平共处，已经完成了传统宗教到现代的转变。亨廷顿一方面不懂得资本主义生产条件和经济环境对传统文化具有影响和改变的作用，更不懂得经过 500 多年的发展，各类宗教已经不是传统中的而是资本主义时代的新教了。另一方面，他也不愿意从政治学的角度去思考。既然宗教活动是部分国民的实际生活，那么政府就有责任和义务为其服务，而不能把包括美国在内的民主国家中从来就存在的宗教自由和政府为宗教服务诠释为"美国人转向宗教"

“政府支持宗教”，甚至是“宗教的全球复兴”。（第 283、290、295 页）

遗憾的是，作为政治学家的亨廷顿却将本·拉登的恐怖事件解构为“伊斯兰好斗分子”针对具有“宗教特质”和“转向宗教”的美国。但是，既然是不同宗教之间的战争，“9·11”的袭击目标为什么不是罗马教廷或者纽约的教堂，而是包括具有地标性建筑的世界贸易中心双塔和美国国防部总部所在地五角大楼？如果客观分析“9·11”以及更多发生在欧洲的恐怖事件，就不难理解它们不过是资本主义发生以来一直都存在的传统文化对资本主义的反对与反抗。事实说明，500 多年来，这类的冲突从来就没有中断过。一方面，冷战以前，特别是两次世界大战以前，全世界一直都处在极为动荡的环境里，尤其是发达国家与落后国家之间总都是处在紧张的、甚至是战争的状态里，类似孤立的恐怖袭击和冲突根本就不被人注意，特别不会引起人们长期的关注。另一方面，大批的民族国家的产生乃是 20 世纪两次世界大战以来才出现的历史新气象，由此而来的是，发展中国家的较全面的发展也就都是在最近几十年才出现的。也正是两次世界大战后的资本主义较为全面的发展，刺激了落后国家的传统文化，激化了现代资本主义与传统的矛盾与冲突。所以，“9·11”与欧洲及世界各地更多的恐怖事件证明了亨廷顿论点与论据的武断与偏颇，包括本·拉登在内具有宗教背景的恐怖事件的目标不是“具有宗教特质的美国”，而是资本主义。

如果再进一步分析历史根源，传统文化与资本主义的冲突早在西欧发生资本主义的最初之日就出现了。亨廷顿引以为荣的“盎格鲁-新教”（乔治·凯南引以为荣的是“盎格鲁-撒克逊”），其实就是传统宗教与资本主义文明的矛盾与冲突。“新教”这一词汇最初出现在 1529 年路德宗“抗议”德意志皇家议会的活动中。因为路德还未对新运动做出解释，加尔文也还未出现，所以确切些说，当时并非是出现了一个有着严密教义或宗教理论的新的教派，它只是指那些既非天主教徒，又不是东正教徒的基督徒。（《西方文明史》Ⅰ，第 467 页）

但是，资本主义已经有了萌芽与开端，对这一新的社会现象总有不同的人持赞成、怀疑或反对的态度。15世纪至16世纪，随着资本主义在欧洲较大范围扩展的时候，"新教徒"总是起到了积极的推动作用。一是新教思想成为世俗的权力与罗马教廷斗争的有力武器，从而积极推动了国家主权的形成。在这一方面，英格兰表现得最为突出，国王与教皇的决裂，有利于世俗权力的形成。一个是促成了民族的统一和形成。德国在这一方面极具典型。因为路德用新思想写成的《圣经》在德意志迅速、广泛地传播，他所使用的一种方言也就成了全国标准化的语言文字，无形中促进了民族的统一与认同。在苏格兰、荷兰，新教的传播也都在客观上促进了资本主义国家的形成与发展。为此，马克斯·韦伯就直接将新教徒的一些主张和做派，概括为资本主义伦理。但是，这些具有资本主义精神的新教徒在当时并不被人们所接受。相反，无论教会还是世俗的权力，都是把其当作异端邪说对待的。因为"异教徒"在欧洲受到排斥与迫害，包括"五月花号"在内的许多人才被迫迁徙新大陆，这就是被乔治·凯南和亨廷顿所奉为骄傲的"盎格鲁-萨克逊"人。可见，传统宗教与资本主义的冲突早就发生了。所不同的只是，资本主义在那个时代属于非主流，是社会的少数。现在倒过来了，它已经成为人类社会的主流与主导，而落后国家的传统宗教成了"弱势群体"。以自杀性的恐怖袭击为特征的恐怖事件，仅只是代表没落文化的人们面对强大生命力的资本主义所表现的一种绝望。

如果对比马克斯·韦伯与亨廷顿的学术观点，两人恰好持相反立场。前者从400多年前的宗教冲突中总结出弱小教派身上的资本主义精神，而后者却从今天落后国家中传统宗教势力对资本主义的绝望报复中领会出世界资本主义最强大的美国正在退回到宗教世界里去。前者眼里看到的是大历史，后者则将发生的每一个历史事件有意孤立起来。所以，亨廷顿在《文明的冲突与世界秩序的重建》中为美国政府支招要把中国当作潜在的对手，在《我们是谁？》中又制订出以"伊斯兰好斗分子"为敌的战略，充分反映了冷战背景下成长起来的、依靠冷战理论资源和话语体系生活的美国政治学家在苏联解体和冷战结束后，因失去敌对对象而产生的失落与迷茫、彷徨与焦虑。

冷战结束后，以美国主流政治学家为代表的美国政治精英都把苏联的崩溃当作是美国的胜利。但是，一贯强大与矜持的美国政治学甚至都不愿思考一个异常浅显的道理，即二次世界大战中德国强大的坦克、飞机、大炮都未能打垮的大国，竟被美国骂垮，岂非咄咄怪事？如前所述，苏联的崩溃是其制度运行的必然结果，是多民族的沙皇俄国各民族自治与独立的结果。所以，冷战作为虚幻的思想意识形态，并没有胜利者，——冷战是美苏两大国各自在其意识形态的障碍下对世界发展趋势所做出的误判。资本主义发展是不以人们的意志为转移的客观过程，但是，斯大林将列宁所开辟的快速发展资本主义的特殊方式称之为社会主义，而且从大俄罗斯沙文主义的民族主义和俄国小农的特别心理出发，把以美国为首的资本主义世界当作大俄罗斯民族的威胁。美国与英国等资本主义国家则从两次世界大战的经验出发，继德国和日本以后，把自由资本主义体系以外快速发展的苏联当作和平的威胁。两个阵营从冷战开始就都陷入到一种虚拟的战场里。所不同的是，苏联的资本主义发展阶段和它所取得的发展模式决定了它的发展所具有的阶段性，当超越这个阶段的时候，这一模式所限定的外壳就成为生产力发展的障碍，制度的转换也就是一个时间问题了。所以，苏联的崩溃是它转型所采取的一种特别的方式，而不是美国的胜利。美国的发展和辉煌所依靠的是自由竞争的经济制度，是资本主义市场经济而不是战场。以亨廷顿为代表的美国政治学家从冷战的惯性思维出发，幻想继续经过实战或冷战不断在战场上打败一个一个敌人而获得发展，不仅是误导美国继续沿着已经耗费了国民巨大物力财力的冷战战略走下去，而且是给人类勾勒出一个永无和平与安宁的前景。

也许在结束对亨廷顿的批判以前，我们还需要解释读者心中的一个疑问，即在美国和全世界有如此声望的政治学家何以竟在我的叙述与批判中“不名一钱”？

　　首先，我们需要分清亨廷顿在全世界的声望是来自于他自己的学术思想还是美国在全世界的国家地位，以及由此而来的美国哈佛在全世界的名声？国家是一种暴力。自从国家产生以后，作为凌驾社会之上的权力机关就有了无可替代的权威性。以发布法律与号令强制全社会无条件执行的国家权威与人们对它的服从，都具有与生俱来的性质。国家作为权力机关，它又是一种社会设施，处在社会结构的核心与顶端，凡是靠近这个核心与顶端的机构或者个人，就都获得了它的光辉。中国有句成语"狐假虎威"，人们往往从负面理解它。但是，它首先是真实。狐狸骑在虎的背上，让虎驮着行走于动物王国。那是一种"势"。如果以虎为王，虎背上的狐狸就有了王的光辉。资本通过对外贸易把世界连接成为一体，从而也把一个国家的政治性质输送到国际关系里面。美国在二次世界大战中所赢得的不可取代的国际地位和霸权主义，在世界上本来就具有极高的声望和影响，美国政治学这一直接穿在总统身上的套装当然就都一起进入了只有美国的总统才具有的光环里，获得了政府与美国总统才具有的耀眼光辉，再加上哈佛与美国政府之间家喻户晓的关系，即使亨廷顿要想拒绝在全世界的声望都做不到。

　　其次，国家是人的力量的异化，是权力拜物教，世代直接服务于国家权力的理论和人都具有显赫的地位和声名，但并不意味着它的正确或科学。如果说王是最早国家元首，为王服务的巫、占卜吉凶的贞人就都是给王提供行动依据的"政治学家"了。我们抄录几条商王的卜辞。

　　贞：王正召方，受佑？

　　翻译成现代话。贞问：王征伐召方，会得到神灵的保佑吗？

　　贞：登人三千乎伐工方，受佑乎？"

　　贞问：征集3000人征伐工方，会得到神灵的保佑吗？

　　贞：今载王共人五千正土方，受有佑？

今年王将征集 5000 人征讨土方，会受到神的保佑吗？

贞：勿登人五千？

贞问：不要征集 5000 人吗？

贞：大邑受禾？不其受禾？

贞问：商王朝会有好的收成，还是没有好收成？

请读者不要以为我在开玩笑。事实上，那个时代里几乎所有的人都相信贞人的占卜，用火烧的龟甲上的裂纹来决定国家和王族的战略。一直到 100 年前，大清举国上下的安福也都仰赖于皇帝每年在天坛、地坛的祭拜活动。毫无疑问，为商王服务的贞人，为大清皇帝服务的大学士们，在当时也都有着极高的文名与声望，都是名副其实的大学问家。如果回到那个时代里，有谁会怀疑巫与贞人的占卜，有谁会怀疑某年的风调雨顺乃是大清皇帝在天坛祭祀的结果？在冷战意识形态基础上成长起来的美国政治学距离大清王朝的时代也仅只有几十年，有哪位读者愿意相信，人类已经一劳永逸地进入到政治学的科学新纪元了？

再回到我们一开始介绍亨廷顿的章节上，美国宪政催生了繁荣与强盛的美国政治学。科学本来是对客观世界的认识，它本身也需要客观。但是，美国政府的大选却要迎合民众的情绪。美国政治学是适应大选需要产生的学问，所以也具有迎合民众情绪的特点与特征，它具有一时一事地把问题讲清楚的特点，还具有煽动民众情绪的功能，——总统候选人站在讲坛上发表演说，与歌星煽情没有原则性差别。譬如苏联解体后，它需要解决冷战对象突然缺失与冷战思维断裂后的迷茫、惶恐与焦虑，需要把具有顽固的冷战思维的那一部分人的选票集结与集中起来，所以必须继续调动冷战分子的狂热神经。"9·11"如同珍珠港事件一样，打破了许多美国人赖以为北美大陆地理位置的优越而远离恐怖的盲目安全感，政治精英与政客们都需要煽动美国民族主义的爱国热情。如此说来，由于美国政治学要为美国政府提供当前政党竞争需要的政策与策略，具有引导、操弄与误导民众情绪的功能，它有的时候真的还不如贞人手上的龟甲所显现的纹路，更为客观。

请读者不要误解我的观点，以为我在否定西方的民主制度。且不用更多的言辞，仅美国的总统和国会议员需要"竞争上岗"，我就极为拥护。斯大林和毛泽东都是去世以后，由别人从神坛上拉下来的。美国人在竞选活动中所看到的总统候选人就是一个在极力讨好你、希望你投他一票的普通人。传统时代的国家是由神或神所托付的人实行统治的，民主国家可以让人感受到是由人民委托自己中的一员管理公共事务的。苏联时期曾有一则政治笑话。一个美国人和一位苏联公民争论谁的国家更民主。美国人说，我敢在白宫前喊"里根下台！"，你敢在克里姆林宫前喊？苏联公民坦然回答说："这有什么不能的！"他随后来到克里姆林宫前大声喊："里根下台！"民主国家可以自由表达政治态度，苏联体制下没有自由表达。斯大林不经审判可以将几十万数百万布尔什维克秘密处死或者送到集中营。在美国，如果不经过审判，即使总统也不能把一个人送进牢狱。所以，一位地位显赫的苏联共产党政治局委员并不比一个普通的美国人更有安全感。如此等等，都说明民主国家的进步，而靠近传统的专制制度的国家总还是多多少少拖着专制的尾巴。如果我们还是把关注点放在昔日的王与平民这一视角上，特别是关注在国家的起源上曾经起到很重要作用的王的扈从队伍与王的关系方面，那么，我们从美国总统奥巴马身上可以扑捉到这样几个画面。

（1）2011 年 5 月 1 日，奥巴马监看海豹突击队击毙本·拉登过程。工作人员坐在办公桌中央位置，奥巴马反倒像个实习生，"被挤在"圈外一个矮小的板凳上，背着画面，蹲坐在角落里。

（2）奥巴马崇拜球星科比。他邀请科比到白宫做客，而科比根本就不作回应。奥巴马后来约请球队访问白宫，在与总统的集体照上，人们可以看出科比有意回避奥巴马。2016 年最后一次白宫记者招待会上，奥巴马演说结束模仿科比告别动作："Obama out!"

（3）奥巴马声称崇拜摇滚歌星鲍勃·迪伦，鲍勃不作回应。奥巴马邀请迪伦参加一次活动演出，他唱完一首歌曲径直走下歌坛，仅与前排就坐的总统打个招呼，扬长而去。总统授予鲍勃·迪伦特别荣誉，照片上的迪伦毫无表情，极为冷淡。

（4）2019 年 9 月 30 日，耶路撒冷，参加完以色列总统佩雷斯的葬礼，显然是前总统克林顿要蹭现总统的专机。急于返回美国的奥巴马登上空军一号，几次从机舱出来，站在舷梯上呼喊停机坪上的克林顿："比尔！比尔！"。却不是总统差使工作人员去督促。从国家威权最鼎盛的时代，臣属觐见王时匍匐在地，不敢直视，发展到美国现任总统的新表现，似乎王与平民各自都向一个新的方向发展，即平民在王的面前朝着独立、自由、尊严与个性发展，而"王"则向平民复归。

（5）菲律宾新任总统杜特尔特上台后在打击毒贩的活动中大开杀戒和法外处决，引起联合国、美国，以及国际人权组织的广泛批评。杜特尔特声称要退出联合国之后，又谩骂奥巴马"婊子养的"。这在过去有可能导致战争，至少发生严正抗议、暂停外交接触、召回大使等等的外交事件，奥巴马却以杜特尔特"是个有彩的人"作为回应。虽然美国政府也宣布取消了两人的正式会见，但在后来的国际活动中，奥巴马还是通过非正式的交谈，直接对杜特尔特表达了法治社会所有刑事犯罪应该走法律程序的劝告。一个世界最强大的国家，一个极为落后的小国。这是美国所主导的现在的国际关系。如果联系我们前面所讨论的民族国家在资本主义世界市场大势面前将通过两次否定而走向反面的判断，就该理解了资本主义时代民族国家的发展趋势或前景。但是，必须说明的是，直到现在，人类从自己所创造的国家文明这一牢笼里解脱与解救出来所走的每一步，都还是依赖于资本主义的自发与盲目的发展。至于说到美国强大的政治学，当它还未能从被它所属的那个意识形态的绑架与劫持中挣脱出来以前，不仅做不了什么，甚至都不能正确解释身边所发生的问题。